浪跡江湖一甲子

——一位建中退休老師的回憶

盧毅君 著

兩鬢髮已斑，
蹉跎入晚年；
未來有幾許，
老天不為言。

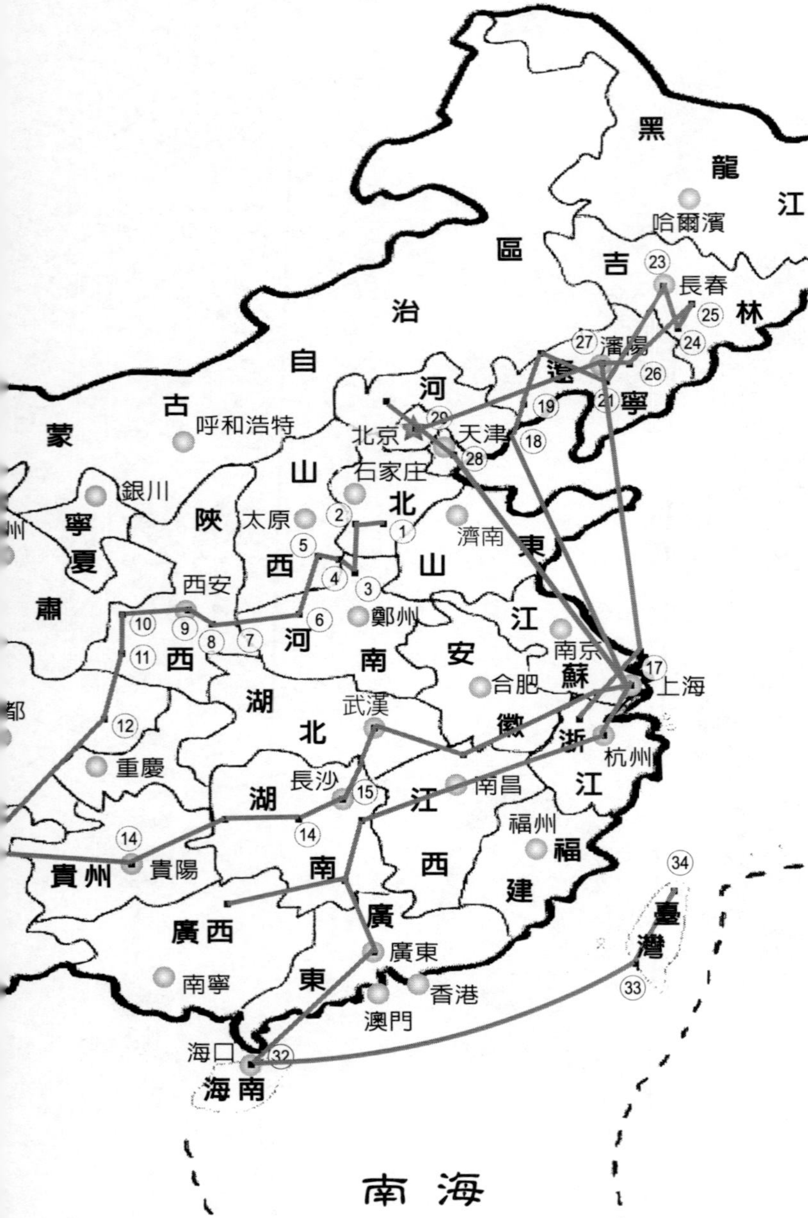

黑龍江
哈爾濱
吉林
長春
遼寧
瀋陽
區
治
自
古
蒙
呼和浩特
河北
北京
天津
石家庄
山西
太原
陝西
西安
寧夏
銀川
肅
山東
濟南
河南
鄭州
江蘇
南京
上海
安徽
合肥
湖北
武漢
浙江
杭州
重慶
湖南
長沙
江西
南昌
福建
福州
貴州
貴陽
廣西
南寧
廣東
香港
澳門
臺灣
海口
海南
南海

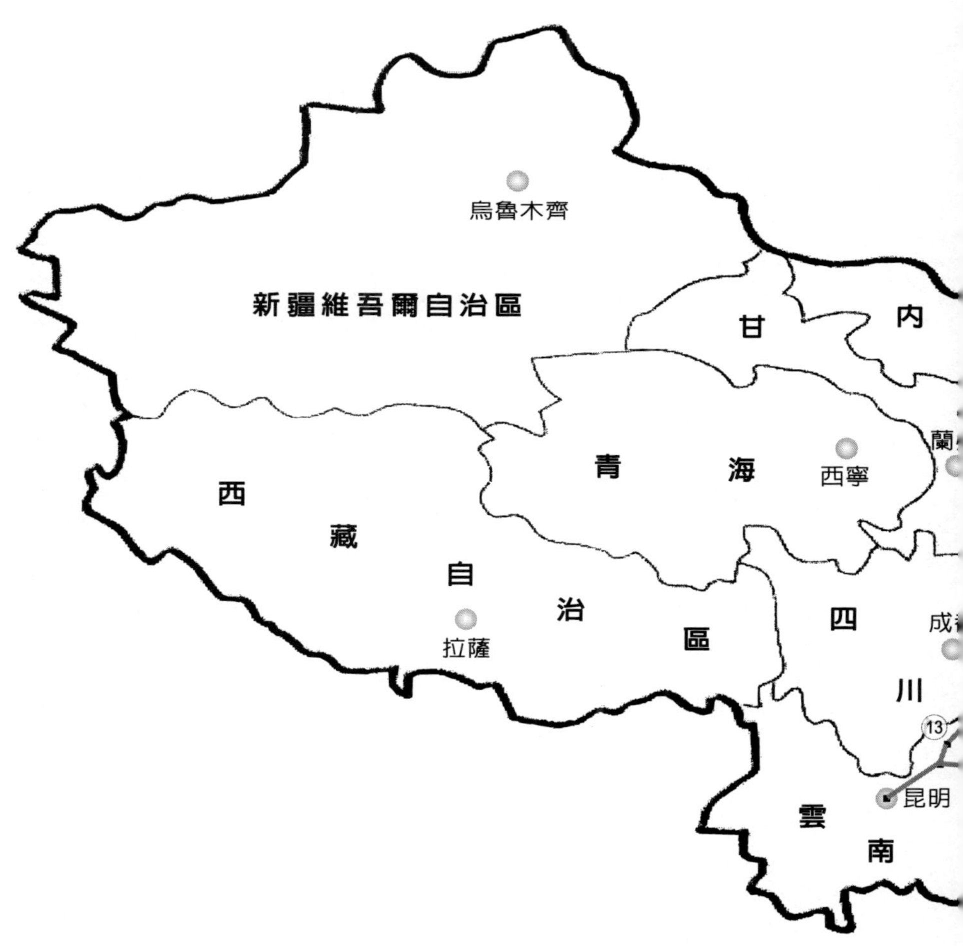

烏魯木齊
新疆維吾爾自治區
甘
內
青海
西寧
蘭
西藏自治區
拉薩
四川
成
13
昆明
雲南

①民國三十年夏秋之交，從河北省廣宗縣盧家屯到邢台
②從邢台到邯鄲縣臨洺關李家村小學
③從臨洺關乘平漢路火車當河南安陽黎元鎮
④從黎元鎮過鐵路到達林縣
⑤從林縣入太行山住盤底
⑥由盤底至壺關縣府所在地再至陵川、晉縣
⑦穿過豫西濟源、孟縣到廖塢渡口
⑧渡黃河過孟津到洛陽，入進修班讀書
⑨卅三年五月洛陽失守，過崤關、渡五里川入陝西長安
⑩隨學校遷往漢中南鄭縣
⑪卅三年，到長安集中
⑫飛往四川梁山，再飛雲南曲靖
⑬卅四年夏赴昆明遊覽
⑭勝利後，隨軍開拔至貴陽芷江，過雪降山到長沙
⑮從長沙乘大竹筏過洞庭湖到岳陽
⑯從岳陽繼乘大竹筏至武漢
⑰卅五年元月，離武漢乘江輪赴上海，住七寶鎮

⑱舊曆年過後，乘船至河北省秦皇島
⑲出關至錦州整隊入城，萬民歡呼
⑳進駐新立屯防共黨破壞阜新煤礦
㉑移軍至瀋陽近郊蘇家屯，再移防瀋陽鐵西
㉒五月參加四平會戰
㉓直抵長春，溥儀皇宮已空無一人
㉔隨胡日初縣長到磐石縣
㉕離開磐石，復學長師
㉖遷校瀋陽撫順開課
㉗卅六年奉召到嘉興，結業後回瀋
㉘卅七年遷校北京
㉙十二月同學七十二人離京去津，轉到湖南衡陽借讀國師
㉚卅八年五月離南嶽到廣州往海南琼山縣府城復學
㉛卅九年大陸淪入共黨之手，師生分別赴台
㉜卅九年三月，轉榆林、三亞
㉝卅九年五月二日，乘鐵橋輪至高雄
㉞數日後赴台北協助院長

自序

說起來話長，三十四年我在雲南曲靖入伍當兵的時候，對整天的軍事操作，感到厭煩，總是爭取留下來看守營房。在此期間，除了看些文藝書刊之外，胡日初訓導員特別為我介紹在政治部工作的呂次威先生指導我讀書。呂先生給我介紹了如：《差半斤麥稭》、《太陽紅似二月花》等等，都是些文藝小說，看過也就忘了。其中最使我醉心的是鄒韜奮先生的大著：《高爾基》，使我看的如醉如痴。鄒韜奮和王造時、李公樸等是有名的七君子之一，思想激進，文字犀利富有挑戰性，對青年的思想頗多啟發，我的思想似乎與高爾基的精神融為一體，對高爾基的刻苦奮進及在牢獄中受苦受難的環境下，靜心思慮寫出來的文章，剛健有力，振奮人心，一舉擠身於世界文學名著之林，我佩服極了，就萌生自己也寫些自己親身的經歷的心得與感受。於是從曲靖街上買了用十行紙裝訂起來的大本子，就定下心來，坐在床鋪上，把背包疊起來，就開始寫我的流浪生活了。

我給計劃寫的東西起了一個名字叫：「痕」，就是把離家之後，親身經歷過的感觸和心得，實實在在的記錄下來，不要船過水無痕，走過的路總該留下一些雪泥鴻爪。先從我們盧家和外祖父張家，兩個截然不同的家庭背景寫起，高小畢業那年，適逢盧溝橋「七七」事變，初中只讀了一學期，家鄉丟了，學校停辦了，日本兵來了，土匪更乘機而起，社會是一片混亂，國軍殘留下來的部隊在鹿鍾麟、石友三統率之下，盤據在冀縣、衡水一帶，我曾去投奔，因年齡太小未能如願。二十七年共產黨的先頭部隊政工人員就到了，他們聲稱是：「國民革命軍第十八路軍」，對老百姓態度是親切和藹，「老大娘」、「老大爺」不離嘴，緊緊抓住了老百姓的心，與石友三的部隊催繳糧餉、動輒「鍘」掉村長的腦袋是不可同日而語的。老百姓厭惡國軍，就明裡暗裡幫助共產黨把國軍部隊趕走了。除了縣城和重要的城鎮駐有日本兵外，廣大的農村都在共產黨和流竄的土匪掌控之中。由呂正操、楊秀瓊領導的藝工隊教導民眾唱：「流亡三部曲」，「我的在東北松花上」……把老百姓感動得涕泗橫流，知道當亡國奴的可怕，能貢獻的都貢獻出來了，共產黨的力量就由此而壯大，黃河以北，就不復再為政府所有了。

民國三十年，我實在無法忍受日軍和共產黨的壓榨，決心逃離家鄉，寧浪跡天涯也不願再過驚心害怕的日子。在政府地下工作人員指引下，由淪陷了家鄉逃到洛陽，進入教育部特設的洛陽戰區學生進修班讀書。洛陽失守了，又輾轉逃到漢中。三十三年底，在國家局勢最危殆的時候，響應蔣委員長的號召「一寸山河一寸血，十萬青年十萬軍」，投筆從戎了。這是我離家、讀書、從軍的大概始末，在文中都有詳細的敘述。

從軍之後，除了操練必須的軍事動作之外，就注入全部精神寫我的流浪記「痕」。把厚厚的本子，用小小的鋼筆字，一格寫兩行寫得滿滿的，總該有四、五萬字之多。軍隊開拔，我視若拱璧的隨身攜帶著，從上海到東北，再到北京，我都隨時留意看顧。

在離開北京的時候，荊湧澤兄（註一）特從朝陽大學趕來送我，並淚眼汪汪的勸我再做考慮，及見我心如鐵石，又看到我的剪報和文件太多，特別送我一個很漂亮的大牛皮箱（註二）。這只箱子我一直呵護著帶到台北，放在方院長當時借住的女師附小校長白子祥房間的床下。後來院長離開了，我又重入軍中，箱子仍然放在原處，之後小偷越牆而入，偷走白校長的東西，我的大皮箱也被拿走了。其中沒有一點值錢的東西，但是卻有錢也買不到的東西——就是我多年來累積的心血。

年居七十，正式告別了杏壇之後，我開始整理多年來僅存的文件，就印象所及，把寫過的一些「舊痕」從記憶中慢慢地挖掘出來，因為過去曾對此一過程用過心思，舊「痕」猶在，慢慢地回憶，細細地追尋。經過一次又一次填補、修正，原貌就漸漸地顯現出來了。

文稿大致完成之後，我首先請王梁甫兄看看目錄，得到他不少的鼓勵。河北同鄉會負責人李玉銘兄，曾熱心的介紹出版公司。我又邀請張存武、倪寶亭、喬兆坤諸兄研究，聽聽他們的意見。我原定名為：《浪跡江湖六十六年實錄》，存武說：「太俗」，建議改為《浪跡江湖一甲子》，最後請寶亭兄作最後一次的校正。

寶亭兄在若干年前，曾擔任中國廣播公司主要編劇人。他的文字明暢易懂，也能把故事說得圓滿動人。數十年的同學關係，他是沒有辦法推辭的，我請他做後一次校正，應該是恰如其分的。存武兄彬彬如也，任中央研究院近代史研究所研究員數十年，著書多種，頗富文人氣息。兆坤兄亦有專著問世，可惜他們都視茫茫，髮蒼蒼，手指顫抖，書寫困難，就讓他們逃過了這一劫。

另外一提的是我小兒子令北的太太簡秋慧女士，幫我打字，調整章節，安排照片，費力不少。特別是文稿粗定了後，我又隨時想起一些有趣或有意義的事，覺得應該填補上去的凡二、三十個章節，概有數萬字之譜，秋慧均能耐心地穿插在文章之中，不露斧鑿痕跡，實屬難得。

令北在東吳大學教書，雖然工作忙碌，本書的全貌，他都細心地看過，也提供不少意見。至於出版的各項煩瑣工作，他都與秋慧研究著承擔下來。

女兒令玉早先計劃為本書寫一篇文章，因為在美國加州大學戴維斯分校任教，佔去大部份的時間，女兒的文章清麗，筆鋒充溢著感情，可惜有心無力，本想付之闕如。幸好，在付梓前，她文章寄來了。

大兒子令一是泌尿科的主任，在社會上也浪得一些虛名，整天忙得昏天暗地，根本找不到一個縝密思考的時間，寫寫父母赤手空拳刻苦培植和弟妹三人學業有成，無負父母期待的衷心之言，在付梓之前，他犧牲睡眠，也寄來他的衷心之作，我非常安慰。

太太吳蕊淵女士，整天忙上忙下，永無止歇，又愛好清潔，東擦西抹，把家庭收拾得清爽亮麗，光可鑑人，房子一住三十年，和新屋沒有兩樣。孩子都大了，原可以不必煩心，但她仍然對家事縈縈於懷。第三代孫輩，活潑可愛，更讓這位年逾七旬的老祖母時時關心，天天想念，電話、書信不斷，無心也沒有時間管其他的事。她一生心血的付出，就是家庭幸福的核心和希望的源泉。家庭是她生活的全部，子孫是她生命的具體內容。她念茲在茲的，是兒孫的健康，她最關心的是三個子女家庭的和樂。她在勞碌中找到生命的主宰，她在關懷中使心靈得到安適。

我自幼隻身浪跡天涯，兩手空空，又不善理財，而能有今天，子孫滿堂又各安其所，太太這支擎天柱，是盧家在茫茫的人海中挺立不搖的最大保障，使我由衷的感謝。

註一：荊湧澤，山西平陸人，是洛陽時期同班坐在一起的同學。初三下，就被分發到天水國立五中去了。他父親在抗戰末期曾任陝西華陰縣長，勝利之後，出任瀋陽市警察局長。湧澤與我共患難，堪稱莫逆。苦勸無效後，贈以大皮箱以為紀念。

註二：皮箱中的春秋

我決心離開北平，荊湧澤知道他的眼淚無法挽回我離去的時候，就急急忙忙地送我一只大牛皮箱。我把不想丟棄的文稿、剪報和雜誌捆綁在一起，一股腦地丟進大皮箱裏。如儲安平主編的《觀察》，黎秀石，陳裕清、龔選舞的《海外通訊》，以及傅斯年在各大報上發表的《這樣的宋子文非走開不可》的文章，都隨我一起流浪。

來到台灣之後，駐巴黎特派員龔選舞有一篇長文在中央日報上發表，涵義深長。題目好像是〈戴高樂總統的智囊團〉。大意是：戴高樂出任法國總統之後，國勢突飛猛進，人心振奮，舉國歡騰，法國人視戴高樂為救世主，受到法國人民一致的擁護。然而，當時却有一份著名的反戴高樂的雜誌，天天批評戴高樂的不良施政，期期破壞法國人對戴高樂擁護的熱誠，文字犀利，毫不留情，該雜誌享譽全國，頗有聲勢。龔特派員就專誠前往採訪該雜誌的主要負責人，竟赫然發現主持編務的是戴高樂的死黨也是總統的首席智囊，不禁駭異，遂進行訪問。

問他為何大力反對戴高樂的言論，該主編的答覆是：法國人太崇拜戴高樂了，自己也是戴高樂的忠誠擁護者。全國人民幾乎把法蘭西的生命和戴高樂的生命連結在一起，我要讓法國人知道，戴高樂是人不是神，人的生命總有終結的一天，法蘭西的生命是無窮無盡的。戴氏之後，必然會有智者起而領導法蘭西，繼續存在於世界。

這篇文章在中央日報上刊布之後，老總統看到了，大為不悅。龔選舞也因此失去了中央日報駐巴黎特派員的身份，終生沒有回國，老死在新大陸。

他序

九十分老爸

老爸一直希望用文字將自己的大半生做個交代，最近終於要實現了。之前一直考慮要找誰來寫序言，想了又想，決定將這個工作交給我們三個兒女，我想這也算是個別出心裁的做法吧！

爸爸生長在一個大時代，從小離家之後就走遍大江南北，見證了大部分的中國近代史。雖然從小就常聽老爸講古，其實我一直不太能體會這種在動盪中成長、與親人各分東西、最後在異鄉安身立命的心路歷程。爸爸也很少提他的感受和想法，只覺得老爸總是面對前方，過去的輝煌和鄉愁就大多放在心裡。辛苦了大半生，三個小孩終於拉拔長大，各自成家立業，現在閒來看看書報、爬爬山、含飴弄孫，應該是最大的娛樂和享受吧！以前老爸常說：他最大的願望就是我當衛生署長、妹妹當教育部長、弟弟當外交部長，可惜我們三個不是很爭氣，這個願望應該是沒有機會達成。所以將人生經驗紀錄下來，大概就是老爸目前最大的心願了。

回想以前，就像其他的小康家庭一樣，老爸負責賺錢養家，家裡的瑣事和理財就由媽媽負責，然而在物質生活並不富裕的年代，老師的收入有限，三個小孩又都從小念私立學校，經濟負擔不可謂不重，記憶裡只有很小的時候爸爸有空帶我們到新公園、青年公園玩玩，偶而到東方出版社買買書。如果能到兒童樂園玩，還是到中華路打牙祭都可以讓我們高興好久。能在國慶日看飛行表演，或是到當時的第一百貨、今日百貨逛逛，應該算是大事一件吧！三個小孩都上了小學之後，老爸就只能努力的拼經濟，到處兼課，除了家和學校之外，我最常活動的範圍大概就是建中的教師辦公室、飯廳還有理髮廳，我想應該是希望我多感染一些讀書的氣氛，將來好考上建中吧。我們都進了光仁中學讀初中之後，老爸更是幾乎天天早出晚歸，「光仁」又是有名的貴族學校，同學看我們一家三兄妹都在光仁，知道老爸是建中的國文老師，都會好奇的問我：「你爸在哪家補習班教課呀？」我大多沉默以對。當時家裡最常見的一幕，除了我們成績不好挨罵之外，應該就是爸媽在討論「要不要再標一個會？」雖說如此，當時該讓我們小孩有的，爸媽一樣也沒少給我們，所以當時無法體會養家活口的辛苦，有時心裡也難免羨慕為什麼同學什麼都有。如今想起，除了汗顏，更感激當時父母無悔的犧牲奉獻換來今日兒女們一些小小的成就。印象中爸爸一直到六十幾歲退休為止，幾乎沒有什麼休閒娛樂，如果說有，大概只有逢年過節找一大票朋友來家裡吃一頓，再不然就是剪報和看傳記文學了。直到退休之後，老爸才算開始擁有一些個人生活。

老爸的個性急公好義，不畏權勢，富貴浮雲，快意人生；為朋友可以兩肋插刀，赴湯蹈火，朋友有難，老爸可以為朋友四處奔走，自己有難，卻很少向別人開口，如果在古代，老爸八成是孟嘗君之類的人物，要是沒有媽媽精打細算，勤儉持家，恐怕早已家徒四壁了，我想媽媽應該是老爸這輩子最大的貴人！別人戒煙是痛苦萬分，藕斷絲連，老爸戒煙卻是說戒就戒，煙斗打火機馬上就送人了，完全不拖泥帶水。我常想，孟子講的「大丈夫」要「富貴不能淫，貧賤不能移，威武不能屈」，說穿了就是老爸的寫照。在我當泌尿科主任之前，院長約我面談，問我的意願如何，我告訴院長：「我當然可以扮演好這個角色，但是讓不讓我當，不是由我決定，我也不會拜託任何人給我這個職務。」這種回答，在這個功利的社會，或許很多人覺得不可思議，但我想這是我從小耳濡目染的結果。「無欲則剛」一直是我入社會之後的座右銘，我們三兄妹多少都遺傳了老爸的性格，所以老爸夢想的三個部長，基本上是不可能實現的，關於這點，我想老爸自己也要負點責任。

以前年少懵懂，很難體會父親在家庭裡扮演的角色有多麼重要，一直到自己結婚生子之後，才開始真正體會父母的心情，正如同一句廣告詞說得好：「我是當爸爸以後，才開始學習當爸爸的。」雖然高中畢業以後就很少住在家裡，但是老爸對我的影響，卻不因為距離和時間有任何的消褪，對於自己的兒子，我也用相同的態度和價值觀來教育他，更希望這種價值觀在我們家能夠一代一代的傳下去。人沒有十全十美，老爸當然也有不少缺點，但如果讓我給老爸打分數，我想至少九十分吧！在老爸的心血即將付梓之際，僅以千字湊數聊表心意，也祝父親身體健康，永遠年輕。

盧令一　民國九十六年夏於台中

爸爸

我的爸爸，老了，老到用一枝筆寫下了自己的八十幾個年冬，記錄走過生命的一切；而我，也老了，老到感覺生命好似一場空，懶得用一枝筆去寫，即便只是寫下一個片段。

天地之間，有一份愛——一份我永永遠遠無法倔強割捨的感情——是我對爸爸媽媽哥哥弟弟的深情！沒有一件事情可以輕易感動我，只有那份愛！這種親蜜來自於我從小感受到媽媽對我們三個孩子無微不至的照顧、每天聽著爸爸清晨五點的起床聲，看著爸爸夜晚十點拖著疲累身軀走進家門，半夜還要亮著書房備課和批改作業。爸爸時時警惕我們三人是他唯一的傳承與希望，彼此的心和手要永遠緊緊地扣在一起，相親相愛。也許是因為這樣的愛與期待，哥哥弟弟和我從小就念同一所私立學校，從幼稚園一路念到高中畢業。小時候從來不覺得念私立學校有什麼不可以或不可能；長大後，我才體會到，為了要給我們好的讀書環境、培養出好的氣質，媽媽是多麼刻苦勤奮地持家，而爸爸清廉無私地教學，憑著一份全職薪俸和幾份兼課的薪水，把我們都送進了私立學校、買房子、供應我和弟弟私立大學的學費、給我買了一架全新的鋼琴、讓我去美國西雅圖遊學一個月。

還記得小學五年級的導師曾以妒嫉的口吻告訴我們：五十五年後出生的孩子是當時台灣環境裡最幸福的一群，因為從我們開始不再會過苦日子了。苦？這個字我學過，可是真的沒經歷過——從小，爸爸說我們念初高中時因為家裡買了房子，日子過得苦不堪言，天天煮麵疙瘩吃。麵疙瘩？是常常吃。餃子、蔥油餅、家常麵也常常吃。可是，老爸，那些都是我最愛的麵食啊！怎麼說是苦呢？我們念的是貴族學校呢！是我不愛穿漂亮衣服，讓您們因禍得福，省了銀子；是我們本來就不愛隨便跟同學出去玩，所以很少跟您和媽拿零用錢。我每天中午便當一打開，您知道有多少同學來跟我拿肉吃嗎？他們都說我便當裡的菜好棒，多羨慕我每個禮拜一都能帶一整盒香噴噴的餃子啊，淋上媽為我調好的醬料包，滿教室的蒜味讓我好驕傲！您記得的啊，初中時某一個周末，我請了一票同學來家裡，媽媽特地為我做了一桌好菜請他們吃了一頓，因他們不相信我言談間說出我根本沒有零用錢的事實，狐疑地非來家裡看看不可。家裡有媽媽在打掃，來過的人沒有說不乾淨舒適的，都說我幸福！都說我真幸福！

爸爸啊，我沒過過苦日子，真的不覺得有！我只覺得我好討厭去練琴的時候您氣得打我，我覺得苦；我只覺得跟您和媽吵架頂嘴以後被罵覺得苦；我只覺得高中時沒把書念好，花了好幾萬的補習費，也只考上私立大學，想來讓我覺得苦；我只覺得結婚那天和先生跪地向您們磕頭拜別時，您紅了雙眼，而媽媽抱著剛出院的病痛一身虛弱地看著我；婚禮時您拿著麥克風邊說邊哭，媽媽無力地坐在椅子上聽著，那一幕想來覺得好苦；我只覺得赴美定居臨上飛機那一刻向您們說珍重再見時好苦好苦；而今，我一年只能回家看您們一次，這種心情……更苦。

我沒過過苦日子。五十五年出生的我，爸媽沒讓我過過苦日子。我的幸福沒人能比，因為我的爸媽讓我在他們認為最艱困的日子裡，還能讓我過得比別人都幸福；當我應該覺得生活辛苦的時候，你們卻在背地裡為我承擔了下來。那份無怨與執著，在生活處處都是苦的天平上，你們為我們承擔了下來。天地間，那一份讓我永遠無法割捨的感情，是我對爸媽終生的深情與感謝！

感謝爸爸在教職上的奉獻與犧牲給我立了追隨的榜樣。「我的志願是將來做老師」——小學一年級的我堅定地在作文簿開頭第一句這樣寫著。夜幕低垂的每一天，當我經過家裡另一頭的走道時，我看到的永遠都是在那昏黃的書案燈光下，挺著筆直腰桿低頭看書寫眉批和拿著紅筆批改作業的爸爸的背影。沒想到，在我獨自走進這條黑暗隧道時，這一幕竟是那麼深切地刻印在我的腦海裡！我的爸爸愛讀書，這是我對爸爸最深的印象！一本又一本每天睡前寫的日記，是我從小偷看到大的，（老爸，告訴您，偷看的感覺真的很棒，不過，您有時也太會寫流水帳了。）還有一本又一本堆積如山的剪報，是我從念大學開始跟著爸爸有樣學樣的。只可惜，我高中沒把書讀好，十七歲的我曾經在課堂上遙望窗外自問，自己畢業以後要做什麼？當老師的夢就要碎了。進了大學以後，我終於用了自認扎實穩健的方法把英文讀通了，毅然決然從中文系順利轉進了英文系。「像你這樣以後進社會出人頭地的人多的是！」爸爸，您可知道，我大一時您在廚房裡對我說的這句話一直在我心中陪伴鼓勵著我至今。如果說，我當初能夠抱著狗膽出國念書，而今能靠自己的努力在美國為自己闖出一小片天空，能勇敢地在美國人面前大言不慚地說英文，那股強力後盾就是因為您的那句話！那句話啊！每個學期，只要班上一有害羞不敢開口說中文的美國或是華裔學生，我總會在辦公室開宗明義對他們鼓勵道：「我在大學念英文系的時候，我爸爸就對我說，學外語絕對不能顧及面子。」我會這樣一直說下去……。

因為爸爸，我想做老師，我也當成了老師；因為爸爸，我曾幻想自己未來的另一半是個全身充滿文氣的作家，可惜夢沒能在現實中實現；因為爸爸，我竟然從小不愛看字數太多的書，書中最好圖多於文。可是……可是為什麼我從小的作文成績就一直很好，寫任何東西只需傷惱筋開頭怎麼下筆，其餘的並不需要打草稿即能成章？對！因為我的身上流著爸爸的血——那是我的天賦，一種不需要經過訓練，生來就能成就的東西。

是啊，爸爸，您給了我一種連我自己都喜歡的才華，可是您和媽好像忘了給我一樣東西，就是哥哥弟弟都有的「聰明」。我很謝謝您們把我這個女兒生得漂亮可是不愛漂亮，因為我從小就知道聰明比漂亮重要，但怎麼我的智商到現在仍是您所說的「三十」而已呢？我的記性不大，忘性不小，不在意的東西永遠不往腦子裡放，這點絕對不像細心如絲的媽媽，所以……一定是您遺傳給我的。我的大而化之，時而癡、時而呆的傻乎樣，一定都是因為您的關係。傻丫頭，臭丫頭，丫頭啊，從小就被您這樣一直叫到現在。以前總覺得那是您的北方話，現在當我同樣這樣叫佩佩的時候，我就濃烈地嚐到那種親蜜憐愛與疼惜的氣息緩緩自我喉頭傾流出來的感動。爸爸，我從小您就告訴我您最愛我，長大了，您還是這樣地告訴我。您說我傻，說我笨，可是您還是那麼愛我，那麼義無反顧地愛我。當媽媽在電話的另一端叫我今年回家，說您想我，想看看我的時候，我整個人攤坐在床上，想著媽媽這樣的傳達和您年老心裡的訴說：我的爸爸老了，他很想再看看我，堅持我一下飛機他就要看到我。

對父母的記憶不應該都是甜蜜而美好的嗎？我的父母給了我所有的幸福與快樂，別的孩子該有的，我們從來沒有少過。父母給我們的只有滿溢與超過，從來沒有不足。一點一滴都是他們的愛，愛我們、愛這個家、愛我們的兒女，無盡無窮。這一切在我走過那條通道之後都將變成心酸，因為在他們健在時，我永遠沒有辦法以同等的質與量回報他們，對父母的不孝永遠都是在事後懺悔。我知道這是我必走的一條通路，一條我明知也要走過去的路。是人生必然的無奈嗎？對父母的記憶不應該都是甜蜜而美好的嗎？只因為有我。是我的不孝讓記憶堆積變得心酸的——那樣地無法改變。

我的爸爸，老了！年輕時乘風破浪來到台灣，來自一個我從沒去過的遠方，在那裡發生的故事是波瀾壯闊，驚濤駭浪的。戰爭的慘烈與砲火下的嚎哭，都是我們小時候爸爸口中最好聽的故事。對啊，爸爸最喜歡講那裡的故事了，每次都講得口沫橫飛而停不下來。爸爸到底有著什麼樣的過往？是怎樣的年少與勇氣能經歷與承擔這樣一個我根本無法想像的過去？那一張張久置在老木箱裡的灰黃照片一定還有我小時候偷翻的手指痕印。一張張、一張張，在我的記憶裡。嗯，我的爸爸年輕時長得真的很帥，難怪媽媽會喜歡。瞧，老爸，我的智商只能體會至此——我怎能清楚理解您所經歷的一切？那麼遙遠！雖然講故事的您近在咫尺。是怎樣的苦讓您堅強地活到現在？又是什麼樣的冀望讓您無悔地這樣走下去？在夢裡，帶我走一趟吧！那首「橄欖樹」是我們在龍華戲院看完「歡顏」以後您告訴我您喜歡的歌。十三歲懵懂的我哪裡知道您為什麼喜歡那首歌？現在，我懂了。

不要問我從哪裡來
我的故鄉在遠方
為什麼流浪　流浪遠方　流浪
為了天空飛翔的小鳥
為了山澗清流的小溪
為了寬闊的草原

流浪遠方　流浪
還有　還有
為了夢中的橄欖樹　橄欖樹
不要問我從哪裡來
我的故鄉在遠方
為什麼流浪　為什麼流浪　遠方
為了我夢中的
橄欖樹

你問我：怎麼用簡單四個字來形容父親的一生？我會說，「流浪」與「大海」。我的爸爸一生流浪。「流浪」是什麼心境？是什麼體會？幸福的我真的不知道。我只知道「流浪」是一個人離開了自己的故鄉，前往一個不知名的地方；像把一棵樹連根拔起後，把它任意丟在一個地方讓它自己去生長。而「大海」有時起有時落，它是爸爸青年時胸中的澎湃，壯年時懷中的夢與理想，年老時見兒女成家及各各有成後內心的安慰。我的爸爸是大海。他那豪邁無畏的胸懷，難怪在哥哥弟弟的兒子要取名字時，大筆一揮地就想把他們取名叫「大山」、「大海」。懂了，懂了！山海相連，綿延不絕，是要我們承傳您的勇氣、您的精神。那能夠對山咆哮、向海怒吼的磅礡個性就是我的爸爸！我的爸爸！

爸爸，我知道您愛讀描寫父母這一類的文章及「四郎探母」，您老對我說誰誰寫的「爸爸」好感人，讀了幾次都哭。這篇文章我也命名為「爸爸」，您一定高興。您最愛我，總說我的文章寫得好。謝謝父親讓我這個笨丫頭陪他一起回憶過去。這一份共同的記憶會如同那過去每晚父親一回到家就先走到我書房來看看我在做什麼，然後在我臉上用您滿是鬍渣的嘴親一下那麼地甜美而永久。

走遍千山萬水，走過萬里長路，喧嚷之後的平靜，萬浪之下的無痕，當風吹過，當雨飄過，八十幾個年冬，就這樣走過……走過……。

盧令玉　民國九十六年夏於美國加州戴維斯

一段由未知到已知的人生

多年以前就知道父親在整理、回顧並紀錄他這超過一甲子的流浪生涯。在今書稿即將付梓之際，我心中的感觸也特別深。

一九九八年九月，我與內人從台灣一同飛往「已知」的目地的——美國阿拉巴馬州的奧本大學修習美國史博士學位的時候，其內心的恐懼以及對未來前途的茫然與不安至今仍難以忘懷。而與父親大人過往的生命軌跡相較，我實無法想像他老人家當年孤零零一人，是如何克服無親無故的景況，獨自面對人生的挑戰？離家出外求學時，他不過是一個十多歲，不知前途為何的懵懂男孩，豈知他這一暫別，故鄉竟成了他老人家腦海中永遠的記憶，當時的他豈知他即將開展一趟「未知」的人生旅程呢？

還記得昔日在美國，當我與內人想家之時，隨即拿起電話與父、母親閒話家常，抒發心中煩悶；而天亮之後，又是一個全新的開始。在美國的學習生涯是艱苦的，但有了家人的支持與鼓勵隨侍在側，我仍是幸福與幸運的。反觀父親，在動盪不安的年代，在離家獨居的環境中，父親要如何與家人傾訴其年少離家的思鄉之情？在家鄉親友無法提供任何奧援的情況下，在無數個孤寂想家的夜裏，他又是如何渡過的？

時至今日，我依然清楚記得，一九九八年在桃園機場，父親大人放情大哭與我道別的情景。至閱畢父親的手稿，我方才進一步領悟，對於生於兵馬倥傯且自幼隻身在外生活的父親而言，「離別」二字竟是如此陌生且熟悉。父親年少離家，當不知「離別」滋味為何；青年時期，身陷動盪不安的年代中，「離別」竟形同一日三餐，再也平常不過。迨隻身來台，落地生根，自組家庭，「離別」似成過往記憶，不復存在。及至華髮漸生，兒女成年離家，「離別」一詞對年邁的父親而言，絕非僅是簡單的珍重再見而已；「離別」實則代表了一位少小離家，歷經無數風霜雨露，一路由動亂挺來的時代英雄內心累積多年的深層情感。

父親「未知」的流浪生涯始自於少年；及至青年，又迫於時代的動盪，而以流亡學生身份隻身來台，入台灣師範大學繼續其未知的旅程。至今年，父親在台定居落戶已近一甲子。台灣對父親而言，早已不是一個簡單的地理名詞或居住地而已。台灣是他開展其「已知」人生之地。認識了母親，並在母親勤儉持家與全心付出作為後盾之下，父親不僅不再漂泊流浪，更能大步向前，實現其人生抱負。在早年大學畢業生尚屬稀有珍貴之時，父親在眾多的工作機會中，仍選擇投身教育界，作育英才長達四十餘年。受其影響，父親的三位子女當中，我與姊姊繼承衣缽，從事教職；而大哥懸壺濟世，亦是服務人群。

父親一生不求聞達，其誠信待人、正直處事、勤儉自持與樸實無華的人格特質，猶如其母校——台灣師大校訓「誠正勤樸」的真實縮影。本書的完成，實現一樁父親長久以來的願望。身為人子，我有幸能從原來的歷史旁觀者轉變為見證者；進而由歷史的見證者成為傳承者，將父親的愛國、樂觀、正直、無畏、並努力開創光明人生的精神傳承於子孫晚輩。另身為一位史學工作者，我亦責無旁貸將這段大時代的故事與一手史料忠實紀錄與完整保存，希冀莫讓許多與父親有類似經歷的時代青年們，輕易消失於歷史的洪流中。

盧令北　民國九十六年夏於台北外雙溪

目次

第三章 別了，洛陽

第四章 青年軍二〇七師和吉林省盤石縣縣長胡日初

第五章　復學長師與嘉興夏令營

第六章　一路遷徙，終抵台灣

第八章　我身歷的建中五位校長

第九章　兼課軼聞

追憶後言 395

附錄

第一章

無政府和多政府

「七七」事變之後，到三十年我未離開家鄉之前，河北省可以說是在無政府和多政府的狀態下。各縣城都是日本兵盤踞著，城外是中央軍未撤走的鹿鍾麟和石友三的部隊，晚上則是共產黨的天下了。少數的日本兵不敢出城，都靠著漢奸組織的皇協軍為其爪牙，推行政令。石友三的部隊橫徵暴歛，把老百姓弄得苦不堪言，錢糧一時供應不及，村長的頭就當眾給鍘掉了。

共產黨初到河北，羽翼未豐，對老百姓謙恭客氣，甜言蜜語：「老大爺」、「老大娘」的不離嘴，得到人民的極大好感。當時不稱共產黨，標榜著「國民革命軍第十八路軍」，組訓民眾，唱流行歌曲，尤其是女隊員領導著唱：「我的家在東北松花江上」，把老百姓感動得涕泗橫流，民間的自衛武力，就慢慢被收編成共產黨的武力了。

民國二十八、九年，共產黨的羽翼豐滿了，加上鹿鍾麟和石友三的部隊悉數被趕出河北之後，廣大的農村，都成了共產黨的天下，「十八路軍」改成「八路軍」，也直稱「共產黨」了，猙獰的面目完全曝露出來。家庭稍為富足一點的，就指名為國捐輸。盧家在共產黨完全控制之下，連遭兩次劫難，損失不貲，為了除掉「不合作」、「不愛國」的罪名，只有忍著痛苦慷慨捐輸了。共產黨除了要兵、要糧之外，還要挖空你的舊思想，填補新觀念，就是共產黨那一套鬥爭理論。

投身抗戰的大後方

在二十七、八年以後，共產黨在冀、魯地區膨脹得極快，日軍控制的能力也日漸式微。共產黨大力宣傳，鼓勵年輕知識分子去延安，日本也徵召高小畢業的學生去日本。國民黨的地下工作人員，也號召學生去大後方為抗戰効力。三條道路，爭取選擇。

我和樹棟表哥跑到邯鄲李家灣焦揆一先生主持的天主教小學裡，住了一段時間，因為彰德一帶有戰爭，道路不通，回去等待時機。第二次出來，表哥就瞻前顧後態度遲疑了。我才與李鴻賓大哥以「黃魚」（貨車違法帶人稱為「黃魚」。）的身分，乘坐運棉花貨運車，到邢台轉平漢路的火車，經彰德到黎元鎮，住了一晚，蒙開中藥舖的郭先生，派他的兒子送過鐵路穿過鐵絲網，就直接投奔龐先生的駐地林縣而去。

中途曾被亦軍亦匪的人劫持，在他們所謂的「司令部」裡住了一晚，因為司令是河北隆平縣人，與龐先生有密切的聯繫，把我們身上帶的偽鈔換成法幣，又派人送到山口，交待把關的士兵，就真正到達四十軍控制的林縣了。當我們看到多年不見的青天白日滿地紅的國旗，感動得熱淚盈眶，直覺的感到真正脫離亡國奴的生活了。

以彰德為中心的廣大地區，日軍視為軍事要衝，但實際上，新中央、游擊隊和一些亦軍亦匪的抗日武力，都俯首帖耳的聽命於龐總司令的指揮。所以從淪陷區投到後方的青年學生，率多由此路輾轉投入抗日的洪流裡。

龐炳勳總司令

龐先生是河北新河縣人。新河縣位於廣宗縣的西北角，新河正東是南宮，正南是鉅鹿。龐先生在民國初年，曾任威、廣等八縣的剿匪司令，凡七、八年之久，司令部就設在廣宗縣城內，對我們那一帶的情形，不僅熟悉，也有些感情，他也記得外祖父是一位很孚聲望的中醫。

當我提到曾在河谷廟中學讀書時，他好像跌入時光的隧道裡，回憶清除神像的種種，餘憶猶存。龐先生沒有讀過多少書，但他卻有進步的思想和充沛的革命精神。龐先生年紀較大，和孫連仲、宋哲元、劉汝明、秦德純等等，屬同輩分的人物，但他起步較晚，沾不上馮玉祥五虎將的邊。二十七年台兒莊會戰時，任四十軍軍長，力挫板桓師團，建有殊勳。政府才把范漢傑的二七軍，孫殿英（註三）的新五軍，撥歸龐先生屬下，成立二十四集團軍，出任總司令，晉升上將。四十軍先有馬法五，後由李振清統率。駐在彰德以西、冀、晉、豫三省交界的林縣一帶山區裡與日軍周旋。

河北省全部淪陷後，河北省政府主席、省黨部主任委員，皆由龐先生一人承擔。龐先生軍紀嚴明，秋毫無犯，軍民相處猶如家人，是河南人民最稱許的政府部隊。龐先生的司令部設在元康鎮，西行不遠，就是省黨部所在地的李家村。招待所設在元康北面不遠的小池口，北面過一條小河，是一家村，是每週一龐先生主持總理紀念週的地方。晚飯之後，負責招待所的王副官經常帶我隨主席在田野間走走，也會到省黨部看看，省黨部書記長是張寶樹先生，吳延環、李鐵秋、趙鐵寒、常夢月等都是省黨部委員，我才有機會認識這些人物。

總理紀念週，王副官也帶我參加，也總是站在主席台的左前方。他常說：「天不怕，地不怕，就怕總司令講話」。主席一開講，就一點又一點的講兩個多小時。有時請孫軍長講話，孫乾淨俐落，一、兩分鐘就結束了。孫殿英個子瘦高，白淨的面孔上有一些淺白麻子，一般人除了談論他過去的土匪行徑之外，好像對他沒有什麼惡評。

在林縣這一段期間，吃得好，睡得舒服，除了閒逛之外，無所事事。為我留下深刻印象的就是大清早吳延環委員在冰冷的河水中游泳，是河北省黨部的一怪。另一怪是一位委員，是兩腳不能同時洗，必須洗好一腳，穿好鞋襪，再洗另一隻腳。

河谷廟初級中學

在「七七盧溝橋事變」那年，我和表哥都從油堡高小畢業，我考入了河谷廟私立初級中學，表哥沒有去讀。因為我讀過半年初中，學到一些高小學不到的知識，因之在三十年我到洛陽住流亡學生招待所的時候，參加甄試，就被編入初中二年級，表哥晚到一年，只有從初一讀起，年齡大一點，課程又重，讀不出興趣來，讀了一年，就放下課本考空軍機械學校去了。

河谷廟初級中學，是有一些來歷的，有介紹的必要。

河谷廟是一個很大的市鎮，位於廣宗縣、平鄉縣的交界處，每逢初一、十五，幾十里以內的人，都雲集到河谷廟作各種交易買賣，非常熱鬧，北方人稱之為趕集或趕會。市鎮東面有處規模宏大，金碧輝煌的大寺廟，建築雄偉，面積廣大，遠近知名，也是當地民眾的信仰中心，香火極為鼎盛。

據說在民國初年，龐炳勳任威、廣等八縣勦匪司令時，看到老百姓如此迷信，也過於浪費，決心把吸乾老百姓血汗的廟宇，改裝成有益地方的公共場所，寺廟內的各種神像，勢必加以清除。但燒香、拜佛、膜拜、祈福，是民眾精神寄託之所在，動用武力強行拆除，必會引起民眾的強力反抗，處理失當很可能造成大動亂。

龐司令為了此事，絞盡了腦汁，分別和地方士紳溝通協調，研究說服。神像都是人們自己塑造的，不會拯救人民遭受的苦難，說明迷信的不當，結果達成協議：神像如果機槍可以打破，說明無靈，可以清除；不然司令必須重塑金身。結果一陣槍聲之後，神像都被清除了，龐司令把廟宇加以整修，交由民間自衛團體使用。

抗戰之前，河谷廟私立初中，就是利用這偌大的廟宇舊址成立的。校長是平鄉縣的公安局長時汝南先生，時校長是北京大學肄業，人長得極為瀟灑，高高的個子，風度翩翩，善於說道，聽說縣裡需要人，沒有畢業就回來當局長了。弟弟時鳳西是縣財政局長，兩人一合計，就利用廟產把中學辦起來了。

中學是用廟後面的一部分，中間是一所小學，前面正門之內，是半官半民的地方自衛武力——守望隊駐紮。經過整修，高大的殿堂，改建成二樓，成了一所完整的初級中學，老師學生都住在裡面，校址面積廣闊，屋舍儼然，為一般公立學校所不及，抗戰之初，我就進入這中學讀書了。

校長司令

抗戰開始之後半年，河北省全部都淪陷了。民間武力變成了游擊隊，如春筍般地興起。學校停辦了，時汝南校長搖身一變，成了蕭耀城屬下的第一支隊司令，有數千人之眾，聲勢很大。我叔叔馬上功夫了得，他可以騎禿馬，馳騁於原野之中，意欲投効時司令，苦無門路，問我可不可以寫封信試試，我就大著膽子上書推介，出乎意料之外的，時司令竟委派叔叔為騎兵隊長，統率著兩百多名騎兵，得意於一時。臨近村莊一家財主，被土匪搶了，結果竟發現有時司令核可的文書，官匪相通，自古而然，現在如何，恐怕也盡在不言中了。

若干年前，我曾在台北重慶南路三民書店看過一本何應欽題字的《華北之面面觀》一書，內容有詳細記載：河北人民抗日總司令蕭耀城，北京大學法律系畢業，出任過兩任縣長，棄官回鄉，組織團隊，保衛冀南三府二十三縣的治安種種。

時司令不僅和蕭耀城有前後期同學之誼，而且都是有志對地方効力的人物。抗日初期，他們能把地方團隊和土匪統合起來，形成一股抗日的武裝力量，也頗值得稱許。他們不僅抗日，也反對共產黨，在共軍攻下太原，五百完人壯烈犧牲之後，蕭耀城率領著抗日的民間武力，還堅守永年縣城，數月之久，忠烈感人，台灣報紙也報導過，史家應該把這一段可歌可泣的事實，大書特書使之名垂青史，永為典範。

龐總司令揮淚斬馬謖

林縣是個小盆地，就像四川、雲南一帶所說的「壩子」，四周都是大山。如果是太平盛世，林縣可以建設成與世隔絕的世外桃源。河間、水冶、元康都是縣內的大市鎮，土地平坦，水利不缺，居民勤勞，滿山的柿子樹，都是人民的財富。可惜連年戰爭，使人民的生活陷入困境，甚至把可以吃的樹葉都儲存起來，以備食用。

林縣及其他龐總司令控制的地區，家家戶戶都掛著龐總司令肖像，對龐先生發自內心的崇拜。境內人民所津津樂道的是，絕對不會有軍人欺騙或欺凌老百姓的情形，社會上的公理正義得以伸張，生活晏然，還要求什麼呢？龐先生傍晚散步，走入農村，和平時一樣，安靜如恒，真是夢寐以求的理想世界。

我到林縣的時候，劉福林事件剛結束不久，傷痛猶在。公開場合，沒有人願意談論此事件，以免引起龐先生的傷感，但私下議論還是免不了的，在零零碎碎的記憶裡，約略敘述如左：

劉福林與龐先生的關係之深，情逾父子。龐先生在當營長的時候，劉是副官，龐先生升任總司令，劉還是副官，親之、信之，龐先生的大小事務，甚至於家庭之私，劉福林都可以參與密勿，龐先生的任何事務對劉從不隱瞞，劉福林對龐先生的忠心，是沒有人懷疑的。

人得到上級絕對信任之後，也往往會自作主張，有逾越繩墨的時候。劉也有一般人容易犯的錯誤，做一些一般人不敢為違法亂紀的事，文武大員也不敢得罪他。大家都知道龐先生對他的信任之專，期盼之殷，就是劉有錯誤，龐先生也會曲予原諒的。在這種大眾心理的縱容之下，劉福林的膽子是越來越大了，竟幹起龐先生最痛恨的走私販毒的勾當來。

據說有一次孫殿英軍長從臨淇來看龐先生時，有人送來一信，龐先生看了一眼，就順手放進口袋裡，孫殿英機警聰明，警覺到龐先生的動作，非比尋常，因為龐先生從無如此神秘。孫告辭返防時，照例劉副官總是恭謹送上一程。孫就乘機點劉一下，「將有大事發生，你準備一下！」劉自認與龐先生的關係，不會有什麼大事，不料送孫出鎮之後，就立刻被抓起來了，打入大牢。

在龐先生的勢力範圍之內，劉福林被關起來，是何等的大事，消息傳出去，黨政軍高級幹部都紛紛為劉福林求情。大家都明白，不管如何，劉福林是不會被槍斃的。順水人情，百利而無一害，無不樂而為之。結果龐先生面對大家，重申國法尊嚴，一視同仁，更不容許以私廢公，玩法弄權，立刻就在元康鎮內土地廟前槍斃了劉福林。龐先生因之暈倒在地，甦醒之後，猶淚流不止，被譽為諸葛亮斬馬謖的故事重演。

龐主席的高風亮節

龐主席不但執法嚴峻，無所偏私，無厚薄親疏之分，在法律之前一律平等。在他掌控的範圍之內，軍民翕然，無不畏服。龐先生的清廉自持，誠信對人，更使接近他的人，永遠感念他、信任他，以龐先生的言行為處事為人的標竿。追憶至此，我想到龐先生到達台灣之初，一件感人的故事。

龐先生來到台灣之後，由澎湖防衛司令官李振清的協助，住在台北市杭州南路一個有院子的平房裡，與我教書的女師附小公園路相距不遠，我總會隔一段時間就會去探望主席。

那時主席已經是八十歲的老人了，本來就不良於行，再加上年老體重，出外活動的時間幾乎沒有。我每次去看他，他總是一個人呆呆的坐著，又因為重聽，很多話都必須以筆談相助。一位年長的老人，沒有聊天話舊的對象，總是太孤寂了。所以主席每次看到我，總是顯得非常高興。他告訴我：「不要再帶東西來，帶兩亭（罐）寶島香煙就好了。」龐夫人柳淑芳女士，當然沒有太多的時間陪他，他的一個兒子空軍中校已經為國捐軀了，女兒龐麗閣在美軍顧問團工作。龐家雖有佣人，是主席當營長時候的傳令兵，已經結婚生子，在主席住所的院子裡自行搭建的平房裡居住，吃住都和龐主席一家人在一起。龐先生的生活起居，也多由他協助，和一家人沒有兩樣。所以我每次去看主席，他都會高高興興把陪龐先生的時間讓給我。龐先生也高興和我說東道西，回憶往事。年紀大了，看到自己早年帶出來的小孩子，能在社會上自立自強，高興和慈愛之心，總會不期然的流露出來。他厚重的手掌，總是握著我不放，憶往談舊，顯得很快樂。龐太太不止一次的說：「你每次來，龐先生總是高興像看到自己的親人一樣。」

四十三年某日，龐夫人忽然到附小，適我不在，白子祥校長轉告我去龐府一趟。龐夫人私下告訴我：「國防部送來表格，填好，總統會任命為戰略顧問，龐先生就是不准，很多老朋友如秦德純、劉汝明、徐永昌都勸他：『這是國家的制度，對位列上將的退休之後的安排。』龐先生仍然不答應。大家商議的結果，就希望你來勸勸龐先生，小孩子講或許有效。」龐太太並說：「一個家庭只靠女兒的一份薪水，雖然時有李振清幫忙，總是不寬裕的。我們不是托人求職，國家有規定，有什麼不好？」

我單獨與主席談到此事，龐先生說：「表格在抽屜裡，你拿出來看看。」我拿出表格，就以順序填寫，一方面說：「為國効力一輩子，這是應該的。」問主席出生年月時，主席就把臉一沉，不高興的說：「你們這些年輕人，思想太壞了，不上班，拿錢，可以嗎？」搖搖手說：「不要寫了，我是不會同意的。」

幾年之後，房子改建，主席搬到安東街去了，我也離開了附小到永和私立勵行中學教書。離的遠了，工作忙了，去的機會也少了。五十二年主席以八十八高齡離開人世，公祭之日，舊人咸集，代表政府除陳誠院長之外，新人不多。李振清司令官伏地痛哭不已，與祭者哭紅眼眶者不少，我身受大恩自難例外。龐主席遺體葬於六張犁公墓。屈指算來，已經四十四個年頭了，每年清明節，只要我在台北，一定去龐先生墓前祭拜一番，並深深致上三鞠躬。

主席的叮嚀

在林縣悠閒地過了一段時間之後，應該是秋天了吧，山風吹來，有些寒意。張寶樹、吳延環要代表主席去重慶有所報告，主席就把我們十幾位小朋友託付給他們，請他們把我們帶到後方安排讀書。主席把我們召集起來，講了不少話，意思是勉勵我們好好讀書，他列舉河北的大官們孫連仲、劉汝明、高樹勳、孫桐萱等等都老了，後繼無人。北伐之後，軍校設在南方，北方就落伍了，有志當軍人高中畢業考軍校，學什麼都好，不可半途而廢。最後發給每人一百元，軍鞋一雙，棉衣一套，還交給領隊一疊印有總司令印記的空白條子，沿途食用，可用以抵繳軍糧。那時主席已經是六十五、六歲的人了，叮嚀、囑咐，好像一位老爺爺親切慈愛，他看著我們離去，似有不捨。

告別林縣，進入太行山區

在林縣住了多久，已經不復記憶，只記得已經是冷風颼颼，應該是深秋時分了，我們隨張寶樹、吳延環和一隊搬運子彈的士兵，從合澗西行，就進入太行山區。山勢越來越高，道路越崎嶇難行，羊腸小道，忽高忽低，我們這一隊在深山之中蜿蜒而上，好像一條長蛇在山中爬行，這該是太行山的主脈了。

第一天我們住在盤底，真是名實相符。四周都是高山，高聳入雲，重巖疊嶂，隱天蔽日，非亭午夜分，不見曦月。入夜虎嘯狼嚎，空谷傳音，歷久不絕。山石崩落，猶如雷震，驚人心弦。居民皆以燒煤取暖，煤氣瀰漫，難以入睡，至此始知山西人喜愛喝醋以解毒之必然也。

山西婦女皆纏足，所謂三寸金蓮，所見皆然。登山如踩高蹺，背負肩挑，蹬、蹬、蹬疾走如風，追之不及。從盤底一路西行，攀山越嶺，倍極艱辛。第二天夜宿壺關——壺關縣治位於高山之巔的平坦處，人口較多，也有四、五公尺寬的大街，街面皆用石板鋪成，車行其上，叮咚作響。那天適有迎親之禮，男方騎馬先行，穿官服，戴官帽插紅花，披彩帶，如古代高中

騎馬遊街一般，新娘佩紅戴綠，彩色鮮明，頭上插滿紅花，項掛花環，衣服的邊角之處，都繫上大大小小的鈴鐺，緩步前進，環珮爭鳴，煞是好看，兩旁觀眾歡呼之聲與鞭炮齊鳴，熱鬧非凡。不意在太行深山之中，能目睹此一古式的結婚之禮，也是平生一大樂事。

山中見聞

我們在壺關住了一天，也多少聽聞一些太行山中的趣事。山西因為四周都是大山，地勢高亢，交通不便，民智不開，風氣保守，甚少與外界往還，形成一種極為落伍的保守風氣。婆婆的權勢在家中是至高無上的。媳婦受不了婆婆的虐待，跳毛坑（廁所）而求解脫者，時有所聞。山中的廁所，多是依山溝因陋就簡，在窄處架上兩塊木板，就可以方便如儀了。山溝深淺不一，有深達數十丈者，如儀之後，甚久，始聞——噗通一聲。媳婦跳毛坑求死，解脫固無論矣，而採用此一方法，實不敢令人稱許也。

在北方社會封建餘毒未除，多年媳婦熬成婆以後，就把多年來親身所受的痛苦，連本帶利轉嫁到媳婦身上，陳陳相因，媳婦一把鼻涕一把眼淚的苟且偷生，唯一的希望，就是有朝一日熬成婆婆，就可頤指氣使的大擺婆婆的威風了。北方皆然，山西尤甚，深山之中表現的就更具體而微了。

這種百無一是的封建習俗，一日不除，社會就永遠不能進步，國家強大，也就緣木求魚了。老百姓明明知道這種習俗有違人道，但相習成風，沒有人敢公然反抗，久而久之，人們也就積非成是視為當然了。這種民間保守的習性，只有普遍的發展教育啟廸民智，政府再加以推動，人道的思想慢慢也擴展開來，落伍封建不人道的惡習，才能漸漸地轉化於無形。只用政府的力量，是不容易收到效果的。

太行山是窮山惡水，有些地方是寸草不生，光禿禿的高山聳立，怪石嶙峋，即使結隊而行，也感到毛髮悚然。山中河流稀少，夏天的積水，冬天的積雪，就是山中居民的飲水來源，水質不純，有的呈淡黃色，但老百姓視若拱璧，珍惜異常。山中礦產極豐，煤、鐵遍地，山石呈現出來的顏色，就可以斷定是煤山或鐵山了，家家燒煤，處處有鐵店，遍地皆是。英國人曾估計太行山的煤、鐵開採出來，全世界用四十年不會有匱乏之虞。但山勢雄奇，交通不便，煤、鐵無法運出，俗云：「拿著金飯碗要飯」，就是指山西的豐富礦產而言。

太行山的狼多，五指山的猴子多，我都是親身經歷過的。爬太行山每人必須持一拐杖，一為有助於爬山，二為使狼不敢接近。往往在你身後有大批群狼跟隨而無警覺，一不留神，跳上肩膀，咬斷喉嚨，不是稀奇的事。手持拐杖，狼腿細長，就不敢接近了。「入境問俗，誠非虛語也」。

壺關、陵川和晉城縣

從林縣的河澗開始入山，就是山西省地界了。山越走越高，路越走越窄。爬上去又下來，這樣上上下下，走了一整天，就到了盤底，從盤底到壺關又是一整天。從壺關到長治，再到陵川，皆在山背上。路多平坦，也有汽車往來，從陵川再到晉城，就是所謂的晉東南，就是二十七軍范漢傑控制的地區，安全上沒有問題。

晉城是太行山的主峰，下得山去，就是河南省的地界了。我們必須在此充分的休息，也必須備妥兩天的食糧，因為從晉城縣的黃堂，到黃河邊的廖塢渡口，有一百八十里之遙，又必須在一夜之間通過日軍幾道封鎖線。負責交通的人員，必須把日軍夜間巡防的時間算準，錯開，迅速通過，以保無虞，稍有差池後果就不堪設想了。所謂的「啣枚疾走」就要在今夜親身體驗了。

下午兩、三點之後，我們就從廣堂開始下山，必須在太陽落山之前，趕到晉、豫交界不遠處，隱蔽到天黑之後，一口氣穿過濟源平原，穿過封鎖線，到達孟縣的廖塢渡口，才算到了安全地帶。從黃堂開始，有幾十里的下山路，山路不平，高高低低，開始還好，兩個小時之後，兩腿就軟弱無力了。「上山容易，下山難」，上山可以量力而為，緩情適度；下山就不能自主了。稍停一下，就不想再走，休息兩分鐘，腿就抬不動了。

我們如時的到達預定的隱蔽處，天色昏暗下來，我們就噤聲緊跟隨隊伍前進，有時聽到日軍巡防車經過，有時聽到日、偽軍追逐偷渡者的槍聲。我們時而隱伏，時而躬身前進，在生死關頭，精神體力都來了。人的耐性真是無限的，濟源是豫北三府（彰德、衛輝、懷慶）之一的懷慶府最西的一縣。

濟源西面就是屬於山西省的中條山。北倚太行西接中條，南臨黃河，日軍視為重鎮，防區處處都有偽軍駐守。封鎖線上，經常日軍巡邏車隆隆而過。負責交通的人員，必須與偽軍協調好，免出差錯。穿過濟源平原，就進入了孟縣的丘陵地帶，山路雖然崎嶇不平，但比從晉城下山的路好的太多了，在天色大明之前，我們就癱瘓在廖塢渡口，不省人事了。從昨天下午兩、三點開始，直到第二天的大明之前，我們一口氣奔跑了一百八十里，這真是人命關天逼出來的體力極限。

九朝金華的東都——洛陽

一覺醒來，已經是中午時分了，看看河岸上的山勢起伏，與太行山那樣窮山惡水，真是大異其趣。樹葉雖已變黃，脫落滿地，枯葉殘枝，亦可想像冬天過去之日，也就是滿山錦鏽之時。有人說：這是中條山餘脈，也是伯夷、叔齊采薇而食的首陽山，餓死埋骨之處。在秦領山中，也有首陽山。是武王伐紂，伯夷、叔齊扣馬而諫，因之恥食周粟，逃入首陽山。究竟孰是，只有待歷史學家去考證論斷了。

廖塢屬孟縣，是黃河最窄處的渡口，渡過黃河，就是孟津縣了。孟津在北邙山上，北邙是一條黃土丘陵，黃河在北邙與孟縣的丘陵峽谷中，夾著從上游沖刷下來的大量黃土，奔騰而下，如萬馬嘶鳴，聲勢驚人，如果以「濁浪排空」來形容，真是再真切不過了。

所謂黃河，就是一河黃泥巴水，提一桶出來，就有半桶泥巴。而水流急湍，漩渦處處，小船進入中流，是旋轉著順流下行的，大船方可平穩渡過。但本地熟識水性者，可泅水橫渡，非善泳者，不敢嘗試也。船進入河道，黃光映照，形貌不變，皆呆坐而不敢口出妄言「不到黃河心不死」。渡過一次，再也不想再渡黃河了，「跳到黃河也洗不清」更是不通的戲言了。

過了黃河，就是孟津縣。孟津就在平平坦坦的北邙山上，又稱邙嶺。經過呂洞賓的純陽洞，就是九朝金華的洛陽。洛陽，史稱東部，與西都長安並列光耀史冊，在一般人的想像之中是座雄偉的都城，但進入洛陽，真正看到廬山真面目，才發現盛名與真相，相差何止千里。城內不但沒有莊嚴宏偉的建築，所謂的皇宮大內，也片瓦無存，大街狹隘，兩輛大卡車對駛，還要小心慢慢地錯開，房屋低矮，很少高樓大廈，看不到幾間像樣商店。「有風滿天土，有雨一街泥」就是洛陽的真正寫照。

據說洛陽的城牆是滿雄偉的，城高，濠深，城上可以並行兩輛大卡車，因為日本常來轟炸，城牆阻礙了居民逃生，就把城牆填入河中，築成了一條環城大馬路。洛陽的牡丹，傳遍遐邇，我沒有專誠的欣賞過。不過洛陽的大白菜也是遠近馳名的，一出東門，像海水一般的大白菜，如同菜海，堅實粗大，小孩子可以當木樁一樣的跳來跳去，一顆二、三十斤，稀鬆平常。

我們初到洛陽，張寶樹、吳延環把我們交給負責招待我們的四十軍駐洛陽辦事處長劉世恩先生，劉先生把我們送到洛陽南大街華北招待所。隊長是一位個子瘦高的山西人，整天佩著武裝帶，故作威嚴狀，囉囉唆唆得沒有人喜歡他。

到洛陽的學生越來越多，招待所就用初、高中的測驗題，加以甄試後，就集體分發到已奉命成立的洛陽進修班。班主任是安徽合肥的葉維楨，副主任是山西人范炘，實際領導我們去靈山寺，和我們共同生活一年之久的是張醒吾先生。

註三：「孫電英盜靈安」是一本小冊子。以「孫電英」為名，後以「孫殿英」廣為流傳為人有知。

中學時期

第二章

抗戰時期洛陽戰區學生進修班

民國三十年我進入洛陽進修班讀書。進修班的全銜是「教育部特設洛陽戰區學生進修班」。專門收容從淪陷區蜂擁而至的流亡學生。抗戰開始之初，北方以及沿海省分，很快就淪入日本軍閥的魔掌之中。緣於多年來的愛國主義的薰陶，以及醜惡的日本軍人和在內地經商的日本商人的多行不義，給國人極大的反感，並印證了政府的宣傳不是空穴來風，意識到淪為亡國奴的可怕，青年人同仇敵愾，大人們也多鼓勵子弟獻身報國，投入抗戰的行列。我就在此氣氛之下，隻身遠離家鄉，千里迢迢，跋山涉水，歷盡艱險，投身到抗日戰爭的大後方來。

到洛陽之後，我先住在洛陽南大街華北招待所，又遷住洛陽東郊半個店河北省教育廳辦的招待所。招待所只負責吃、住，沒有上課讀書，而且川流不息投奔到後方的流亡學生，程度參差不齊，初中、高中和大學肄業的都有，應實際上的需要，教育部才在洛陽、重慶和浙江金華三處創設進修班。

進修班和正式學校一樣分班上課，又分春季班、秋季班。學生接受一段時期或一學期教育之後，就分發到各國立中學去。在進修班畢業領到畢業證書的，和國立中學一樣沒有分別。抗戰開始之後，各省遷到後方的中學很多，教育部在陳立夫部長大眼光、大魄力之下，統統改為國立，從國立一中到國立二十六中。這些中學的學生來源，很多來自進修班。而進修班的學生，是由各招待所或接待站所分發而來。

進修班的成立

洛陽進修班，是三十年奉命成立的，預定的校址是洛陽西工的空軍官校。但洛陽空軍分校和成都空軍分校合併後，校舍沒有完全騰空出來，分發來的四、五百個學生只有借宜陽縣靈山寺暫時上課，回到洛陽，已經是一年後，三十二年初的事了。

進修班設有初、高中六個年級，每個年級都有上、下班，就是所謂的春季班和秋季班。學校規模相當宏大，學生來來去去地川流不息，暑假高二上分走了兩班，不久又變成三班。寒假初三上增了三班，同時初二下又少了兩班，班級和人數，是時多時少，變化無窮。

學生的分發都是依據各地學校的需要再配合學生的籍貫。譬如說河北省籍的大半分到河南淅川的國立一中，或設在甘肅天水的國立五中和清水的十中。河南省籍的是分到陝南洋縣的七中或四川的六中。各國立中學需要多少，進修班就如數供應，所以學生在進修班呆過一年以上的不多。

我經過簡單的智力和學力測驗，就分發到進修班初中二年級就讀。之後，第一次分發到國立一中，一中是北平三所中學遷到河南合併而成的。我非常高興，但是被劉教官攔下來。初三下，我又分發到五中，我意志堅定非去不可。主要的原因是洛陽離山西運城太近，運城有日本飛機場，日本的飛機三不五時的飛過來投彈，雖然洛陽的防空洞做得極好，但警報一響，躲到防空洞一呆就是幾十分鐘，影響讀書總是不爭的事實。學生已經集體到金谷園車站等候火車，劉主任教官又匆匆忙忙地跑過來告訴我：「你留下，學校了解你的情形，范副主任已經同意每月給你若干補助，學校需要穩定，班上不能沒有重心。」因此我就成為班上的元老級學生了。

我是進修班第一批入學的學生，也是進修班結束時才離開的，同學之中我認識的人當然最多。三十七年在北平，天津一帶的同學希望舉辦一次聚會，研究由誰出名登報的問題時，當然就非我莫屬了。一登報紙，集聚了四、五十人，在頤和園痛痛快快地玩了一天。

八月中旬，是北平最酷熱的時候，我父親由北平去蘭州投奔我從未謀面的姑姑，姑丈李澤生在蘭州市廟攤子玉壘關做皮件生意，有相當規模，在蘭州工作過的人都知道這個字號。因為需要人手，三番兩次的來信催促父親前去幫忙，我也趁此機會送父親到張家口，暫避北平如蒸籠似的天氣。

送走父親之後，就住在趙福祥兄處。趙君是我民國三十年投奔大後方途中認識的朋友，一起到洛陽，也一同進入進修班讀書，趙君因志不在此，讀了一段時間，就和表哥一樣，中途離去，另謀出路了。

趙福祥兄在張家口工作，因工作上的需要偶爾到北平出差。我們突然在北平相見，都是巧遇，人生的奇妙，多有不可測者。張家口又稱張垣，是察哈爾的省會，多為山地，平原很少。除在國防、軍事上有重要價值之外，沒有什麼像樣的建築和值得遊覽觀光的地方。「水晶宮」是當地最好的名勝旅遊區，不過是在坡度不大的山坡上，有人工整修的幾個花圃和稀稀疏疏的矮樹而已。張家口唯一值得稱許的，是在炎夏之季，空氣是清清爽爽的，沒有溽暑蒸人的感覺。

因趙君的工作性質的關係，與同學有連絡的較多，所以父親自張家口登上平綏路的火車之後，一路上轉車、購票、住宿都有進修班的同學協助，在數千里的旅途中，增加了不少方便。父親到了蘭州之後，寫信告訴我沿途的情形，父親完全沒有想到：我離家多年，隻身飄泊，竟有這麼多的朋友，表示極大的欣慰。

追憶及此，一時有感，胡謅一詩云：

進修子弟滿天山，老父隻身赴臯蘭；
沿途接送皆晚輩，同學情意萬古傳。

大陸變色之後，我到了台灣，在台北市女師附小教書，又輾轉聽說趙君也在台灣，我費了好多力氣才找到他。當時他正在苦難中，我予以援手，他便從頭做起，苦了幾年之後，結婚生子，現在已移居美國了

言歸正傳，我在洛陽進修班，升上高中之後，新分發進來一批同學，一共不到三十人，而且女同學居多，女同學都有家在洛陽，男同學都是一清二白的。我提出一個可笑而且大家都認同的條件必須通過，否則我拒絕擔任班長。條件是：女生要訂份報紙，捐些雜誌和不定期的開個晚會，更重要的是女同學吃不完的饅頭要帶回來維護班上的福利。尤其是星期六，一定要把饅頭領回來才能回家。男同學當然歡迎，女同學也無異議。於是班上的文化氣息濃厚，和氣融融，是一段最值得回憶的時光。

宜陽靈山寺

洛陽進修班在奉命成立之初，西工的空軍官校還沒有完全搬走，從流亡學生招待所和接待站分發過來的學生四、五百人，由張醒吾先生負責借宜陽縣靈山寺上課。

靈山寺在洛水南岸山坡上，廟宇很多，和尚也不少，廟產尤多，據說是宜陽縣的大地主，也是宜陽縣的一大霸。靈山寺的主持是一位相貌不俗的中年和尚，白天領導著眾僧誦經念佛，晚上就長袍馬褂，頭戴禮帽，手持文明杖，四出雲遊去也。那時我讀初中，可能我不太使人討厭，主持也多次帶我和張紹去他臥室吃燒雞和小菜。出家人以慈悲為懷，不殺生，不吃葷，似乎都不構成對他的禁忌。主持的臥室寬敞，用具講究，和白馬寺的和尚似乎不大一樣。

一年之後，西工的空軍官校和成都的空軍官校合併成功，校舍完全清理出來，進修班正式掛牌上課了，靈山寺的進修班就正式宣告結束回到洛陽。初、高中幾十個班完全就緒，我們幾百人的小溪流歸入了大河的主流裡。班主任葉維楨、副主任范炘、教務主任鹿定九、訓育主任薛鴻祿、主任教官劉鍾山、教官李華壇等、訓育員張天行（通稱「張大嘴」）、導師陳植移，師資陣容堅強，在當時洛陽地區是頗負聲譽的。班主任葉維楨是第一戰區司令長官衛立煌的智囊，是掛名的班主任從未到任，我們也根本沒有見過，班務完全由副主任范炘代理。

西工，復興的保壘

在靈山呆了整整一年多，西工的空軍官校與成都空軍官校合併完成，校舍騰空出來，靈山分部就宣布結束，搬回西工上課。西工是個偉大的地方，它不僅是第一戰區的心臟，也是控制華北整個敵情的神經中樞。機關林立，建築宏偉，從洛陽西行六、七里，就進入了西工社區。

西工，原名西宮，民國成立之後，認為有封建色彩，故更名為西工。各機關順著有洋灰鋪設的大馬路，一字排開。省政府、空軍官校、第一戰區長官部、陸軍官校洛陽分校和省立洛陽中學等等，都是從東往西一字排開。北面是面積遼闊、荒草叢生的金谷園機場，緊臨著機場的就是金谷園火車站了，洛陽有東站和西站。金谷園離西站不遠，可見西工地位的重要。

金谷園在歷史上，也是赫赫有名。晉朝石崇與綠珠的愛情故事不是也喧騰一時嗎？以石崇雄厚的財力興建的金谷園，想必是金碧輝煌的，窮奢極慾，遭到滅門之禍，因果報應，應是必然的結果。綠珠不屈從孫秀，墜樓而死，在歷史上，也給歡場女子留下一段佳話。

陸官洛陽分校，位於長官司令部右側，也是唐代在洛陽建造的富麗堂皇廣寒宮原址。民國二十五年蔣委員長五十大慶的時候，避壽來洛，一場轟轟烈烈的獻機祝壽活動，就是在洛陽舉行的。雙十二，西安事變之後，脫險來洛，也駐節在陸官分校內。司令長官部是在陸空分校之間一座廣廈裡，門禁森嚴。

北伐以前，吳佩孚大帥就坐鎮於此。如果以這一排從東到西的大建築物為直徑劃個圓圈，北面是金谷園機場，南半圈羅列著十二座大營房，一個營房可以訓練一個完整的師，可以同時出排教練。在這個半圓圈之內，是樹木森森的大公園。石灰路縱橫交錯，是西工軍民遊憩、漫步之所，範圍之廣可想而知。

抗戰開始之後，黃河下游劃為第一戰區，司令長官部就設在這位居要津的廣廈裡，不僅是軍事中心，也是政治中心，更是把新兵訓練成鋼鐵隊伍的大洪爐。洛陽西有殽關，東有虎牢，北倚黃河，南臨龍門，地勢優越，攻守遂心，有伊、洛二水流經其間，土地肥美，物阜民豐，九朝建都於此，良有以也。

吳大帥坐鎮中州

民國十年前後，是吳佩孚大帥叱咤風雲的時候，他高踞在西工吏署裡，睥睨群雄，不可一世。他把散漫的人民，訓練成能征慣戰的雄兵，尤其在一戰勝段祺瑞，二戰勝張作霖之後，聲勢如日中天，天下英雄盡在掌股之中，莫敢與之爭鋒。

民國十二年吳大帥五十大慶的時候，康有為送上副對聯，高懸在使署裡：

牧野鷹揚，百歲功名才一半；

洛陽虎踞，八方風雲會中州。

湖南省長趙恒惕也恭書一聯

生平憂樂關天下；
此時神仙醉洛陽。

這時的吳大帥真是躊躇滿志風光極了，次年的直奉再戰，「洛陽練兵，四照堂點將」是吳大帥聲威登峰造極的時候，全國上下，無不景仰。如果再勝奉張，大帥就可以橫行天下，無人敢攖其鋒了。誰知道連戰皆捷之時馮玉祥突然倒戈，發動首都革命，這位名震寰宇，聲威如日中天的吳大帥，竟一戰全輸，從此一蹶不振了。

全憑槍桿子打出來的政權，是不會維持長久的。天下可以馬上得之，而不可以馬上治之，總得有一套治國的理想藍圖，「以民之所好好之，以民之所惡惡之」，「己所不欲，勿施於人」，老百姓的願望是容易達成的，「安居樂業」四字而已。但批評政府的，一旦得到政權之後，就只知利己，不知愛人，窮兵黷武，揮霍浪費，人民死活，全不放在眼裡。過去如此，於今猶烈，人心之貪婪，俟河之清，不知何年何月了。

吳大帥的軍歌，我還記得幾句，唱起來，也頗能一壯軍威：

三國戰將勇，首推趙子龍，長坂坡前逞英雄，還有張翼德，單騎橋上等，……一聲大吼，企兩咔嚓，橋塌兩三空……

吳大帥是山東蓬萊一位酸秀才，據說相貌平常，沒有出人的儀表，人多以「吳小鬼」稱之。但自投効北洋之後，就扶搖直上，官至直魯豫巡閱使，位高權重，兵多將廣而號令天下，究竟不是人人可為的。他總是有其特色，吳讀書甚多，必能涵泳其義而表現在行為上。吳大帥在志得意滿的時候，坐鎮西工使署，自書一聯高懸大廳之中，終可見其志行與讀人的本色。聯云：

得志時清白乃心，不怕死，不積金錢，飲酒賦詩，猶是書生本色；
失敗後倔強到底，不出洋，不入租界，灌園抱甕，真個解甲歸田。

吳大帥不愧為大丈夫，不失讀書人志節，不靦顏事敵，不貪圖富貴。北伐統一之後，吳隱居北平，不聞世事，日本人用各種方法，誘其出山，終不為所動。二十七年政府派吳的舊屬劉泗英潛赴北平，探吳的動靜，吳贈劉以詩云：

颯颯西風裡，秋聲動地哀；
斯民何所持，端仗大英才。

次年十二月，日本人知吳心如鐵石，終不為所用，在「死雖無益，活著有害」的前提下，大帥終遭日人毒手。蔣公聞訊，曾輓以聯云：

落日黯孤城，百折不回完壯志；
大風思猛士，萬方多難惜斯人。

吳大帥終不愧為一代人傑。

進修班的讀書生活

范副主任和薛鴻祿，張天行都是大個子的山西人，而教務主任鹿定九和各部的行政人員及老師，很多都是安徽合肥的老母雞，（雞讀「ㄗ」變成安徽人的統稱。）之後司令長官換成了蔣鼎文，浙江人就慢慢地多起來了。

學校好像沒有留級制度，留級就走路，布告欄上也從來沒有看到記過和開除的。考試及格就升級，不及格達不到升級的標準，就走人。學生都是無家可歸的流亡客，為了吃飯，只有拼命讀書一途。晚上九點集合點名之後，就關燈就寢，同學擠在鋪設麥稭的通鋪上，彼此問答或背誦國文、英文。十點之後，教官宿舍的燈熄了，同學又偷偷地爬起來，到教室打開電燈讀書，教官發現就大發雷霆，如此這般找機會讀書，那還有心思去搞一些觸犯校規和不三不四的勾當呢？

三十二年我初中畢業，甲乙兩班七、八十人直升高中的只有十八人。未能直升的，除些有辦法的轉到其他學校之外，無親人可投的就哭成一團，學校為免學生有凍餒之苦，又舉行了一次考試，特別成了一個會計班，收容了一部份學生，其他沒有考上的學生只有另謀生路了。當時學生努力讀書的情形，全心在課本上心無旁鶩的苦讀精神，是現在學生想不到也無法領略的。

學生都苦，除了女同學在洛陽有家之外，男生都是清苦的，極少有得到親友的接濟。我到達洛陽之後，和淪陷的家鄉只通郵不通滙，經濟來源完全斷絕。我沒有穿過一雙完整的鞋子，都是同學不要的送給我，有時兩腳穿著不同顏色和樣式的鞋子。頭髮都是幾個月不理，那時理髮費是：推是一元，剃是八角，差不多都是廣武、滎陽一帶的同學一角一角的湊起來幫我理髮的，直到今天回想起來還對他們感到一些溫情。

但豫北尤其是由濟原聯中轉來的一批同學，他們團結力強，嫉妒心也不弱。每逢考試過後，他們總是諷言諷語，酸溜溜的講些不遜之言，有時便吵起架來。有一次，四、五位同學向我圍攻，對於打架我並不畏懼，怕的是被開除，開除雖然可怕，但是更可怕的是開除之後沒有飯吃，為了吃飯也只有退讓。

但他們得寸進尺，吃定我不敢動手，竟然揮拳捲袖地緊逼而來。至此境地，只有把心一橫拚命一搏了，一人不敵眾手，只有抄起木棒大打起來。廣武、滎陽一帶的同學，在一旁替我助威。結果四、五位竟被我打得亂跑，他們一狀告到導師那裏。

陳植移老師是日本留學生，有點尚武精神，陳老師聽我細訴事情的來龍去脈及為我助威同學的說明之後，扳起面孔，指著那四、五位同學說：「丟人！四、五個人被打得亂跑，還來告狀，滾！」又轉過頭對我說：「回去吧！沒事。」一場風波，就這樣平息了。

白楊鎮河北省中

洛陽西南伊水上游是伊川縣，伊川縣最大的鎮是白楊鎮，設有一所河北省立中學。校長是冀縣的曹秉國先生，我們縣有一位郭滙川先生在省中教書，郭先生也是我父親的朋友，我寫信去連絡希望能去省中就讀。得到學校的許可以後，我就背起全部的家當，出龍門，順著伊水步行九十里到省中插班就讀去了。省中的校舍，全部是土匪出身、現任二十四集團軍新五軍軍長孫殿英的私宅。

在進修班雖然吃不飽，但不必你搶我奪，省中開飯時是幾個深可及腰的大木桶，裝滿稀飯，稀到你追我跑的程度。同學事先就告訴我，用牙缸盛飯要有技巧，不然一碗喝完，第二碗就沒有了。方法是先盛半碗，趕快喝完，再裝滿一碗。就是技術精練的多吃上半碗，也難免弄得一身狼狽，如此情形，一時難以適應，即便適應了也非我樂見的，於是我就決定離開省中重返洛陽進修班。這雖是陳年往事，回憶起來也頗有趣味，也可說明在抗戰期間，國步艱難，全國上下都在艱難中俱有同仇敵愾抗敵的決心，現在的年輕學生是無法想像的。

天無絕人之路

在洛陽的物資生活是相當艱苦的，失去了經濟支援的流亡學生當然更苦。前兩年我沒有被子，都在宿舍地上打通鋪，鋪著厚厚的麥稭和同學們擠在一起睡覺。洛陽的冬天，氣候也常在零下十度左右，是相當寒冷的，衣服是三十七集團軍孫桐萱總司令送的棉軍裝，和衣而眠，擠在一起還可以勉強度過寒冬。

進修班使用的書籍，每班只發四套，所以大部份都是學生自己抄寫，紙張和用具，也是自己設法。小白紙一刀四元，可以訂四、五個本子，鉛筆顏色太淡，容易磨損，只有用毛筆繕寫，文史尚可，數學、英文也都用毛筆，真是不太方便。

三十二年太行山會戰之前，二十四集團軍第四十軍洛陽辦事處長劉世恩先生，特來進修班送我兩百元，他說是龐總司令電令他送來的。我用這兩百元做了一件棉大衣，晚上就有被子蓋了。

龐先生統率著二十四集團軍十幾萬人，駐在太行山區與日軍對峙，四十軍是他的基本部隊，駐林縣。龐先生兼任河北省政府主席及河北省黨部主任委員，黨、政、軍集於一身。總司令部設在林縣的元康鎮，省黨部在元康西邊不遠的李家村。省政府各廳處都在洛陽東面幾個村子裏。

我初到洛陽住在城內南大街的華北招待所，後來又到半個店河北省教育廳設的招待所，是專為河北省流亡學生所設立的。當時教育廳長就是來台後出任台北市省立建國中學校長，長達十餘年之久的賀翊新先生。招待所主任是步履穩健的省政府參議梁達先生，負責流亡學生的吃、住問題。主管招待所的是教育廳第二科，科長就是在台北永和市創立私立勵行中學的韓克敬先生。

人生的因緣際會是難以捉摸的，我那時是流亡學生，年紀小，又呆頭呆腦，除了吃飯，睡覺之外，就是去白馬寺或到處遊蕩，對這些人物，竟是一無所知，連一點印象也沒有。在台灣師大畢業那年靳子言先生奉命找我去板橋藝專（現國立台灣藝術大學）見賀校長。賀校長告訴我：「每次去看龐主席，主席都提到你，說是他從小把你送到後方去讀書的，現在大學畢業了，主席感嘆對你沒有幫助。」「李嗣聰院長想找你到監察院去，或者你願意到建中教書？」賀校長說暑假之後，他就會轉任建中。

我決定到建中教書之後，勵行中學的韓克敬校長知道我住過他主管的招待所，力邀我到勵行服務，因之又轉到勵行。那時建中老師的待遇是月薪五百元加一張二十六公斤的米條。私立勵行中學，沒有米條，只有乾薪一千二百六十元，同時可以兼課或超鐘點，待遇比建中好。我在勵行中學服務六年，又到高雄當了三年無法施展自己理想的私立中學校長，就辭掉北返，一頭栽在建中，甘心當孩子王，直到退休。

進修班的老師群像

雖然已是六十年前的往事了，但是細心的想想，很多老師的印象還是很深刻的，追憶如下：

一、教官劉鍾山上校

從靈山寺回到洛陽，給我印象最深刻的事，是主任教官劉鍾山上校處罰高三學生丁我揚的事。當時劉教官已經是五十歲左右的人了，高大的身材，瘦削的面孔，雙目炯炯有神，下額窄小，顴骨微突，聲若洪鐘，終年佩掛整齊，武裝帶下配著短劍，走起路來，一扭一扭，像個纏足的老大婆。

他執法嚴峻，一絲不苟，學生沒有一個不怕他。丁我揚犯了國文老師李秉仁的大忌。劉教官一怒，把全高三學生集合起來，登台厲聲指責丁我揚的錯誤，並命令丁我揚站出來自我處罰。劉教官聲雄力壯，氣勢驚人，把全高三的學生都被鎮住了，在一旁觀看的學生也為之驚恐，沒有一個敢站出來為丁生緩頰。丁生只有舉起木板痛打自己。

雖然我沒有和劉鍾山教官長談過，但是學校秩序的維持，他是有大功勞的。進修班是來自四面八方，品類龐雜的流亡學生，一批批的進來，又一批批的分發出去，使幾千人的大學校，能有秩序的正常運行實非易事。他主要能掌握每個班級一部分可靠的學生，這是穩定學校的重大措施。我也隱隱的感受到劉教官對我的愛護之意。一甲子的光陰，我仍然對他有鮮明的印象。

二、陳植移老師

陳老師小小的個子，廣東台山縣人。陳老師的尊翁是當時駐紐約總領事陳大壽先生。陳老師教我們初三的幾何。初二是在靈山寺讀的，導師是何人，完全想不起來了。陳老師是游泳、跳舞的高手，太太劉淑英也是數學老師。湖北人，人長得很漂亮。陳老師用心教書，常常一黑板一黑板的證明一道題。對學生也極為用心，因為住在學校，晚自習他經常坐在教室裏與我們一起讀書。暑假他也常帶我們去洛水河中游泳。到高中，陳老師就不教我們了。

三十三年洛陽失守之前，陳老師就坐火車走了。我是徒步從劉邦入關的路線去長安的，從此就和陳老師音訊斷絕。十幾年後，我在台灣師大畢業之前，忽然接到省政府來的信，打開一看，使我目瞪口呆，署名的是「陳植移」三字，十多年音訊全無的陳老師，怎麼知道我的行踪呢？又如何知道我今年畢業呢？陳老師信中說：「工作安排好了，畢業之後到省政府來。」並囑咐我到中興新村一趟。師生感情如此真摯，真使我感激涕零。

當我去中興新村拜見陳老師的時候，他正在農林廳上班，並立刻帶我到光華二村住所，是一座很大的房子，讓我休息，把房門一鎖，又去上班了。中午提著很多吃的東西回來，師生對坐談心，真是快慰平生。我告訴陳老師，師大畢業沒有失業的問題，工作政府自會安排，以後如需要老師幫忙，我自會稟告老師。

自此之後，我每到台中，都會去拜望陳老師，老師到台北來，也會來家中坐坐。老師退休之後並不愜意，一個兒子是軍人，一個兒子是航空系畢業，都飛走了，師母也赴美未返，孤零零的一個人，住在偌大的房子裏，過著老人無助的生活，十年前就孤寂地離開這個世界。

三、王培桐老師

王老師也是小個子，是洛陽中學的老師來進修班兼課的。山東人，短小精幹人也風趣，教我們高中數學。上課之前，他總是騎著腳踏車匆匆忙忙地從洛陽中學趕來，氣喘吁吁經常遲到幾分鐘，上課之後又瞎扯幾句，一堂課真正講課的時間有半個小時就不錯了。他不帶教具，隨手一劃，和用圓規沒有兩樣。能用半個圓證明的，王老師決不浪費粉筆，多一個字也不會寫。他仔細講解的部份，也是我們最需要了解的部份。經他一點，就全部豁然貫通了。王老師講課的時間，不會比他瞎扯的時間多多少，但是我們都把他崇若神明。以後我教書就深深的體會，必須知道學生不了解的地方，把關鍵部份講解清楚，使學生了解其內蘊，就是稱職的好老師了。滿口白沫，一黑板一黑板的寫，是努力盡職的好老師，但未必能讓學生涵泳其真諦的。

四、夏照賓老師

夏老師高高的個子，儀表堂堂，西北聯大畢業，是當時第一戰區長官部支將級薪水的翻譯官，北平人，一口京腔非常悅耳。每當上課，他總是用中指與大姆指夾著粉筆，悠然而來，看到他，我們心情就開始緊張，一進教室還沒有走上講台，不是歐盆〈open〉就是克勞司〈close〉指名某某朗讀或背誦某課，同學無不心驚膽怕，不會背誦或朗讀有問題的，夏老師走到面前，用書輕輕的敲著頭說：「我看你只有一個用處，就是能把大米變成大便。」夏老師是標準的北平土產，罵人不帶髒字。同學對他畏之如虎。他如果遲到或缺課，是同學最快樂的時光。

夏老師任教期間，把同學整得好苦，天天苦讀英文，不敢鬆懈。可惜夏老師教我們不到一學期就離開了，使我們不勝懷念。如果夏老師能多教我們一、兩年，我們的英文程度，就不會如此鴉鴉烏了。

以後教我們的幾位英文老師如婁敘九、郝春德和一位華僑洪姓老師，都是教完就算，會不會就在你了。

五、柴德賡老師

柴老師教我們高中歷史，身材中等，溫文儒雅，風度氣質不像教中學的老師，一口標準的京片子，翻一下課本，就滔滔不絕地聊起來，趣味橫生，緊張時，令人揪心，輕鬆時，令人開顏。一堂課一下子就完了，暢快無比。我們都高興聽柴老師的歷史故事，月考來臨了，獨獨歷史筆記是空白一片，如何考試？同學都緊張起來，此時才發現柴老師只會說書，不會教書。

同學一起鬨，我就找教務主任鹿定九老師，提出柴老師不適任的意見，鹿老師坐在椅子上，把頭歪過來斜斜看我：「哼，柴老師不會教書？柴先生在北平輔仁大學當過八年的歷史系主任，河南大學一再請他，柴先生說他是流亡先生，要教流亡學生，你們還有意見！」順手把桌子一拍，哼了一聲，把頭一扭就不理我了，我只有悄悄地一鞠躬，溜回教室。同學知道後，都面面相覷不再發言。從此我們才學會聽課寫筆記的習慣。柴老師教了我們一學期，就應聘成都華西大學教書去了，但柴老師的口才，氣質和翩翩的風度，使我們印象深刻。

三十七年長白師範學院遷到北平，住在北海後門沙井胡同，離輔仁大學不遠，我就去輔大探問柴老師的消息。果然柴老師又回到輔仁，師生相見恍如隔世，歡愉何如。

六、譚鋒音樂老師

說起來真是笑話，一所堂堂的國立中學——進修班，擁有幾十個班，數千學生，連一架鋼琴都沒有，全校只有一架風琴，每逢音樂課，都是搬來搬去。譚老師高高的身材，經常穿著一套淡藍色的西裝，黑皮鞋已經變成花白，鞋後跟歪的不成樣子，滿頭長髮亂蓬蓬的像個雞窩，儀態瀟灑，一看就知道是位藝術家。

他對皮鞋的看法是：鞋是伺候人的，能穿就穿，不能穿一丟就完了。這是他的人生哲學，相當灑脫。他的歌唱得極好，聲音清亮，有丹田之氣，引吭高歌，好像就忘了一切，頗像馬友友拉大提琴一樣的有忘我之境。膾炙人口的「西工頌」就是譚老師的傑作。不僅文詞優美，含意深長，尤其大合唱唱起來，真是氣壯山河，令人振奮。雖然六十多年了，我還清晰地記得。茲把歌詞抄錄於下。

〈西工頌〉

晨風吹過了蒼翠的北邙
歌聲又振動著縱橫無數的營房
從參天的古樹中傳來幾聲號角
馬蹄又踏破了河邊的夕陽
西工啊

妳是新生的象徵
妳是華北的希望
妳身上建立復興的堡壘
妳眼裏流過九代的興亡
妳今天成為時代的熔爐
把每個人都鍛鍊成鋼
妳又是新中國的兵工廠
把每個人都鍊成炸彈
讓他們轟炸
炸過黃河
炸過東北
把鬼子們都炸光

七、教童軍的陳老師

因年代久遠陳老師的大名我已經記不起來了。只知道陳老師是我國第一批赴英國倫敦接受童軍木章訓練的七位代表之一。陳老師對童子軍的訓練，不是只帶學生玩玩而已，而是真有些具體的內容，能引導學生對童軍教育發生濃厚的興趣。如夜半三更把同學集合起來，仰臥在青草地上，在碧藍的晴空中觀察天象，指出北極星的位置，七顆星星連在一起，像一把勺子，勺子的把是自左向右轉的，勺子把轉到什麼位置，就可以判定是某月某日，永遠不動的北極星，又名紫薇星，是恒星。四周的白氣、濃、淡、寬、窄和缺口的方位，就可以知道風、雨、陰、晴。把同學的眼睛蒙起來，抱起來旋轉失去方向後，指導你辨認東西南北的方法，摸樹，摸石頭或牆壁辨別出太陽曬過溫度差異，就可以判斷出方向。陳老師講得神奇，我們聽得有趣，童軍課程具有真實的學問，也會學到一些真實的技術，如搭橋過河，水中救人等等，都是童軍教育不可或缺的課程。所謂童子軍就是真正軍人的事前教育，不但重要，也很必需。高中，就是正式的軍事操演，沒有童軍課程了。

八、王象之老師

王老師是我們的國文老師。也是諸多老師之中少有的河南人，好像是鄭州一帶的。王老師行動遲緩，上身微曲，中等身材，大嘴厚唇，合起來也掩蓋不住幾顆凸出的牙齒。一口道地河南土話，緩慢而清晰，頗有趣味。一有空，他就兜售一些河南的趣聞軼事，他最愛講也是我們最愛聽的，當然就是統治豫西十三縣的土皇帝別庭芳了。

別庭芳司令

提起別司令在河南真是大大的有名，他不但統治著河南西部十三縣的廣大土地，也是把十三縣的人民治理地俯首貼耳，不但路不拾遺，也真做到了弊絕風清的地步。他服從中央政府，但不奉行第一戰區的命令，形成了國內特區，是高度自治的王國。

豫西多為山區，民風強悍，土匪如毛，老百姓逞勇，相習成風，友朋之間如有輕視或污衊對方的言行，往往會遭到滅門之禍。孩子長大了，得知遭毀滅的種種，也會持械報復，陳陳相因，無有已時。

別庭芳統治豫西之後，採用更凶狠的手段維持治安，肅清匪亂，使人民安堵，捉到土匪，就地正法。如結夥搶劫人數過多，別司令也會有慈悲之心，用列隊報數的方法，處決一部份了事，如再被捉到決不輕饒。

老百姓爭訟，官司多打到縣政府為止，如上訴到司令部，別司令會參加會審，而他的邏輯是：雙方總有一方是不對的，槍斃一個就解決了。有時他認為瘦子心思多，有時認為胖子喜歡佔人便宜，有理無理，端看司令一時的好惡，因之豫西人民爭訟沒有敢上訴到司令部的。

豫西，這個河南的盲腸，經別司令「以毒攻毒，以殺止殺」之後，真是路不拾遺，盜賊絕跡。把東西忘在客棧（旅館）裏，店主負責保管得好好的，返回尋找，店主一定會完璧奉還，毫無差錯。豫西人民對別司令，有的恨之入骨，有的崇若神明。司令的命令，絕對貫徹執行到底毫不含糊，講話算數，決無戲言。

別司令崇拜英雄，他心儀第六戰區的副長官孫連仲，他不齒第一戰區的副長官湯恩伯，他把轄區內應繳納的軍糧，運往湖北而拒送洛陽，第一戰區拿他無可奈何。河南流行的民謠是：「寧讓日本人來燒殺，也不讓十三軍來駐紮。」湯軍的風紀之壞，老百姓是恨之入骨的。

國立第一中學的設立

別司令統治豫西，命令是執行很徹底的，下級沒有敢打折扣或推諉敷衍的。最令人稱讚的是國立第一中學的成立。抗戰開始之後，北平的三所中學，集體逃到開封，一、兩千師生的食住，大成問題。三所校長商議的結果，並接受河南士紳的建議：如果能得到別庭芳司令的同意，遷往豫西，一切的問題都可以迎刃而解。

於是大家共推楊玉如校長去淅川面見別司令。楊校長是京片子，頭腦靈活，口才便給，善察言觀色，能洞察對方心理而隨機應變。楊校長經多日的研究，並拜訪幾位了解司令的朋友，多方剖析，楊校長就單槍匹馬專誠赴淅川，拜訪豫西土皇帝別司令去了。

別司令接見楊校長之後，有相見恨晚之感。從白天談到深夜，第二天又繼續長談，別司令一口答應北平的三所學校，一起遷到淅川上集鎮來。楊校長適時的呈上建校藍圖，教室，操場及一些必要的設備。別司令皆慨然應允，並約定百日之後遷來，一切都不成問題。並當面告訴副官通知十三縣縣長，分攤建材、民工，三個月內完成。並懇切地告訴楊校長：「百日後見。」

百日之後，楊校長率領著大批師生從開封到達上集鎮的時候，一切都依照著楊校長的藍圖，建設完成。三校合併就是教育部在抗戰初期成立的國立第一中學。楊玉如校長就被派為國立一中首任校長。

楊校長在抗戰期間，不僅是第一任國立中學校長，在豫西也是別司令的高級智囊，也是各縣與司令溝通的不可或缺的橋樑。凡是各縣需要司令同意或支持的，率多先與楊校長請教，然後呈閱。凡是別司令有什麼疑難雜症，也多聽楊校長的意見。

有關別司令的笑話一籮筐，王象之老師舉例說：

一、國立一中在正式上課之後，一切就緒了，這真是在萬難之中最值得令人高興的。楊校長當然要大大地慶祝一番，籃球大賽是慶典活動中不可或缺的一個項目。習慣上邀請當地聲譽卓著的社會領袖開球，別司令當然是不二人選。楊校長準備了一個有靠背的大椅子，請司令開球之後，坐在場邊觀戰。開賽之後，雙方你爭我奪，緊張萬分，觀眾聲嘶力竭為球隊加油，一球中的，歡聲雷動，一球失誤，怨聲四起，雙方拼鬥，汗流浹背有時擠成一團，有時跌成一堆，群眾歡呼，震耳欲聾，別司令看在眼裏，難過在心裏；「停止，不要再搶了，十幾個人搶一個皮球，傳揚出去，太丟俺河南人的臉！」說完後，司令一臉不高興的就離去了，把場面弄得極為尷尬。

二、司令的兒子也在一中讀書，高中有三民主義一課，並要學生各購一冊。別司令很有善意的告訴楊校長：「讀書和做事一樣，要一步步來，學生要從一民主義讀起，不可一下子就讀三民主義。」司令語氣溫和，也可知司令平時的處事態度。別司令喜歡在國父紀念週時，鼓勵屬下要學習余致力：「余致力先生革命一革就是四十年，見鍋砸鍋，見缸砸缸，不成功決不中止」。司令的勉勵是別有趣味的。

三、是蔣委員長召見的事了。事前別司令非常緊張，這還了得，蔣委員長就是當今的皇上，晉見皇上的禮數是不可缺少的。司令自忖在豫西山區，自己說了算，跑到重慶晉見蔣委員長，就不知所措了，只有把楊校長請來商議大計。

結果是楊校長扮演委員長，以規定的禮儀召見司令，蔣委員長可能問些什麼？司令如何回答。站，怎麼站；坐，怎麼坐；如何晉見，如何行禮，如何退出；兩人模擬了好幾天，楊校長揣摩了委員長可能的問話，也給司令準備好了如何回答的詞語，一次一次的演練純熟。進退自然，答問有節，應該是萬無一失了，何況別司令的記憶力特佳，說詞都會牢記無誤，晉見委員長一事，必定可以圓滿達成。

司令從西安登上飛機，在重慶白市驛機場降落的時候，不少高級官員來接，司令與接機的官員，握手寒暄，備極親切，稍作休息之後，即奉召晉見，別司令完全按照與楊校長演練的模式，進退有節，答問適度，神態雖稍有緊張，但進退應對若合符節，土音雖重，但語音清晰有力，委員長非常高興，曾語諸人曰：「人言別庭芳是粗人，今日一見，證諸多人之言，不可盡信也。」並轉知別司令在重慶玩兩天，走前為之餞行。

兩天之後，司令要回河南了，蔣委員特在官邸設宴為之餞行。奉命作陪者，皆當時顯貴大員，司令坐在委員長旁邊，蔣夫人宋美齡也出面作陪，委員長對司令語多嘉勉，蔣夫人頻頻為之挾菜，司令一想，夫人不是當今的皇后嗎？金榜題名的狀元，還難得見皇后一面，此情此景，怎不令人感動。當時的別司令已食不下嚥，淚流滿面的對委員長剖心剖腹的宣誓說：「委員長！俺別庭芳絕對忠心保你，如果有半點假意，俺就是大姑娘生的。」滿座為之肅然。回到淅川之後，與楊校長道及此事，楊校長頓足說道：「百密一疏，誰能想到委員長會設宴餞行，而蔣夫人會頻頻挾菜呢？」

樹棟表哥到了洛陽

樹棟是我大舅（因大舅早逝，習慣就稱二舅為大舅了。）的二兒子。大表哥張樹榮，聰明絕頂，一手鋼筆字寫的極為漂亮，在鄉里是有些虛名的。我讀小學一、二年級的時候，他在保定讀同仁高中，他結婚的時候，為了壓轎迎娶新娘的問題，我和二表哥發生了嚴重的爭執，結果在舅媽的重金賄賂之下，讓給二哥了。

樹棟二哥比我大一歲，和我一起長大，一起玩耍，一起讀書，他人長得瘦高、白淨、聰明，一手鋼筆字寫得蒼勁有力，極為出色。他會唱歌，也喜歡畫畫，除了在運動方面，我較勝一籌外，樣樣都比不上他。所以四年的小學和兩年高小，每學期的考試成績，我都緊跟其後，而未曾逾越。表哥自認不如我的有二：一是身體較差，其次是遇到事情不能馬上拿定主意，決心不夠堅強。

民國三十年初，我和他第一次決定投入抗戰的大後方，不願在家做日本順民的時候，一起跑到邯鄲縣臨洺關西南不遠處李家村，在焦揆一先生主持的天主教小學內，住了一段時期，因彰德一帶有戰事，交通斷絕，回去之後，表哥就不願再冒險出來了。

之後，他知道我到達洛陽，並如願以償的進入學校讀書之後，才又下定決心投奔洛陽而來。我們雖然是表兄弟，因為從小生活在一起，情逾手足。遠在異鄉，又能在一起讀書，實在是人生一大幸事，但進修班的生活實在太苦了，同時身上又生了疥瘡，學校為預防傳染，把我和表哥分到東小院一間大房子裏，和現在台灣教育廳以督學退休的程金鑾兄住在一起，倒也清淨。

「心電感應」之說

過去常有「心電感應」之說，不甚了了，也未嘗引起我的注意。不能用科學證明的東西，聽聽而已。在東小院我親身經歷了心電感應的歷程，至今歷歷如繪，記得清清楚楚。

一天半夜裏，我睡意正濃的時候，忽然夢到我的手腳都被汽車輾斷了，我被嚇得大哭起來，而且哭聲甚哀。驚動了表哥和金鑾兄，我一面哭，一面大叫：「完了，我的手腳都沒有了。」表哥搖醒我說：「醒醒，你在做夢。」醒後，看看手腳還在，但仍然淚流不止。

金鑾兄的常識比我豐富些，他說：「一定是最關心你的人出了問題，這就是心電感應，寫封信問問就知道了。」我連夜寫信，天明寄出。不久，信就回來了，平時都是外祖父親自回信，這次竟是九姨代筆，而且內容平淡，使我更加狐疑，再寫信去問，九姨才告訴我，做惡夢的時候，正是外祖父斷氣的時候，外祖父的臨終遺言，就是沒有看到他隻身在外的長外孫，是他最大的遺憾，不禁使我痛哭失聲。外祖父享年七十六歲。

外祖父疼愛我，勝過嫡孫

「心電感應」之說是科學無法證明的，但科學也沒有辦法肯定沒有這種現象。但在你最親愛的人有大災大難或死亡之時，在心理上就會有一種反應出現，精神恍惚或心神不寧，無法正常工作，有如此經驗的人，不在少數。若干年前吳大猷在美國時，就有這種經驗，心情煩亂的無法工作，後得電告，才知道母親那個時候在老家廣東與世長辭了。

最愛你的人，或你最愛的人有大變故時，心電感應就歷歷不爽了。

我母親去世早，因為生三弟而去世的。從此之後，我就始終和外祖父母生活在一起。對母親的印象，只記得母親躺在炕上，舅舅和阿姨圍著媽媽哭，我拉著媽媽的手喊著：「娘！我們回去吧。」因為我一直都住在外祖父家，媽媽臨終時，舅舅才把我帶回盧家。

除此之外，就是在母親出殯的時候，北方的規矩是要在起靈（抬棺木）的時候，長子要在靈前摔盆的。結果盆沒有摔破，被架孝子的人，一腳給踹碎了，我沒有哭，也被兩巴掌打哭了。其他對母親的印象就模糊了，也想不起來了。

我本來就經常住在外祖父家，母親過世之後，我更以外祖父家為家了，根本就不回盧家了。三弟隨著母親的去世，一起走了。二弟和我都住在外祖父家，得了大肚子疾病，不久也去世了。我算命大，外祖父母對我更加疼愛。

不管怎麼說，我總是盧家長孫，而且又是孤零零的孫子，爺爺奶奶還是愛我的。每隔一段時間，兩位老人家還是會來張家看看我。不住在一起，感情總是不容易建立起來，我對祖父母的前來，總是躲躲藏藏，這也是對兩位老人家缺乏親情的表示。有時候舅舅或大表哥也會帶我回盧家看看，頂多吃一次飯就又回張家。

小學四年和高小二年都是在外祖父家和二表哥玩在一起，外祖父母對我疼愛，真是無一復加，高小畢業那年，我已經十二、三歲了，還是和外祖父睡在一起，北方天氣冷，晚上總是憋著不願意起來小便，也常作夢躲躲藏藏地尿在被窩裏，外祖父總是不加責怪的換條褥子而已。

我在外祖父家唯一的工作，就是跟著外祖父整理瓜田，壓壓枝蔓，割割苜蓿。秋後跟著外祖父外出打兔子，提提戰利品而已。外祖父經常整理的瓜田和苜蓿地，是位於村北一塊四十畝的良田，外祖父常常告訴我，這塊地將來就是你的，三房舅舅都同意，連東小院也給你，長大之後，結了婚，就不要回盧家了。

在我們廣宗、威縣、南宮、冀州一帶，是產棉花的半沙地，有風不起土，雨過地就乾，是適合種植大棉花、大紅薯的土壤。棉花值錢，出產棉花的地方，幾乎沒有赤貧，人稍微勤快一點，只靠一個秋天替人摘棉花，一年粗茶淡飯的生活，就可以應付過去了。何況秋後沒有開的棉花，地主不要了，摘回去曬曬太陽，然後開出來的棉花，纖維較短而呈米黃色，也相當值錢。一個家庭有二、三十畝田地，五、六口之家，生活是相當舒服了。有百畝土地的，就是相當殷實的小地主了。我不知道外祖家有多少土地，只知道在全村幾百戶中，是名列前幾名的地主之一。

大舅在威縣城內教堂裏傳福音，二舅在廣宗縣黨部工作，家中的大小事務，全由外祖母的侄子，我稱之為表舅的掌控。一家人除了外祖父外，都是虔誠的基督徒，一家人很會生活，也

懂得生活的情趣，晚飯之後，一家人常聚集在後院裏，由大舅或其他人領導著唱詩，最常唱的一首，我至今還記得，現抄錄如下：

兄弟姐妹，你想行不行
眼看主快來，吹號筒點大名，
那時你要留心聽聽
主看要點誰的名
那時罪行不改，惡行不變，
總不能上天庭

一家人和氣融融，兄弟、妯娌、婆媳之間，從無言語上的衝突或擺出一副不悅的面孔。外祖父母年紀大了，不吃大鍋飯，另有小灶，我這個外孫，也只有與兩位老人家一起享受了。我的身體健康，與外祖父母十幾年共同生活是有關係的。

外祖父是名中醫，在附近幾個縣是有相當聲譽的。在台灣台中市中醫學院副院長也是針灸國寶級人物黃維三先生，他是山東臨清人，他表示從小就知道張老崇中醫師的大名。外祖父家境富裕，在威縣城內南大街開設的「紅葫蘆」藥房，外祖父是主要股東之一。求診者不收分文，家境貧寒者，拿藥都是免費奉送的，有時夜半三更有急疾者駕車來請，外祖父總是把我叫起來陪他出診。

外祖父是一位好好先生，與世無爭，只要有求於他的，決不會讓你失望而回。聲譽之隆，少有人能望其項背。有時村中兩姓群毆無法勸解，就把外祖父請去，鬥毆者看到張老先生來了，就作鳥獸散，怕被看到不好意思，與我盧家的作風是南北兩極完全不一樣的。

黃維三的醫術

黃維三中醫師，是台灣針灸界的泰斗。他是與河北臨界的山東省臨清縣人，在長師同學之中，我們家鄉相距僅三十華里。臨清西面的油坊、邵固的兩個市鎮，有會、集的時候，常有碰面的機會，不過那時年幼，彼此並不認識。他原就讀山東師範學院，流亡到海南島之後，他才和杜維運、李玉燦等多人，一起轉入長師，到台灣才畢業。一面教書，一面鑽研醫術，尤其對針灸，致力特深。在台灣堪稱獨步，無出其右者。

四十年初，我在女師附小教書，同事蔣振興有「半仙」之稱，因為陰天、下雨他的腿都會提早告知。多年的風濕痛苦非常。我帶他到成都路「春日堂」黃維三駐診的時間，請黃針灸，那時針灸一次，大概是五十元，黃不但沒收錢，反而請我們吃牛肉麵，老蔣過意不去，事後買了一份重禮致謝。蔣針灸了兩次，五十年過去了，從未再犯，可見維三兄的醫術，並非虛譽。

我的女兒兩、三歲的時候，常說右手肘痛，結果是手掌上面不遠處胳膊彎曲，顯然是斷了又自動接起來。這還了得，到處求醫，結果都是「開刀」。小孩子開刀住院，在當時有實際的困難。師大體育衛生系主任李叔佩（李四端的父親）告訴我，可以找總統骨科顧問宋彥聲大醫生看看。李老師寫名片、又打電話指示我到遼寧街「宋彥聲骨科診所」，去找宋醫師，請教除了開刀之外，還有什麼治療方法？

我按址求見，並呈上李老師的名片，宋醫生也表示李主任已來過電話了。他看了傷處之後，只說了兩個字「開刀」。我問：「要不要住院？」，他說：「要！」，我說明住院的難處，宋未等我說完，就起身而去，撂下一句：「隨便。」人就不見了，架子之大，態度之惡劣，使我大生反感，「欺下者，必媚上」，濟世活人的醫生如此決絕，心中充滿了不愉快。

路過和平東路青田街，黃維三的診所在十二巷十二弄六號，順便進去看看，並說明請教宋彥聲的經過，餘怒猶存。黃看看女兒的手肘，淡淡的說：「沒有關係，不用開刀，慢慢的會好的。」我脫口而出，「你真是蒙古醫生，斷了胳膊，不看會好嗎？」黃正色說：「會好，開刀起碼留個大疤，小姪女漂漂亮亮的，不可以！」我真有些生氣，兩人就槓起來了，太太說：「不要和黃大哥吵了，現在無法開刀，以後再說吧！」幾年之後，女兒手肘平復如初，沒有一點痕跡。黃說小孩子再生能力強，肌膚磨擦就會平復。

我對黃維三診斷，表示佩服；對宋彥聲無情，表示厭惡！

另有中研究院院長朱家驊患有宿疾，群醫束手無策。有人推介黃醫師，朱一生反對中醫，認為是毫無道理的玄學，拒不接受。結果宿疾難癒，痛苦日深，萬不得已才向黃求診，黃兩服中藥就治好了。朱大喜，要重金酬謝，黃分文不取，只要求朱院長登報鳴謝就好。

「登報鳴謝」，朱是自毀招牌，堅不同意，結果是：大請其客了事。

張、盧兩家作風兩極

我小學畢業之後，和表哥一同去油堡讀高等小學。油堡距離外祖家南塘疃有十華里之遙，非住校不可。校長是韓壽增先生，老師有劉霞飛、劉劍秋等。另有一位專任廚師和一位負責打鈴和處理雜務的工友，名張福霞。他為人和氣，家道清寒，全仗他賺錢奉養老母，有空就孜孜讀書，也常鼓勵我們好好用功。我很喜歡此人。

寒假回家，我和外祖父提起此人，外祖父問我：你是否想幫他？我表示如果有錢一定幫他。又問，想幫他多少？我說最少兩塊。在抗戰以前，兩塊錢不是小數目，我們住校每月伙食費是兩元，吃不完還會退幾毛。一般老百姓，每個月一元就足夠了。外祖父說他可以借給我，但一定要從壓歲錢中扣還。我同意之後，外祖父就叫我寫信派人送去了。

這件事外祖父母感到極大的安慰，他們認為盧家的作風有轉變的希望。此一消息，很快就傳到爺爺奶奶耳裏，很快就坐著馬車來探問究竟，當他們從外祖父母的口中知道事情的來龍去脈之後，爺爺就難過得淚流滿面的說：「完了，這麼小的孩子，一出手就是兩塊錢，盧家完了！」其實盧家的財富，超過張家甚多，爺爺總是發下宏願，要為孫子置五頃良田（一頃一百畝），在威、廣一帶，五頃地還了得，那真可列入全縣的首富了。

在威縣、廣宗、南宮、冀縣一帶，人稠地窄，土地肥美，除了旱災之外，沒有水災，也沒有蝗蟲害。位於平漢和津浦兩大幹線之間，各百餘里，交通不便，百姓皆以務農為業，所以土地是生活唯一的保障。

土地買賣有不成文的規定：同樣的價格，由近而遠，宗族中沒有人買，才可以賣給外姓；本村沒有人買，才可以賣給外村。盧家富有，可以抬高地價把土地買回來，本村或附近有賣土地的，盧家多半可以如願，因此盧家的人際關係是不夠良好的。可是爺爺真是很偉大，省吃儉用，年紀大了，牙齒不行了，也不捨得吃一頓較好的食物。他整天不停的工作，他的哲學是：「盧家的飯不養閒人。」父親是小學教師，回來休息一天，就得換裝下田。在爺爺的督導之下，全家勤奮努力，克勤克儉，家業真是蒸蒸日上，與外公家是兩個完全不同的類型。

但盧家也有大方豪奢的一面，那就是秋後請全村人看戲。接戲班子的馬車，一輛一輛出去，足以展現盧家的氣魄。如果說是大方、是善行、是義舉，可能是溢美之詞，無他，炫耀財富而已。

廣宗與山東接壤，土匪較多，出沒無常，但盧家人丁興旺，人口眾多，在父親三服之內的兄弟，就有二十一位之多。三十年我離開家鄉的時候，我是男孩中年齡最大的，四服之內弟弟就有二十七個，其中還有兩、三位叔叔沒有成家。盧家有人、有槍，深宅大院，土匪是奈何不得的。我是盧家的長孫，又從小沒有母親，是土匪眼中最好的肉票，但土匪無法得逞。我外祖父是積德行善又是藥到病除的名醫，土匪要綁架我，易如反掌，但土匪了解，在張家被綁盧家是不會出錢贖人的。土匪會也生病，不忍為難外祖父，北方的土匪，也是通達人情的，並非盲目地亂幹。

中醫不外傳的說法

在北方有中醫不外傳的說法，南方可能也有。只能傳兒孫，不能傳給外人，女兒嫁給外姓，生的兒子就是外人，所以稱為外孫。但我外祖父卻沒有如此狹隘落後的觀念，他一心願意把一生所學和鑽研出來的高明的醫術傳授給我，從小開始，就教我摸脈，講脈解經，我堅拒不學。自認我不是學醫的人，我告訴外祖父，我有二不學：一不學醫，二不學法。醫生所面對的，都是一些斷手斷腿和血跡斑斑的病人，看了倒胃口；法官所面對的，都是一些殺人不眨眼的土匪強盜和搶奪放火的壞蛋。整天和這些人為伍，太沒有情趣了。我最希望的工作是從事教育，整天和天真活潑，純真善良，有朝氣可塑造的青年在一起，心情是多麼快樂。

樹榮大哥一再要求學醫救人，外祖父堅持不教，他說大表哥的品性不好，歪點子太多，不能以仁心行仁術，學會了醫術，反而會如虎添翼，不走善道。大表哥是個絕頂聰明的才子型人物。毛筆，鋼筆字都寫的極漂亮，可惜他投機取巧的想法太豐富，從不腳踏實地做一件事，遊手好閒又不知節儉。

三十五年我在吉林磐石縣的時候，他在山西省太原當閻錫山的機要秘書，待遇不菲，寫信問我要不要幫助？他叔叔我的二舅攜家帶眷住在太原附近的清源縣，生活相當清苦，他卻袖手旁觀，從不理會。等我謊稱需要幫助的時候，他卻另有說詞了。

共軍進攻太原，轟轟烈烈犧牲的五百完人，卻沒有他名字。七十八年兩岸解禁可以探親的時候，樹棟二表哥寫信告訴我，七十年左右大表哥在家中去世了，他聰明一生，抄近路成了習慣，外祖父對他的了解是相當深刻的。

投考空軍機械學校

二十六年我們高小畢業之後，二表哥沒有讀過初中，所以到進修班之後，只有從初中一年級讀起，因為功課重，生活苦，年齡也比較大，漸漸失去了讀書的興趣。一年之後，他決定投考空軍機械學校。他考士官班，畢業之後是機械士；我考正科班，都錄取了，我想起九姨對我諄諄告誡：「能讀書，苦也要讀下去，家沒有好留戀的，再回來休想見我。」我已經通過直升高中，就決定不去了。表哥就勇敢地赴四川銅梁受訓去了。

表哥去機械學校受訓之後，有士官待遇，他總是撙節用度，每月給我寄十元來，我才可以毫無考慮的理髮和一切必須用途，助力不小。直到我投筆從戎之後，才停止對我的接濟。

三十四年抗戰勝利之後，我從雲南赴上海途中，和表哥沿途見面多次。他從機械學校受訓結業，分發到上海江灣機場，路線相同，我們青年軍的目標大，所到之處，各報都會爭相刊載，表哥也會按圖索驥的找到我。在芷江如此，在長沙如此，在漢口也是如此。

但到了上海之後，我住在上海最西的郊區七寶鎮，我不知道表哥單位地址，又接收之初，大家都忙，始終未能見上一面，想不到這一別，竟是六十多年。兩岸解禁之後，表哥從香港調景嶺中學校長常榮德那裏，探聽到我在台灣的消息，才恢復通信。因種種因素始終未能謀面。表哥現在已是八十以上的老人了，我時常在懷念他，他聰明、善良，像個當哥哥的樣子。

樹棟表哥到洛陽

離家初到洛陽

樹棟表哥在空軍機械學校

歡送王乃新和陳植移先生合影，本人後排右一

洛陽進修班同學在北平頤和園留影（37年），本人前排右二

第三章

別了，洛陽

太行山會戰

三十二年日本軍隊大舉進攻龐炳勳總司令控制的地區林縣和孫殿英的防地臨淇。因為林縣至彰德百餘里，是山岳地帶，沒有正式的軍隊駐紮，形成真空，龍蛇雜處，各方勢力均穿插其間。國軍、日軍、偽軍、游擊隊和土匪，你來我往，都通聲息。除日軍外，都和龐先生的四十軍密切配合，暗通款曲，淪陷區的人民，對龐先生的忠誠擁護，都表現在行動上，這對日軍的統治，造成了極大的威脅，這個背上的刺，勢非拔掉不可！

因之在三十二年秋夏之交，日軍動員了十幾個聯隊的兵力，陸空協同，大舉進犯。經過多次的慘烈戰鬥，林縣終於失守了。龐先生隱藏在一個極隱密的山洞裡，還是孫殿英領著日本兵，把龐先生請出來，這位在台兒莊會戰，立下赫赫戰功，軍紀嚴明，戰鬥力極強的四十軍，是日軍久仰盛名的，對龐先生更是欽佩有加。何況龐先生身膺河北黨、政、軍全權，位極上將的二十四集團軍總司令，龐的被俘，自然是日軍宣傳的大好資料。

在開封召開的「歡迎龐總司令來歸」的慶功宴上，日本派遣軍總司令岡村寧次，特地從南京趕來參加。龐先生的長子龐廷鎮團長，隨侍左右，在日本駐屯軍少將致詞，提到歡迎龐總司令「起義來歸」，四個字時，龐團長氣憤已極，一出手就把該少將擊斃在地。

當日軍將龐上校被架離會場時，龐總司令端坐不動，面不改色，大有荊軻告別易水的自然與鎮定，明知兒子一去不返，忠義兩全，在龐先生的內心應感到「有子若此」，滿值得驕傲的。

當時在洛陽第一戰區，由張雪中中將主持的《大捷日報》，連篇累牘的描繪龐廷鎮慷慨悲壯，令人欽敬的詳情。社論的大標題是：「龐廷鎮團長的民族正氣」，讀之令人感奮！這份報紙我一直很珍惜的保存著，直到洛陽撤退，倉皇逃生，這份視為拱璧的報紙，也不知道丟到那裏去了。

孫殿英這個人

孫殿英雖然是土匪出身，但風評並不太壞，他聰明過人，馭下有術，很多才智之士，樂於供其差遣，說他有情有義，對人信任不疑，不然斗大的字不識幾口袋的大老粗，如何能統率數萬之眾而屹立不搖呢？軍閥混戰的時代，他能保存實力，不被消滅。北伐之後，他仍然能在國民政府之下，巍然獨存；抗戰之後，歸屬於二十四集團軍，又與龐先生開誠相見，親如家人。太行山會戰失利，他歸順敵人，又領著日本軍把龐先生從山洞裡請出來，費了很多口舌，說服龐先生放棄自絕的念頭，也沒有人懷疑他的善意：「留著青山在，不怕沒柴燒」。他不願意龐先生作無謂的犧牲，報國時日還長，活下去總是有其必要的。因為他有這一套邏輯，所以他總是倒來倒去。抗戰勝利了，他接收了改編，大陸赤化了，他也堂而皇之地投効共產黨。

以現在進步的觀念而言，戰敗自殺，並非最好的選擇，人都沒有了，理想抱負統歸於零，還談什麼呢？只要思想不變，意志堅定，人在，才有可能實踐理想、報効國家的機會。可是孫殿英不會有如此想法，他只是活命而已。

讀小學的時候，我讀過一本小書《盜靈案》，就是描寫孫殿英打開慈禧的陵墓，發現慈禧安祥地躺在御床上，栩栩如生。孫殿英打開慈禧的嘴巴，把一顆大如鳥蛋的「防腐珠」拿去，不久，慈禧的臉就變了形，身體也開始有異味了。孫殿英的大名，我早有印象，想不到我曾多次看到他，在伊川縣白楊鎮的孫家莊院，借給河北省中數年之久，我還在省中讀過幾天書呢！

一個人的成功，並非偶然，據說他知人善任，又信任不疑，機警而有義氣，講道理也會體恤他人。抗戰時期，在重慶由現在的台大教授齊邦媛的父親齊世英先生，主持的《時與潮》雜誌，在當時都是一些響噹噹的知名學人，發表政見的園地，聲譽卓著，為時人所重。勝利復員，竟然有一些學者甘願回到孫殿英的幕府，供其驅策。這就說明了孫大麻子，不是一位簡單的人物了。

中原會戰中的湯大將軍

太行山會戰結束之後，日軍除去了背上的刺，下一個目標，自然就是洛陽這個第一戰區的神經中樞了。三十年我初到洛陽的時候，司令長官是衛立煌，三十二年就由蔣鼎文接任，真正統兵的是副長官湯恩伯。

進修班是國立中學，規模大，學生多，老師也多是由淪陷區跑到後方的優秀師資。長官部的官員及到洛陽來的達官貴人子弟，也都集中在進修班裡。如蔣鼎文的弟弟妹妹，副長官曾萬鍾子女，第一戰政治部主任張雪中的女兒，來台後出任監察院長的李嗣聰的女兒，賀翊新廳長女兒等等，都是我同班或上下屆的同學。洛陽地區的重大集會，進修班都是列隊站在司令台的正前方，台上的文武大員，都能盡收眼底。

在我的印象中，衛立煌上將像個軍人，白皙的面孔，蓄著小黑鬍子，全副武裝，挺立如山，雙目炯炯，一站兩個小時，淵停岳峙，不動如山，相當威武，講話也簡單明白，不拖泥帶水。蔣鼎文雖然與衛長官兩個完全不同的形貌，但虎頭虎腦，挺立在司令台上，威風凜凜，屹立不搖，有大將風範，也具有統率大軍的氣勢，浙江諸暨的鄉音雖然較重一點，也能聽得清楚。

至於副長官湯恩伯，就完全不成樣子了。站不正，挺不直，左顧右盼，動來動去，沒有一點軍人的威儀。講起話來，雲天霧地，自吹自擂，形貌猥褻，不但不像統兵大員，也缺乏一般人應有的莊重。果不其然，三十三年上半年，日本發動中原大戰的時候，他自吹自擂的百萬雄師，竟棄甲倒戈，望風亂竄，不但沒有打過一場硬仗，而且沿途擾民，「寧讓日本人燒殺，不讓十三軍駐紮。」就是湯將軍保國衛民的成果。

湯將軍不但不親冒矢石，指揮督戰，反而腳底抹油夾著尾巴跑得比誰都快。最丟人的，是大軍退到豫西西峽口的時候，一個完整的師，竟然被民團繳械了，可見湯恩伯大軍為河南人痛恨到什麼程度？軍法判湯將軍死罪，蔣委員長卻准他戴罪立功，湯大將軍命不該絕，勢成強弩之末的日軍正要從貴州都勻撤退的時候，湯將軍率領著一堆殘兵敗將，破銅爛鐵趕到戰地，上天掉下來的功勞，就被他撿到了。

台北市重慶南路書店中，有一本《五十年中美關係》的書，指名道姓指出我們中華民國的上將軍，所以星運高照，不是出生入死赫赫戰功得來的，而是「擁護，萬歲」運用得當而已，湯大將軍就是一個最典型的例子。

湯大將軍是此四字箴言運用最成功的典範，不管他如何的喪權辱國，失地連連，仍然能得到最高當局的特別眷顧。在反共戰爭最緊要生死關頭的上海保衛戰，又非他莫屬了，勝敗之機，雖三尺童蒙，也會脫口而出，但當局仍然對他信任不疑，寵愛有加，豈非大怪特怪也哉。

從湯恩伯想到張治中

提到四字箴言，就想到了張治中文白先生。從有記憶開始，文白先生就位居要津，二十七年文白先生任湖南省主席，日軍還沒有到，他就一把火把長沙給燒了，生命財產的損失，無可數計。領袖震怒，結果把警備司令酆悌、省會警察局長文重孚、警備團長徐崑三個替死鬼給槍斃了。這種「治績云何，兩大方案一把火；中心安忍，三個人頭萬古冤」的悲劇都是在「張皇失措」下草率決定的。但是張治中呢？「革職留任」沒事。主席照幹不誤。何以故？文白先生發明了「蔣委員萬歲」又創造了「蔣夫人萬歲」這兩大創舉，比登陸月球還偉大。我讀過一本周恩來題字的《燼於長沙記》，描寫得極為詳細。

因為文白先生的偉大發明，得到了最高當局的最大信任，舉凡有關國家重大命運的事，折衝尊俎，就非文白先生莫屬了。三十八年國共和平談判，文白先生是代表團長，率邵力子，黃紹竑李蒸，劉斐專機飛到北平，代表政府與毛澤東談判，想不到一向效忠領袖，忠誠感人的張文白先生，竟一頭鑽到毛澤東懷裡，不回來了。文白先生又創造了代表投降敵人的歷史，真是猗歟盛哉，古今奇觀，蘇武先生有知，該作何感想。

河南淪陷了

第一戰區統轄的部隊，湯恩伯吹牛是百萬大軍，番號眾多，而實際的兵員也應有三、四十萬人，但日本一發動進攻，像摧枯拉朽般的，沒有遇到一處有真正的抵抗。日軍長驅直入，縱橫馳騁，如入無人之境，徒步行軍進入了軍事重鎮洛陽。

這時進修班決定西遷，每人發給二十天的伙食費，規定在西安城內師範學校附屬小學會合，再定期遷往漢中，屆期未到的，以退學論。另一方面，學校顧慮一旦全部撤走似有不妥，選擇了三十位身強力壯者，每人發童軍棍一根，由一位中校教官帶領，守護到最後才撤走。

我認為洛陽重地，形勢險要，必有一場惡戰，也樂意被選為留守者。龍門南距洛陽二十五里，是洛陽門戶，兩山夾峙，形勢險峻，伊水流經其間，又有重兵把守，理論上應有一場惡戰才對，但龍門竟然未聞槍聲就棄守了，聽到零星槍聲的時候，日軍已經越過了龍門到達了距洛陽僅十五華里的關帝塚，洛陽軍民像潮水一樣的向西逃亡，教官才率領我們隨人潮撤出西工，一路經過宜陽、洛寧就到了崤山腳下，翻過崤山，就盧氏縣境了。

河南未經戰鬥完全淪入日軍之手，是有很多原因的。兵不經練，武器短缺，軍民不睦，空缺太多，最重要的還是高級將領根本沒有同仇敵愾的戰鬥意志。最近陳誠的《石叟檔案》逐漸公佈，陳履安也在電視上說明分析其重要內容，談到抗日戰爭中的軍隊，一個軍領三萬人薪餉，實際人數不足一萬人，而有的步槍僅二千餘枝。軍隊貪汙成風，河南人又痛恨國軍的紀律廢弛，軍民成仇，魚沒有了水，勝敗之數，也就不言可喻了。湯大將軍把軍隊壯盛，吹得震天價響，結果一戰而潰，轄土盡失，被軍法處判處死刑，是天公地道的。

崤關——一夫當關萬夫莫進

走到洛寧的盡頭，一座大山阻路，就是崤山（崤關）。爬過崤山，就是盧氏縣境了。崤山沒有關，只是盤旋而上地轉十八個彎，也稱為「十八盤」，也就是統稱的「崤關」了。「所謂一夫當關，萬夫莫進」，崤關可當之而無愧。

十八盤，路窄坡陡，從山正面盤旋而上，車輛根本無法通行。如果在拐角處有個碉堡，派兵駐守，除有敵機轟炸之外，敵軍是無法越雷池一步的。譽為「天險」，並不為過。但是我們的軍隊蜂擁而過的崤山，日本軍隊槍不下肩，彈不上膛也尾隨而入，未遇任何抵抗，湯恩伯麾下的大軍，就是這樣抗日的。

一段溫馨的回憶

翻過峭山，順著河谷走下去，已經是太陽西下的時候了，人困馬乏，四肢無力，只有在左邊山坡上東苗村住下。豫西的老百姓，雖然粗獷兇悍一點，但慷慨好義，一諾千金，尤其對外鄉人，尤多同情並施以援手。我們在準備吃飯的時候，一位年已半百的老先生來探問的消息，在得知我軍不戰而潰退的實情之後，唏噓長歎不已。老先生詢問我們欲住何處，並得知我姓盧的時候，老先生忽然高興起來，並得知父親是「慶」字輩，老先生的態度更顯得親熱。他說我們是一家人，立刻拉我回家，並自我介紹叫盧慶X（好像是清）一進家門，就高聲把全家人叫出來，一一為我介紹，並親切的說：「小侄子來了，住幾天吧！」溫馨感人。

老先生有兩個兒子，都結婚了，相當親切和氣，一家人圍在一起，問長問短，使我頗有重回家鄉之感。從他們口中得知盧氏縣除了他們一家之外，沒有姓盧的人家，不知盧氏縣的命名，又因何而來呢？

第二天吃飯的時候，大嫂（老先生的長媳）來叫我：「弟弟，回家吃飯了！」使同學大為驚奇。我們離開東苗村的時候，老伯母預先做好很多饅頭，並命他的大兒子送我數里之遙，盛情至今難忘，老伯大名，因年代久遠，已不復記憶，真是罪過。

盧氏以峭山為屏障，如同天險，咸認日軍難以飛渡，我們在東苗村也安安靜靜地住了兩天，也享受了兩天難得的溫情。難民不斷的湧入，大批軍人也如水淹至，我們才告別了東苗村，告了老伯一家人親切的照顧，在逃難之中，這真是一段極溫馨難忘的回憶。

寫到這裏，我意識到姓氏及輩分排列的重要性。大陸是農業社會，安土重遷，在一個地方，一住就是幾百年，繁衍生息，代代相傳，輩分排列非常重要。同姓知道名字，就知道長幼之序了。工業社會，兄弟自幼遠離者，所在多有，子孫不相識，如輩分失序，就極容易造成血統上的混亂，堂兄妹相戀結婚者，常有報導，甚者有姑侄結婚生子者，等發現已生米煮成熟飯，無法挽回了。據說血統太近而結婚者，對所生子女的智力常有不良影響，科學亦證明近親結婚之不宜。

因之我擬定十六字，希望後人能以順序命名。盧姓十六筆，無法簡化，名字筆劃不宜太繁，十六字是：「令立千山，才大九天，友于士子，方正不凡。」此為命名之順序，姓名三字，中間筆劃少，比較美觀，三字筆劃不可太繁也。

涉水強渡五里川

離開東苗村的時候，氣氛就有些怪異。在山坡下的河谷中，軍民像潮水一樣的向西逃亡，惡耗更不斷的傳來，萬夫莫進的崤關天險，日軍如履平地一樣的悠然而至，國軍像賽跑一樣地拼命逃竄，未聞一聲槍響，日軍越過崤關輕鬆進入盧氏。難民扶老攜幼，背負肩挑，順著洛水河谷，向西湧進，我們也混在敗兵難民的行列之中，趲隙前進，從范蠡鎮、盧氏縣城擦身而過，到洪澗的時候，形勢顯得更為緊張，沿途哭喊之聲，不絕於耳。

我們快步趲行，走出洪澗，日軍的先頭部隊已離洪澗不遠了，沿途的國軍沒有絲毫抵抗，只顧逃竄。以崤關之險，盧氏多山，稍加抵抗，日軍決無可能排闥如入無人之境的，老百姓繳糧納稅，捐輸多方，養兵千日，竟然只知擾民而不知抗敵，老百姓的憤怒，是可想而知的。

我們拼命地逃奔，穿過雙槐樹，跑到五里川，河上的橋樑已被炸斷了，河名淅川，下游的淅川縣也因之而得名。河水流至淅川縣與丹江滙合，再流入漢江，就是今天丹江市大水庫之建地焉。淅川河面並不太寬，水勢的流速也不驚人，但徒手而渡，也是相當危險的，河邊逃難的越集越多，哭叫之聲，動人心弦。身強力壯者，涉水而過，軍官騎馬入水，婦女緊拉馬尾不放，涉至中流，被水沖走，頗不乏人。中央銀行的汽車停在岸邊，大叫：「拿鈔票過河者，對分」逃命要緊，金錢就是身外之物了。小姐也哭喊著：「救過河者，願以身相許。」在性命攸關的時候，也沒有人顧及其他了。我們手拉手的渡過深可及胸的淅川，全身盡濕，走過興隆店，過淇河，就是陝西商南縣的地界了。再回頭看看那麇集在河邊的人群，那哀嚎悲慘的場面，真是言之心酸，思之心寒。

在逃亡途中，我們一直和難民敗兵雜在一起，沿途我們也看到武裝齊全的軍隊，像逃跑似地撤退，在西峽口就有一個完整的師，被老百姓擋住去路，繳械了。一個武裝齊全的戰鬥師，竟然乖乖地放下武器，一班一班的把槍架好，魚貫而去。保國衛民的部隊，弄到這種地步，真是丟盡了革命軍人的臉。

豫西民風強悍，地方武力相當雄厚，除了飛機，大炮，坦克，軍艦之外，什麼武器都有。為人直率，不拐彎抹角，慷慨悲壯，有燕趙之風。對抗日戰爭，同仇敵愾，犧牲壯烈，貢獻至大。惟有時過於任性，罔顧大體，常為了小事而傷大雅，為人之所不取也。

閒話一句，「深山出俊鳥」。在高山縱橫，民不富饒的豫西，不能算是良好的讀書和居住環境。但豫西和湘西一樣都是人才輩出，民國前後無論矣，就以范蠡而論，已經是三千年前左右的事了。盧氏縣范蠡鎮，就是他的出生地，一個地處偏僻，地瘠民貧在苦難中成長的人，如何能過重山，渡萬水跑到浙江去呢？又如何能得到越王句踐的高度信任而為股肱之臣？運籌策劃，終能使句踐復國。這種翻天覆地的大才略，在歷史上是不多見的。文種也是盧氏一帶的人，雙雄輔弼，使句踐稱霸一方，史家應加剖析。

西北王——胡宗南

從五里川渡過二、三十丈寬的淅川之後，就是興隆店，出興隆店一路西行，就是陝西商南縣的地界了。我們在秦、豫兩省的交界處，躺下來，身跨兩省的休息了一陣子，在心理上，頗有自得之感。一隊武裝齊全的騎兵，穿著深灰色的嶄新軍裝，風馳電掣的呼嘯而過，軍容甚盛，給我們無限地安全感。

陝西屬於第五戰區，司令長官是朱紹良，真正統馭重兵的是副司令長官，人稱「西北王」的胡宗南。和第一戰區一樣，蔣鼎文是司令長官，湯恩伯是副長官。湯是大權在握，負有統兵的軍事重任，洛陽不守，河南盡失，湯恩伯被判處死刑，蔣鼎文無罪，名實不符之故也。胡宗南手握重兵，號稱百萬，叱咤風雲，一時無兩。人人皆知胡宗南，而不知朱紹良也。湯恩伯整天吹牛，結果不戰而潰。胡宗南從不以真面目示人，整天故弄玄虛，使人莫測高深，在八年抗戰期中，胡宗南統率下的雄師，是唯一沒有和日本軍閥正面作戰過的部隊，也是委員長嫡系部隊中的一張王牌。

胡宗南的大軍，廣布在陝、甘、青、新地區，是安定西北大後方的一支擎天柱，也是我國與蘇聯交往，運輸的唯一通道的維護者。抗戰期間，中蘇關係敦睦，蘇聯對我國的武器供應，也均由西北這一條路線源源運來。社會上對胡宗南將軍的繪聲繪影，編成一幅國家未來希望之所寄的英雄形像，好像是蔣委員長的未來繼承人，非胡將軍莫屬了。胡宗南因之更弄神弄鬼的不以真面目示人，韜光養晦，處處模仿，塑造未來繼承人的形像。

在八年抗戰期中，軍民浴血抗敵，胡宗南卻毫髮未損，僅在抗戰勝利之後，三十六年三月十九日延安一役，胡投下了三個集團軍，三十幾個師的兵力，作犂庭掃穴之戰，如胡稍具有將才，堵住黃河南岸，不使其流竄，必可圍而殲之，創造偉大的戰果，國共稱霸之戰有重寫的可能，也極可能不會有今天這個局面了。誠如共產黨評論的：「志大才疏，如瞎子打仗。」既無謀略，也無眼光，更無知人之明與決斷的智慧。攻入延安，不但大魚跑掉，連蝦米也沒有捉到幾隻。得到的，只是毛澤東留下的幾個破窯洞而已。

就在胡宗南的大軍攻入延安的第六天，即三月二十五日，胡將軍最精銳的三十一旅，就在延安附近，全部被殲滅，旅長李紀雲被俘。二十天後的四月十四日，一三五旅又在羊馬河被包圍殲滅，代旅長麥宗禹也被俘去。又過了二十天，即五月四日，一六七旅在延安北面不遠的蟠龍鎮，全數被殲滅，旅長李崑崗也被俘了。僅僅一個半月的工夫，胡宗南西北王的部隊，就受了如此之大的損失，良將勁旅，一下子化為烏有，共產黨更大肆宣傳，尊胡將軍為：「輸送大隊長」。

此時的西北王英氣全失，垂頭喪氣而一籌莫展，只有謊報陝北地形複雜，運輸困難，請求撤退。佔領延安，僅一年又四十一天。於三十七年四月二十一日，又拱手讓出，名義上是一度收復赤都，實際上是不折不扣傷亡慘重的大敗仗。

坐鎮西北近二十年，養精蓄銳，糜餉無算，聲勢赫赫的胡將軍，未聞為國家打過一次漂亮的仗，也未聞這位西北王臨陣決戰，親冒過矢石，僅有的延安一仗，損兵折將，大敗全輸，未聞胡將軍有過一次慚愧的聲明。為將如此，稍有骨氣者，應自殺以謝國人。

但胡將軍決不會自殺的，他要留著青山在，繼續幹他「輸送大隊長」職務。所以他就跟著領袖一路轉進再轉進，最後轉進到台灣來，鬱鬱不樂以終。國家多年精心培植出來的將領，竟然是一些酒桶飯袋，唯唯諾諾，只知服從，高喊萬歲的懦夫。欲發奮圖強與列強爭衡，置國家長治久安於磐石之上，曷可得乎？

李夢彪提案彈劾胡宗南

胡宗南來到台灣之後，避談過去的事，不久又奉命赴大陳，化名秦東昌任防守司令一職，迨大陳撤退，又改派澎湖防守司令。不矜不伐，外人鮮有知者，而由陝西籍的監察委員李夢彪領銜，四十五位監委連署，以胡擁兵數十萬，坐鎮西北有年，大局危急，毫無作為，放棄領土，諉過塞責，特提出彈劾案，才普遍引起社會的重視。茲引該文片斷，以明事實真象。

……而對受任之重，統軍之多，蒞事最久，措置乖方，貽誤軍國最鉅之胡宗南，一無處分，殊感詫異。查胡宗南以師長進駐陝、甘，洊至專閫，地位不為不高；畀以防共戡亂保衛西北之事權，責任不為不重；軍政大權，一手操持，大小軍官，由其委任，倚畀不為不專；關中控制延、綏，綰轂隴、蜀，俯視中原，有若建瓴，形勢不為不要；平時養兵四十五萬，部隊不為不多；新式武裝，當全國三分之一，配備不為不精；國家所給餉項，未欠絲毫，地方供應糧秣，十足輸納，加之臨時徵之又徵，借而又借，軍需不為不裕；徵調民工，環繞西安城垣，掘三五丈寬之濠溝百六十里，沿濠一帶，砲壘相望，即其司令部之四周，莫不修築工事，用民不為不勞；自駐西北，以至放棄，時近二十年，蒞事不為不久；夫胡宗南受如此之重任，據如此之形勢，有如此之兵力，若能措置有方，保此雄藩，豈惟西北之長城，且為國家之柱石，不料三十八年五月十八日，竟放棄西安而去……。

文辭鏗鏘，擲地有聲，值得一讀再讀，胡宗南之罪責，彰彰明矣。

馬五先生的評斷

三十八年胡宗南不戰而退出西安之後，即率部入川，裝備雖精良，苦無戰鬥力，兵不經練，將無戰法與戰志故也。而其兵團司令裴昌會，又在成都譁變投共，胡宗南如驚弓之鳥，倉卒抵西昌，偕同賀國光，齊飛海南，轉來台灣。雖然最高領袖念其私情，不加罪責，又任防守大陳、澎湖要職。改名換姓，不談過往，但銷聲斂跡一段之後，終因心中鬱悶，不久寂然而逝矣。

曾任湖北江陵地區行政督察專員、重慶市教育局長，在香港辦《自由人》的「馬五」，雷嘯岑先生曾為文評之曰：

胡之為人，悃愊無華，忠於職守，對人無強悍驕倨之態，唯才識平凡，缺乏幹略，以之為奉命行事的偏裨之將則可，賦以衡繁闢難，遺大投艱之方面大任，則綆短汲深，蹎蹶可俟，非不為也，是不能也。昔人謂「知人則哲」每興才難之歎，有以也夫。

歷史上的幾面鏡子

(一)、讀過貞觀之治的人，無不對唐太宗李世民的知人善任，心嚮往之。他對事事制肘，處處挑剔、專橫跋扈的魏玄成（即魏徵），能曲予優容，多方遷就，其心胸之寬大，待人之悃誠，是唯我獨尊的帝王不容易做到的。何況魏玄成是為李建成、李元吉策劃玄武門之變、殺害李世民主謀者。李世民能既往不咎，登門敦請，至誠感人，是魏玄成以必死之心，轉而投効，而成為李世民的股肱之臣，傳為美談。

李世民因為愛才若渴，對前朝的佞臣——揣摩逢迎的裴矩、惡名滿朝的封德彝，都因他們才具出眾，李世民能推誠相與，信任有加，能默化其心性，改變其氣質，成為面折廷爭，為真理正義不惜摔掉烏紗帽的忠義之士，更非尋常人所能為。俗云：「能使好人守分，壞人不敢為非」，就是不可多得的領袖人才；能使好人更好，轉化壞人為忠義之士，就是曠世少有的賢君了。

孔老夫子曾說：「舉直錯諸枉，能使枉者直」，太宗足可當之。但有權有勢者，多唯我獨尊，自認超人，處處挑剔，事事指示，有遠見者，不敢進言獻策；善察言觀色，逢迎上意，百無一能的小人，則受到寵信。賢路阻絕，小人當道，國勢必江河日下矣。

證諸史冊，一個朝代的興起與壯盛，必有其君擇能臣而善用之。反之，亦必有其「善善而不能用，惡惡而不能去」的領導者，朝中正人一空，國家也就步上衰亡之途了。所謂：「效死力者易，得死力者難」，誠如乾隆皇所言：「朕知和珅是壞蛋，但朕就是喜歡他。」主政者就可三思斯言了。

裴矩是著名的地理學家，中國地圖以顏色表示地勢的高低，就是裴矩的偉大發明，江南風光好，鼓動隋煬帝南遊的也是他。封德彝是建築工程師，沿途行宮，就是他一手策劃興建的。隋煬帝好大喜功，二人就投其所好，把國家財政揮霍一空，加速了隋朝的滅亡。隋煬帝本人慘遭宇文化及的毒手，裴、封二人，是脫不了關係的。但二人投効太宗之後，竟然變成了正人君子，敢在朝庭之上與皇帝爭論，太宗的偉大，真是曠世少有了。但是在幾千年的中國歷史上，只有一個唐太宗，何以故？就值得後人深思研究了。

(二)、三國時期的諸葛亮，是歷史上少有的奇才。其忠誠、其幹略、其智慧與眼光，凌駕周公之上，如孔老夫子生於其後，必夜夢臥龍先生矣。周公輔佐的是他的親侄子，為了維護他們姬家的政權，竭其忠心，理所當然，有什麼值得大驚小怪的。

而諸葛亮輔佐的是與他毫無關係的劉備，而且又在連連兵敗，無容身之地的時候。僅憑其三顧之恩，就死心塌地地為其効忠一生，以隆中策略有計劃地步步推進，使劉備能克成帝業，這種偉大的政略、戰略、人格及忠誠，真是舉世罕有的人物了。

諸葛亮的偉大，令人敬仰，但是如果沒有劉備，也就沒有諸葛亮了。「三顧茅廬」故見其真誠，使諸葛亮一生追隨，供其驅策，也是劉備知人善用而又信任不疑。平時無論矣，如東吳招親一幕，諸葛亮力主劉備親往迎娶，真是一步險棋。

赤壁戰後，東吳費了很多錢糧，才贏得了偉大的勝利，荊州本是囊中之物，而劉備坐山觀虎鬥，竟囊括了所有的戰利品。東吳這口氣如何嚥得下去，所以大都督周瑜才想出「美人計」來，誘劉備前來而羈縻之，再以荊州為交換條件。這個計劃是人人皆知的，劉備不可以親身前去迎娶，也是人人的共識，但諸葛亮卻堅持非去不可，而且不由分說，立命趙子龍備妥迎親所需之物，劉備驚恐，但又不敢有失對諸葛先生的信任，只有硬著頭皮不惜冒生命之險前往一試了，劉備此一舉，看在諸葛亮孔明眼裏，能不使之肝腦塗地嗎？

劉備在臨終之時，請孔明坐於龍榻之旁，執其手曰：「朕今天死矣，有心腹之言相告，你兄弟三人，皆以父事丞相，不可怠慢。」真誠感人，能不使諸葛亮「竭服肱之力，盡忠貞之節，繼之以死乎？」

之後，諸葛亮的一切作為，謀略，皆以統一全國，復興漢室為念，如果沒有劉玄德（即劉備）的知人善任，與諸葛推誠相與，諸葛先生也就不會竭股肱之力，繼之以死了，諸葛亮也可能與草木同朽了。現在豈無諸葛亮之大才乎？非也，無劉備也。

(三)、讀過《蒙哥馬利回憶錄》的人應該記得，蒙哥馬利統率著英國大軍，在諾曼第登陸之前，邱吉爾以首相之尊，專程到曼徹斯特英軍總部，要求簡報，因這一役，關係著大英帝國的前途至鉅。蒙哥馬利不但不允許，反而正色的告訴首相：「我決不能允許首相在我的部屬面前，破壞我的威信。」邱吉爾呆了，好久之後說「那我回去好了！」蒙哥馬利恭送首相登上飛機，眼淚不禁流了下來：「如此偉大的領袖，我能不獻出忠誠嗎！」

所以諾曼第登陸，蒙哥馬利元帥是身先士卒的，能得其死力以報効者，並非難事，至公至誠而已矣。

(四)、艾森豪威爾在就任美國總統之前，乘坐美國太平洋海軍總司令雷德福的旗艦，視察韓國戰場。沿途與雷德福上將為世界局勢，爭論不已，結果是不歡而散。迨艾森豪就任總統之後，竟發表雷德福為參謀首長聯席會議主席，並晉升四星上將，記者訪問艾森豪總統，他的答覆是：「將軍一定要有卓見，並且能為自己的主張辯護，不能人云亦云。」

人都有個性，也應該有自己的見解，不可隨便屈從。一味地拍馬歌頌，一遇上司，見解、人格、尊嚴都沒有了。用如此人物去安邦定國，豈不成了笑話。

黑龍口

豫西是山地，進入陝西，也是山地，豫西是熊耳山和伏牛山，陝西是華山和終南山。我們從豫西的峭山和熊耳山的山谷中，渡過五里川和淅川之後，就進入了陝西的商南縣，都是大大小小起伏不定的山地，不遠處就是武關，是劉邦和項羽兩路分兵進咸陽時劉邦行進的路線。我對武關似乎缺少記憶，再過去就是龍駒寨，過了龍駒寨就是黑龍口。這時，我就感覺到山勢陡峭，山風呼呼，兩山對峙，人在夾縫中行走，像走進山洞一樣。岩石崢嶸，使人毛骨悚然，感覺有些緊張，所謂：「風聲鶴唳，草木皆兵」，並非危言聳聽之說也。

進入武關，左為終南山，右為華山。我們在兩山之間，一路向西北趲行，出黑龍口不遠處，就是「雲橫秦嶺家何在？雪擁藍關馬不前」的藍關了，過了藍橋，就是藍田。

我們在未到藍田之前，尚能一鼓作氣，直奔目標長安，一到藍田，長安就在咫尺，大家反而商討留下來。時值是小麥收成季節，我們樂意義務協助收割，老百姓無不表示歡迎。我們分組協助農忙，吃住問題得以解決，因為離在長安集合的時間還早，就在藍田住了下來我們離開洛陽的時候，學校發給二十天的伙食費，說明二十天之後，在西安市立師範學校附小會合，再候命遷往漢中，屆時不到的，以退學論處。在藍田，我們有吃有住，心情舒暢，早到長安，反有不便，就安心在藍田協助農忙，藉以休息。

終南山下的藍田

在藍田住了幾天，已不復記憶，只記得在學校限期之前，才告別了藍田。以往對「藍田種玉」與「藍田生玉」兩句成語不清楚涵意。認為藍田是個優美的名字，一定是山川秀麗，美景如畫的好地方，而且盛產美玉，但本地人都異口同聲的表示藍田不產玉，但真意為何呢？至此才了解，「藍田種玉」，是指婦女懷孕而言；而「藍田生玉」是喻父子皆賢，藍田意喻名門，玉指俊才，乃龍生龍、鳳生鳳之意也。

藍田在終南山下，古時很多詩人對終南山有不少描繪。「詩中有畫，畫中有詩」的大詩人王維的別墅輞川，在藍田西南不遠處。以往很多文人學士，隱居在終南山中，韜光養晦，互相標榜，聲名日盛，一經召舉，互相援引，就平步青雲，飛黃騰達起來了，這就是所說的「終南捷徑」。

我們在藍田住了多日，竟然沒有一顧王大詩人的「終南別業」，允為終身憾事。未能去體會他的「歲中頗好道，晚家南山陲，興來每獨往，勝事空自知，行到水窮處，坐看雲起時」，那種悠閒的心境；年紀大了，他又「晚年惟好靜，萬事不關心」了。在夜幕低垂的時候，他獨自一人，靜靜地欣賞「明月松間照，清泉石上流。」他的心境是恬靜的，環境是安適的。他詩中有畫，可以按照他的詩意，想像出他隱居的終南山，應該是一處美不勝收的大好景色，可惜未能尋幽訪勝，以明究竟，引為終身憾事。但終南山也是秦嶺的一部分，如果從寶雞到漢中，爬過的秦嶺，所見到的景色，用以推測終南山，恐怕也沒有想像中的那樣迷人。

灞上

在藍田住到學校限期集合的前一天，我們才告別藍田，直奔長安而去。藍田離長安不遠，路又平坦，兩旁農民忙於收割，男女雜陳，歌聲處處，一片昇平景象。我們的心情，也極為舒暢。一路上說說笑笑，信步而行的歡愉與逃出洛陽時的緊張狼狽，有天淵之別的。順著灞水的大路，一向西北行進，中午便到了橫跨灞水的灞橋，也就是史書上所謂的——灞上。

秦末，劉邦和項羽逐鹿中原，互爭雄長，項羽由大路西進，劉邦由武關入秦，就是蕭何追韓信戲詞上說的：「……兩分兵進咸陽，先進咸陽為皇上，後進咸陽輔保在朝綱……」劉邦進入咸陽，見宮廷樓閣，雕樑畫棟，曲榭廻廊，引人入勝，內外便殿，規模宏麗，構築精巧，奇花異草，美不勝收。美女如雲，環肥燕瘦，玉立婷婷，羅列眼前，這些對一個出身寒微，四出征戰，戎馬半生的劉邦，能不為美色所迷，而生貪婪之心嗎？後經張良，樊噲力勸，沛公感悟，才還軍壩上，與父老約法三章，與項羽對峙。

劉邦之所以能定三秦，滅項羽，一統天下，登九五之位，全在還軍壩上一念之間，「要天下，不當富家翁」的英斷。劉邦不是正人君子，也沒有飽讀詩書，就是現在社會上所說「小混混」，也是上海所謂的「小癟三」。但他的機敏，果斷，知錯能改，察納雅言，又能與人為善，善於用賢，又能曲己從人，劉邦所以能克成帝業，就是他具有一般人所不及的長處。一個領袖人物，如果沒有識人之明、容人之量、用人之智與馭人之術，是不會成功的。不然，秦以後的天下，就不是劉邦所應有了。過了壩上，就看到莊嚴巍峨的長安古城了。

西都——長安

長安是我國的古都，從兩漢到隋唐皆建都於此。不但城垣高大完整，處處展現出一個偉大的古都規模。雄偉的建築，寬敞的大街，鑾邸、稿街俱在其內，鐘樓、鼓樓、大清真寺、碑林、大小雁塔以及其他名勝古蹟，多不勝舉。尤其是長安火車站，琉璃瓦的紅磚綠牆，古色古香，令人發思古之幽情。長安的街道平直，很少歪七歪八的，和北平街道有些類似。城內似乎沒有多少新式的建築，我只記得唱秦腔的易俗社，其扇面形的會場是新穎美觀的。

我們按照指定時間和地點，到師範附小完成報到手續之後，早到的同學聞風而來，問長問短，倍極關懷。我們把沿途驚險的場面，及脫離險境後的見聞及心情告訴他們，真是又驚又喜，感歎與歡笑之聲不絕。當他們知道洛陽不戰而棄守，空軍指示敵兵稀少而仍無法阻止蜂擁而至的撤退部隊時，氣得用機槍掃射撤退士兵。九朝金華的洛陽，神經中樞的西工，竟這樣糊里糊塗地丟掉了。號稱統兵百萬的湯元帥，腳底抹油，跑得比誰都快。如果有人把「湯元帥兵敗洛陽」，編成京戲，一定會轟動中外，歷史留名的。

湯恩伯的部隊，打仗雖然不行，欺負自己的同胞，卻有他們一貫的傳統，類似土匪一樣的橫徵暴斂，所到之處，都是民不聊生。但是一遇到敵人，就夾起尾巴，像老鼠見到貓一樣，渾身發軟，只有溜之一途。一個完整的師，竟然被老百姓解除武裝，其戰鬥力如何，就不言可喻了。軍隊沒有羞恥心，還能保國衛民嗎？但湯將軍却習以為常，若無其事，也是湯恩伯唯一過人之處了。

華清池與長恨歌

流亡學生的感情是彌足珍貴的。在一起度過苦難的日子，男女同學之間的感情，也就不像一般學校那樣的壁壘分明。我們班上的同學，又女多於男。男生都是兩袖清風，女生則多為小康。我們一到長安，女同學就拿來父兄的衣服，要我們換洗，有的出資請我們去最上等的華清池或珍珠泉，除去穢氣。充分流露出在患難中培養出來的同學感情，是很值得回味的。

珍珠泉和華清池，是長安最高級的浴室，不是驪山楊玉環沐浴的地方。在洛陽的時候，課文中有〈長恨歌〉一課，教我們的陳老師（名子忘了）講起來，搖頭晃腦，得意非凡，講到「春寒賜浴華清池，溫泉水滑洗凝脂」的時候，陳老師表情真是有趣，他的雙手慢慢的上下移動，好像在撫摸著楊玉環的皮膚，是如何的白，細膩，柔滑，像凝結在一起的油脂一樣。洗過澡，華清池的水，也滑溜溜的了，那種欽羨之情，老師的口水，也在不知不覺中流下來了。他把我們引領到心領神會的地步。講到「侍兒扶起嬌無力，始是新承恩澤時」陳老師就慢慢的移著小步子，像弱不禁風的輕移蓮步，逼真而傳神。「春宵苦短日高起，從此君王不早朝」，陳老師的表情，更令人難忘。他說「能得到這樣的美女，春宵雖短，能一夜風流，也就不枉費此生了。」當然「後宮佳麗三千人」，也不值得一顧，把愛集中在玉環一人身上。講到「芙蓉如面柳如眉」、「孤燈挑盡未成眠」、「翡翠衾寒誰與共」等哀傷詩句的時候，老師的表情木然，哀傷的表情，充分表露在老師的眼神之中，留給我們的印象，極為深刻。想不到二十幾年之後，我在台北新埔工專（現改為聖約翰學院）也講授〈長恨歌〉，對陳老師的深入體會，也就有得讓學生涵泳了。

讀書，要如身臨其境，才能真正體會到文章真正的涵意。如同身受，喜悅與哀傷亦能隨之。如以旁觀者的立場，品評欣賞，就沒有身受之感了，如走馬觀花，瀏覽一過，徒浪費時間而已。

碑林——馬德昭的一筆虎

清華池在長安以東，過去壩橋不遠處的驪山腳下，是膾炙人口、婦孺皆知的大名勝。在長安的時間雖然不久，但沒有抽空去逛逛驪山，看看華清池，真是一件非常的憾事。我想不起來，為什麼不去驪山，反而去了咸陽馬嵬坡閒逛？可能是許多同學無票坐車，又無錢補票，統統被關在鐵路警察局裡，一天就關了三百多人，警察局負擔不了數百人的伙食費用，才通知學校由薛鴻祿訓導主任領回，並允諾凡是佩戴「洛陽進修班」徽章的，一律免費乘車。可能就趁著他們打出來的天下，在長安以西大逛特逛了，猛坐不花錢的火車

咸陽和馬嵬坡，雖然遠近馳名，却沒有什麼可看的。咸陽的亭台樓閣，畫棟廻廊，早被項羽一把三月不熄的大火，給燒得淨光，屍骨無存。而馬嵬坡是空蕩蕩的，除了附近有些居家之外，什麼也沒有。只有武功的西北農學院，還有相當規模，可惜我們只是走馬看花，瀏覽一下而已。

另外一個沒有去驪山、到楊貴妃洗澡的華清池去泡泡和登登西嶽華山的原因，就是在長安那段時間裡，迷上了無名氏的《北極風景畫》、《塔裡的女人》和《野獸，野獸，野獸》幾本迷人的小說。只要有空，就窩在地鋪上，沉醉在小說的情境裡。那時不知道無名氏是那一號人物，到台灣之後，才知道無名氏就是卜少夫的老弟，苦追大畫家趙無極妹妹趙無華不成的卜乃夫。

抗戰期間，文藝小說不夠昌盛，除了抗戰八股之外，就是一些左傾的作品。無名氏小說似乎是一枝獨秀，獨霸文壇數年之久。我的大部分時間，幾乎都陶醉在無名氏的虛無幻影裡，失去了很多尋幽訪勝的大好時機。

楊貴妃是不是在馬嵬坡死的？死的是不是真正的楊玉環？非常值得研究。盛唐之世，日本政府派出或私人去大唐的留學生，何止萬千，學什麼都有。有和尚、尼姑、宮女、太監的以及各行各業都有日本人在認真地學習。唐明皇在「三軍不發」的威脅下，決定讓楊貴妃殉國時，

極有可能以替身代死。可能是當時留學日本的太監、宮女，合力把楊貴妃調包，然後一行人乘小船，順渭水而下，入黃河轉運河，至揚州改乘大船，去了日本。日本有楊貴妃墓，三、四十年前報紙上曾公開報導其經過詳情，並有楊貴妃若干代的後裔子孫，公開展示楊貴妃在日本的墓地照片，還提出家譜為證，是真是假，只有讓史家去考證了。

提到楊貴妃，余有感焉。歷來都有人評楊玉環是「禍水」，唐明皇為其迷惑，而怠忽朝政，致大唐幾至傾覆，但這些未必是楊玉環的錯。問題是李隆基太不能把握分寸，為一介小女子的美色所迷，把偌大的大唐江山置諸腦後，輕重倒置，沒有是非。從此就可以說明如此人物，不足以領導國家，表率群倫。說重一點，李隆基在私人道德與品格上，還不如明末亡國之君朱由檢崇禎皇帝的決心與操守。朱由檢在國家危難之際，能拒美色而專心國政，李隆基就不能力拒楊玉環的美色嗎？

再說楊玉環成了貴妃之後，不干涉朝政，不進用私人，尤其反對楊家的人出任官職，只愛唱唱歌，跳跳舞，編支舞曲，領導著官女配合著音樂，按譜排練演出，樂趣僅止於此，有什麼不對，有什麼不好？一個被皇帝寵愛的妃子，不造勢，不弄錢，不官商勾結以培植私人勢力，不炒地皮，不買股票，不內神通外鬼，行五鬼搬運，不是很理想的妃子嗎？至於美色迷人，那是麗質天生；至於豐滿白皙，那是上天賜予，喜愛由人，非自己所能為也。楊玉環沒有什麼缺點，問題是李隆基太不能尊重自己，為美色而傾天下，不理朝政，引起戰亂，與楊貴妃何干！

同時楊玉環已與明皇的十八子李倜結婚生子，「李傻」不是明皇為愛孫的命名嗎？兒媳朝見公婆或參加宮中饗宴，后妃眾多，盛妝而出，看不到彼此的真面目，直到某年的秋後，李倜陪父皇在驪山打馬球為樂的時候，明皇才看到兒媳楊玉環束著馬尾，身著便裝，揮桿打馬球，馳騁於原野之中的美姿，曲線玲瓏，凹凸有致，美目流盼，鶯聲宛囀，好色的皇帝，就驚為天人，目眩神迷，朝思暮想，而夜不成寐，患起單相思來了。後由高力士設計，先送楊玉環於尼姑庵中，再從庵中接回宮中，成了貴妃。因貴妃能歌善舞，眉目傳情，舌齒留香，又善解人意，使好色的皇帝，置朝政於腦後，六宮失色，集三千寵愛在一身了。

再回到正文，長安近郊有王曲、寒窯等等……都因為流連碑林而沒有去過。碑林在城內，在一所大建築內，都是大大小小石碑，聳立其間，稱之為「碑林」。各式石碑琳琅滿目，美不勝收，都是歷代大書法家的真跡，穿梭其間，細細品味，不忍離去，印象最深刻的，是馬德昭的一筆虎。整座石碑就是馬德昭的一個「虎」字，筆力雄健，氣勢磅礡，神采飛揚，百看不厭。

我的書法寫得不好，但是我對名家書法，不管是真、草、隸、篆都有欣賞的癖好。長安城內的碑林，或結隊或個人，我不知去過多少次，百看而不厭。我從小學寫毛筆字，老師只教握筆的姿勢，端坐挺直，筆桿和鼻孔的距離，手掌中握有小東西不准掉下來，但沒有受過真正的指導。臨帖也是沒有選擇的亂來，不問顏柳，不管歐蘇，拿起來就寫，結果是四不像，只有隨意所至，不成格局。溥心畬、王寵惠的字，我最欣賞，遇有展出，我會對其呆立半天，不忍離去。字，代表一個人的性格，觀其字，也就了解這個人了。一位剛強果決的人，字多挺拔，一位尖酸刻薄的人，多欠厚重。功夫可以練，本性不能移，「字如其人」，「面隨心生」，不是定理，而是常理。

蘇東坡鳳翔祈雨

在長安住了不久，就在薛主任的帶領下，離開長安，移居鳳翔。坐火車從虢鎮下車，看高高低低小坡度的黃土丘陵，一路北行，借住鳳翔縣立初中前面小湖旁邊的小樓上。只記得鳳翔初中，是紅磚牆圍繞，校地不大，都是平房建築，倒也整齊清潔。從各方面顯示，學校的歷史不會太久。東湖，好像和蘇東坡也有些關係。

蘇東坡在高中進士之後，出為鳳翔府判官，東坡先生的命運坎坷，雪泥趾爪，到處遷徙。時間都不太久，在鳳翔為時不過三年，頗有惠政。但真正嘉惠人民，而史有記載的是取「龍水」祈雨的故事。

當東坡先生到任的第二年，就建造了一座庭苑，前有水池，後有一亭，另有一座上好花園。當時陝西久旱不雨，農民憂心如焚，除向神靈祈禱之外，別無他法。而求雨是當地父母官的職責，於是東坡先生就寫了一篇〈祈雨文〉，代民求雨。文曰：

……自冬徂春，雨雪不至，西民所恃以為生者，麥禾而已。今旬不雨，即為凶歲，民食不繼，盜賊且起。豈惟守土之臣所任以為憂，亦非神之當安坐而熟視也。聖天子在上，凡所以懷柔之禮，莫不備至。下至愚夫小民奔走畏事者，亦豈有他哉？凡皆為今日也，神其曷以鑒之！上以無負聖天子之意，下亦無失愚夫小民之望。

東坡先生又派專人去秦嶺最高處，大白山頂廟前水池裡，取一盆「龍水」置於祭台上隨即朗誦〈祈雨文〉。果然冷風習習，陰雲四合，嘩嘩啦啦，降下一天大雨來，兩天之後，大雨又降，陝西全境，普降甘霖，枯萎禾苗，即蓬蓬勃勃挺起腰桿。當時東枝先生當然非常高興，為了紀念此事，遂將庭苑後面的亭子，更名為「喜雨亭」，也寫了一篇〈喜雨亭記〉，刻於其上。文曰：

亭以雨名，志喜也。古者有喜，則以名物，示不忘也。周公得禾，以名其書，漢武帝得鼎，以名其年。叔孫勝敵，以名其子。其喜之大小不齊，其不忘一也……。。丁卯大雨，三日乃止，官吏相與慶於庭，商賈相與歌於市，農夫相與忭於野，憂者以喜，疾者以愈，而吾亭適成，於是舉酒於亭上。

東坡得意之情，充溢於字裡行間，三年之後，東坡先生調回京師，入直史館，留給鳳翔父老的是永不止息的流風餘韻。

牛肉泡饃

在鳳翔沒有停留幾天，就轉往寶雞，借住在一所訓練班裡。寶雞是隴海路的終點，延長興建是中共政權建立以後的事。寶雞是關中道西部的重鎮，長安的屏障，背山面河，綰轂隴蜀，形勢極為重要，自古以來，就是兵家必爭之地。蜀漢與曹魏連年爭戰，諸葛亮六出祁山，所謂的「暗渡陳倉」就是指寶雞而言。

寶雞的大街雖然寬廣，並無雄偉的建築，店面錯落而沒有繁榮景象。由於征戰頻頻，徵兵徵糧，需索無度，老百姓富不起來，期求繁榮就是緣木求魚了。

在關中最為人所稱讚的是牛肉泡饃。北方無水田，耕田全是黃牛，黃牛肉也是最大眾化、人們最愛吃的食品。據說老字號的牛肉館，是數十年不清鍋的，只是加水加肉而已。所以牛肉香醇，味道鮮美，而又不失原味。陝西的鍋饋，就是我們吃的厚餅，是有些名氣的。出遠門，家人會特別準備兩個鍋饋，一個有六、七斤重。據說邠州鍋饋，可以過兩個夏天而不失原味。叫一碗牛肉湯，把鍋饋掰開泡在裡面，肉香撲鼻，吃起來特別過癮。到過陝西，吃過牛肉湯泡饃的，無不津津樂道，讚不絕口。過去台北市中華路曾有家陝西館，專賣牛肉泡饃，味道完全不一樣，是質料不好，還是手藝不精？總之，吃起來沒有原味。

拜見常華甫，不辭而別，竟成永訣

在寶雞大街上布告欄內，無意中發現政府的布告赫然出現行政督察專員兼縣長「常榮德」三字。在家時，聽說常榮德（字華甫）的大名，是離我家不遠的小固保村人，好像與我們張、盧兩家也有些蛛絲馬跡的親戚關係，我見過常先生本人，沒有深刻印象。

常先生是北京大學畢業，當過兩任縣長，和何鳳書，何鳳文兄弟以及韓壽恒，都是縣城以南的知名人物。何鳳書當過高中校長，何鳳文都稱他「何老包」，因為字包九之故。抗戰期間，任中共解放日報總主筆。韓壽恒是我油堡高小校長韓壽增的二弟，後來也到台灣，沒有交往。

我到了寶雞，看到常榮德的大名，就大著膽子登門拜訪。等我通報姓名，並簡單說明之後，常先生表現得很好，問長問短，態度親切，並立刻吩咐煮碗麵請我吃。常先生即轉入內室，不久就聽到常先生與太太吵嘴的聲音，只聽常先生說：「小侄子來了，能不給幾個嗎？」聲音越來越大，麵還沒有吃完，我就不辭而別了。從此之後，再沒有見過常先生，也未通音訊。

大陸變色，常先生移居香港，在調景嶺任中學校長，來過台灣。常先生是朱家驊一派人物，朱在台灣的勢力沒有起來，常先生也就來不成台灣了。常先生來過台灣，但未約我見面，可能對我的不辭而別，還耿耿於懷吧！理論上，我應該寫封信去，表示問候之意，但總覺得有些彆扭，不知如何用語遣詞以表達心意，現在常先生早已不在人間了。聽說常先生的兒子在台灣師範大學畢業之後，回到香港繼承父業當中學校長，緣慳一面，當然談不上聯絡了。

秦始皇時代的沙丘

我隻身在外，漂泊了半個多世紀，常先生算是我遇到的第一個小同鄉，而且關係還有一些淵源，結果是不告一別竟成永訣，非常遺憾。常先生學驗俱豐，在縣裡是一位大名人。廣宗交通不便，民智不開，有一位上大學或大學畢業的，全縣的人都知道。一縣之中，大學畢業的，不會超過十個人，與現在台灣教育發達的情形，是無法相比的。河北省是教育最普及的省分之一，尚且如此，其他地方就可想而知了。

廣宗、威縣一帶，土地肥美，民生富足，沒有出外打拚的必要，所以在外面遇到的小同鄉，少之又少。來到台灣，從軍中退役之後，到台北市公園路女師附小教書，才一頭栽到河北人的團體裡。校長是河間縣的白子祥先生，附小有一百多位教職員，河北人很多，外面稱附小是「河北同鄉會，山東會館」。白校長不想聘請河北人了，輔導部出版組需要一位編學生刊物《童聲報》的老師，校長特別請江西籍的周繼文介紹，見面相談，又是河北人，白校長哈哈大笑：「真是有緣」。

提到廣宗，白校長表示河北十府一百三十二縣，沒有廣宗。主要原因可能是縣小，不見經傳，沒有出過名人，所以我總是介紹自己是南宮、冀州人。其實南宮並沒有廣宗古老，打開三國演義第一回，「中郎將盧植與天工將軍張角大戰於廣宗。」再遠一點說，秦始皇時代，廣宗原名沙丘，秦始皇死後，李斯才把沙丘更名為廣宗，意指廣大的宗族，天下一家的意思。到現在幾個村莊，還有為紀念秦始皇而命名的。我外祖父的村莊叫南塘嚥；北行三四里是北塘斷。就是秦始皇到南塘時，快嚥氣了；走到北塘，就斷氣了。人叫白了就成了南疃疃，北疃疃。縣志上是南塘疃，北塘疃。李斯認為秦始皇實現了古聖先賢夢寐以求的大一統的理想，天下變成了一家，所以把沙丘更名為廣宗，不是頗有歷史意義嗎？

廣宗北面是南宮，西接平鄉、鉅鹿，南臨曲周，東鄰威縣，西北角是新河，東北角是清河縣。平鄉就是用琴擊秦始皇的高漸離隱居的宋子，鉅鹿是項羽與章邯決戰的戰場，在歷史上都是有名的地方。新河縣就是龐炳勳主席的家鄉，清河縣是武大郎的出生地，以後武大郎到山東陽穀做僅以維生的小本生意——賣燒餅，才與潘金蓮結為夫婦，以後才演出「金瓶梅」，描繪出許多香豔的故事。二郎武松自景陽崗打虎，成了遠近知名的大英雄，又充當縣政府專司捕盜打匪的都頭，才與大哥相遇。不久又痛宰巨霸西門慶，更為人人稱頌的豪傑人物。山東人小氣，硬說武松是山東人，武大是河北人，又喜歡尊稱二哥，因為武松和秦瓊都是民間最崇仰的英雄標竿，大哥的稱謂是不喜歡接納的。

說也奇怪，威縣城門外的西關，就屬廣宗。人民衝突，拉出西門的護城河，地屬廣宗，威縣的警察就不能管了。據說廣宗太大、太富，一刀切開，分出了一個威縣，變成了二、三等小縣。因為地方富足，外出謀生者少，所以我自幼浪跡江湖，都是單打獨鬥，不但小同鄉沒有，大同鄉也很少遇到。碰巧到附小教書，才鑽進河北人的圈圈裡，與河北人結了緣。

滾雪

離開寶雞渡過渭水，就慢慢地進入了秦嶺山區。秦嶺在渭水之南，是橫亙於關中與漢中之間的大山，秦嶺的東端，就是終南山。鳳縣，就建築在秦嶺西端北麓半山腰上，城樓上大書「古鳳州」三字，城牆老舊，字面斑駁，頗有古意。

繞過鳳縣城垣，就是四、五十度陡直的山路，在山的最高處，好像是把大山劈開的山口，也就是在歷史有名的「鐵馬秋風大散關」了。沒有城垣，沒有城門，只是一個空蕩蕩的山口，在過去耍大刀，舞長槍的時候，居高臨下，有建瓴之勢，是易守而難攻的。在殺人武器日新月異的今天，飛機大炮使之變成落伍的東西，大刀長槍那還有逞威的餘地，大散關早已失去了昔日擁有的光輝。

我們伏身而上，汗流浹背，氣喘如牛，走走停停，爬到山口，登上大散關，已經是四肢無力，舉步惟艱了。山頂涼風習習，透人心扉，四顧群山，羅列眼前，白雲悠悠，又是另一番景象。

爬過大散關，山路時高時低，我們順著山路彎來彎去，已經沒有爬大散關那樣的艱辛鏡頭了。雙石舖在秦嶺之中，是陝、甘的交界處，我們在附近停下來休息，坐在公路嘉陵江畔的亂石上，滔滔的江水從上游高坡上，傾瀉而下，勢若奔馬，聲若雷鳴。河床中亂石嵯峨，水石相激，倒捲出一片雪白的浪花，蔚為奇觀，聲勢甚為驚人。

蘇東坡在「赤壁懷古」中，「亂石崩雲，驚濤裂岸，捲起千堆雪」不是正指此景嗎？我兀坐良久，忽然想起讀《三國》時，說曹操親率大軍，伐漢中張魯時，路過秦嶺中的嘉陵江畔，不正是此地此景嗎？曹操並親書「滾雪」二字。詢問路人，果是此處，我大喜過望。路人遙指在江水急湍處的中央一塊平平方方大石的背面，就刻有「滾雪」二字。水大，水在「滾」以上；水小，水在「雪」字以下，但「滾雪」二字不會浸在水內，因石的背後，形成中空。路人警告，不久前，有四位軍校學生，因看「滾雪」而失足落水，丟了性命，石上有綠苔，非常危險。我自忖良久，親身到此，不下去摸摸「滾雪」二字，將為一生憾事，遂決定一試。

小時在家常常爬樹，於是折下兩根樹枝，把石上的緣苔清除乾淨，就一塊一塊的跳過去。跳到江中央那塊大石上，伏身下去，赫然看到曹孟德親書的斗大「滾雪」二字，刻在大石的平面上，水在「滾雪」二字之間，水流湍急，浪花四濺，伸手摸摸，大慰平生之私。

留侯祠——張良廟

從雙石舖繼續趲行，兩旁崎嶇的山丘之上，不是碎石，就是不太茂盛的短樹。來來往往的運輸車輛，不停地隆隆而過。從寶雞到漢中的公路，是通往四川的大動脈，物資的流通，軍隊調動，除了空運之外，就只有這一條川陝公路，負起重大運輸任務了。

四川是天府之國，八年抗戰，絕大部分的物資與兵源補充，四川的貢獻至大。沒有四川，八年抗戰，就無法堅持下去了。民以食為天，戰爭以人為本，不管口號喊得如何震天價響，意志堅如鐵石，沒有飯吃，什麼都談不到了。川陝公路的運輸是日夜不停的，從高處望去，宛如一條巨龍，在山中蜿蜒前進。

我們沿著公路，徐步前進，無意中在公路的右側，發現一處鬱鬱蔥蔥的茂盛松林，枝幹好像都是油漆噴過的乳白色，松葉深褐，引人注意。我們順著人行小路，踏著雜花亂草，降階而行，在松林深處，赫然發現廟門上大書「留侯祠」三字。留侯不是漢初三傑張子房的封號嗎？張子房不是「隨赤松子，遊於峨嵋之巔而不知所終」了嗎？此處何來張良廟？「留侯祠」地屬廟台子，廟台子屬留壩縣，留侯，就是留壩縣侯。我才恍然得解，如關雲長封為漢壽亭侯，樊噲封為舞陽縣侯一樣，是封號，和住地沒有關係。

留侯祠面積不小，松林的地區也不小。松葉遍地，沙沙作響，好像沒有專人管理，廟門正殿，廂房皆俱，名家所題的對聯尤多。于右任的一聯：「辭漢萬戶，報秦一鎚」，氣勢磅礴，筆力雄健，于右任只憑這一手好字，就可以名垂千古了。

說來慚愧，于右老的孫女于代燕，是女師附小我教過的學生，向于右老求字的朋友，經我找于生很快的就可以得到右老墨寶。求得右老的字，何其不易，最好的捷徑，就是走于生這條路，因為爺爺愛孫女天下之通義也。孫女一撒嬌，事情就ＯＫ了。可惜我並沒有向右老求字。還是馬明兄代求一幅。因居無定所搬來搬去，也不知弄到那裡去了。

留侯祠另有馮玉祥的一聯：

豪傑今安在，看青山不老，紫柏長芳，想那志士名臣，千載猶留憑弔所；
神仙古來稀，設黃石重逢，赤松再遇，得此洞天福地，一生願作逍遙遊。

另一聯是

明哲保身輕富貴，
英雄退步即神仙。

含意深長，值得玩味。

庭院之內，小橋流水，松柏參天，隱天蔽日，實為一良好避世之所。一大片白皮松林，除此之外，可能別無而僅有了。可惜乏人照料，任其荒蕪，令人惋惜！門窗雖有，但經多年的風吹雨淋，已呈斑駁破損之狀，我在院內徘徊停留了很久，未遇一位管理人員，國家連年爭戰，對國家級的古蹟、古物的保存與維護，大付闕如，良用浩歎！

薩孟武講古

說起張良，就想到蕭何和韓信。我也想起台灣大學法學院長薩孟武先生講的一段故事，是頗耐人尋味的。他說韓信被殺了，張子房走了，三傑只剩下了蕭何一傑，也被劉邦關起來。蕭何出獄之後，部屬給蕭丞相獻計三策：一、大修府第。二、廣選美女。三、賣官鬻爵。蕭何一看，大為不快，任何一條都有損他的一世英名，也違背了他為人處世的基本原則。屬下剴切分析，說明利害，不如此則性命難以保全。蕭何是何等樣人，一點就透。

他會意韓信之死，張良之去，豈不所謂：「飛鳥盡，良弓藏，狡兔死，走狗烹」嗎？於是就依計而行。諫官上書奏明天子，指陳歷歷，說明蕭丞相有三大罪，依法當誅，劉皇帝查訪屬實，非但不加罪責，反而開懷大笑：「蕭丞相如此吾無憂矣！」

我國的政治哲學和為官的傳統，就是這一套邏輯，只要下屬不侵犯自己的權位，不影響權力的行施，貪贓枉法，魚肉鄉民，危害社會，都沒有什麼大不了，都可以原諒的。歷史上有謂

「養案」、「養貪」之說，有其至理存焉。把屬下的毛病牢牢抓在自己的手裡，任你變成孫悟空也逃不出我的手掌心。一有違反，就以刑法伺候，足使你身敗名裂，永遠不得翻身，不怕你不俯首帖耳，唯命是從。

徐復觀教授在退休之後，一連出版了四本書《論國事》。曾指名道姓指出四川籍的立法委員彭善承，在隨政府來台之後，曾向政府借貸五千萬元。以當時的物價，金額可以買半個永和鎮（市）。徐教授說，隨政府來台的這麼多立法委員，除了四十幾位潔身自愛，未向政府借貸之外，統統有案。徐教授誇下海口說：「如有不服，可以去告我，我就揭底牌。」這些借貸出去的大宗人民的血汗錢，肉包子打狗，有去無回了，立法委員所以不敢大膽違抗政府的不當施政，道理就在於此，自古而然，於今尤烈而已。

薩孟武先生又引申到反共戰爭，在最關鍵的時刻，派飛將軍劉峙為徐蚌會戰的總指揮，上海保衛戰由常敗將軍湯恩伯榮膺重任，維護首都南京的重任，任命張鎮為衛戍司令。國防部的簽署的意見是：「懦弱無能」，批下來的是「忠實可靠」。「可靠」在層峰眼裡是金字招牌，比什麼都重要。較清廉奉公，公忠體國，効命疆場者，可靠多矣。

我國之所以不易強大，經常改朝換代，人民迭遭塗炭，幾千年來的專制帝王思想，流傳下來的餘毒，可能是一個相當重要的因素。要想把這個癌細胞在思想中除掉，建立一套完美的政治制度，以垂永遠，那就需要產生一位有治人智慧的大政治家，領導全民，洗面革心，從根本的教育做起，培植出一批批知恥、行義，有理想、有目標的國之楨幹，徹底推行民主政治了。

薩孟武先生對貪官汙吏，深惡痛絕。他引用韓非子的話：「行刑，重其輕者；輕者不至，重者不來，此所謂『以刑去刑』。重罪而輕刑，輕刑則事生，此所謂：以刑致刑，其國必削」。因此他主張，先對名流大官，以輕罪重其刑，使萬人側目，而不敢為非。薩孟武先生並主張，「貪贓者，罪其父母妻子」，他說「家族既享其利，當然要受其害」。大官貪汙，非為衣食有缺，而是皆為子孫積財。所以薩先生主張，對貪汙官吏，「三代禁錮」，應訂有律條，也為時代之所必需。薩先生在《孟武雜譚》一書中，對去汙防腐，有精闢的見解。打倒貪汙官吏，不是喊口號，寫標語，靠人為所能濟事，必需建立一套合情合理的制度，認真推行，成為習尚，才不會有「人亡政息」之虞。建立一套防腐劑，除了徹底實行真正的民主制度，恐怕也不容易找到其他治世的良方了。

褒姒鎮的包子

留壩縣城，位廟台子的左前方不遠處，低於公路甚多的半山腰上。縣城，依山坡地形而建，城內處處都是農田，像一個零零落落的小村莊。除了看到幾個較大的屋頂可能是縣政府之外，沒有縣城的規模。由此可知留壩是一個相當貧窮的縣分。耕地少，居民無多，觀光事業不發達，稅收無著，當然建設也就談不到了。

從廟台子開始，就是緩緩的下坡路，過了留壩，就是褒城縣的褒姒鎮。居民說：「周幽王的寵姬褒姒，就出生在這裡，在沒有入宮以前，就是賣包子的。」所以褒姒鎮的包子，遠近知名，和天津「苟不理」的包子一樣是馳名遐邇的。我們當然也扶風弄雅一番，買幾個嚐嚐。

褒姒是不是褒城縣人，無可考。深山出俊鳥，王昭君不是大山深澤中的興山縣人嗎？中國人喜歡弄些似是而非的玩藝，如南陽的臥龍崗，在河南南陽有許多諸葛亮的遺蹟，老百姓也繪聲影的述說種種。其實臥龍崗不在南陽，是在湖北省襄陽縣西南的隆中山中。那時南陽名宛城，「宛城曹操戰張繡」，是曹公損兵折將，最丟人現眼的一次，也是傷心地。襄陽、樊城一帶，那時統稱南陽，諸葛亮也自稱「南陽一臥龍」。後來宛城更名南陽，就順便把諸葛亮也搬過來了。

褒姒鎮的包子好不好吃，已沒有記憶。如果真是不同凡響，像長安的牛肉湯泡饃一樣，是不會輕意忘懷的。包子鋪的生意不惡，過往旅客，慕美女之名，無不破費。包子鋪有好幾家，和真北平一樣，真北平、老北平、真老北平、老真北平。包子鋪也一樣有：褒姒包子鋪、真褒姒包子鋪、老褒姒包子鋪，不一而足。

穿過褒姒鎮，道路越來越平坦易行，坡度小，山勢也緩緩下降。林木茂密，也較秦嶺山中蔥鬱多了。褒城位於秦嶺的邊緣，下面就是漢中平原了。褒城與南鄭縣，以一條山溝為界，橫跨山溝上的鐵索橋，在歷史上，也有其地位。京戲中的「蕭何月下追韓信」，就是經過這座鐵索橋把韓信追回來的，登壇拜將，才有以後的大漢天下，顧名思義，橋是鐵鍊子串連而成，上鋪木板，人車經過，搖搖晃晃，和通過吊橋一樣。如果鐵索橋在楚漢相爭時，就已經存在，可知我國的工程技術，在二千年前就傲視世界了。

神仙難逃漢中疥

出了褒城，就是南鄭縣，我們就在南鄭西南不遠處的五皇廟安頓下來。五皇廟是一個四合院的建築，有神像，可能很久就沒有香火了。學校把七、八班高中部的學生安排在這裡，稱第一院。初中部和新生，三處另外安置，共分四個院。宿舍是暫借附近民房和廟宇，住得零零散散。上課，吃飯才在一起，課後就星散各方。

漢中沒有麵食，初吃米飯，難以下嚥，只有吃鍋巴代替，三五天之後就習慣了。漢中位於秦嶺與大巴山之間，漢江流經其中，土地肥美，民生富饒，雨水充足，產肉色米，芳香可口，習俗類江南風味，與關中是大異其趣的。關中鄉村無茶館，漢中鄉村則茶館林立，口音與四川北部相近。播種是用竹筒盛滿種子，往土中一插，一晃，種子落入土中，一陣雨後，種子被土掩埋，禾苗就慢慢的長出來。不像北方播種之後，還有把土盪平，以防被鳥吃掉。

因為氣候雨多潮濕，就有「神仙難逃漢中疥」之說。到過漢中的人，沒有不生疥瘡的。「疥是一條龍，先從手上行，腰裡盤三遭，屁股上紮老營。」等疥瘡盤踞到屁股上，安營下寨之後，就不是短時間可以治癒了。

疥瘡有兩種，一是乾疥，一是有膿包疥。用手揉搓，舒服無比。搓破了，膿水流出，又疼痛難忍。大家都窮，不會彼此取笑，衣求蔽體，食盼果腹，頭髮再長，無人恥笑。晚上抱一堆稻草，大家赤條條地圍著烤疥瘡，趣味尤多。到浴室跳到溫度很高的熱水池中燙燙疥瘡，也是窮中一樂。有的編出不能登大雅之堂的歌曲，齊聲歡唱，取笑女同學，窮中取樂，不一而足。

漢中出美女，也是人所皆知的，小巧，精靈，眉清目秀，聰明活潑，多情而可愛。

南鄭城內有飲馬池，有拜將壇，都是我們經常去的地方，壇上有碑，有詩刻其上：

辜負孤忠一片丹，未央宮月劍光寒；
沛公帝業今何在，不及淮陰有將壇。

韓信被蕭何追回來之後，漢王登壇拜將，封韓信為大將軍，揮軍北上，飲馬池畔，就是這個地方。漢中道在秦嶺之南，大巴山之北，西接甘肅，東與湖北為臨。包括一、二十個縣的富饒平原，漢江流經其中，出洵陽，流入湖北，丹江來匯，水勢浩大，就是今天丹江市大水庫所在地了。

南鄭東臨城固，是博望侯張騫的故鄉，街道整齊，屋舍儼然。抗戰之後，很多大學如西北聯合大學、工學院、師範學院和許多著名的中學，都遷來漢中，文風鼎盛，處處表現著書香氣息。

漢中，是諸葛亮六出祁山屯兵駐節之地，名勝古蹟不少，如定軍山、天蕩山、馬超墓等等，終因窮忙，未能親往一遊，雖僅住了半年，終因國勢阽危，投筆從戎而去。但對漢中這塊土地的人情，永誌懷念。

吵架的藝術

在漢中我們住了半年之久，對陝西的風土人情，也多有體會。漢中道包括秦嶺以南的二十幾個縣，大體上都是漢江流域所經過的沃野良田，與四川緊臨，所以語調與四川相近；與長安、寶雞一帶所謂關中道因秦嶺阻隔，聲調有明顯的不同。一般而言，漢中人沒有關中道那樣的粗壯豪邁，但機警靈活則有過之，尤以女孩子為然。

因為我們住在南鄭鄉下，與村民接觸的機會較多，對一般平民百姓的行為思維，也較有體認。大體說來，人民是和善易處的，但相處久了，總難免發生齟齬或衝突的時候，雙方也會吵成一團，越吵越兇，越湊越緊，當雙方撞到一起的時候，會怒目指著對方：「有種，你等著！」轉身就回去了，不久，提著一把明晃晃的大刀，氣勢兇兇直奔而來，我們以為要殺人了，趕快躲到牆角，怕日後打官司時要出庭作證。想不到在接近對方的時候，煞那間，把刀高舉，手一轉，把刀柄遞給對方，大吼：「有種，你把老子給殺了！」於是雙方撞來撞去，撞到筋疲力盡，就一直罵著走開了，衝突就和平收場了。和四川人的作風，頗多類似。在萬縣附近的梁山縣，也看到過村民衝突的，雙方開罵，聲勢驚人，罵詞和背書一樣，好像早就編好了，成本大套，流暢無阻，相當地有學問。四川人的口才為全國之冠，都是在坐茶館擺龍門陣，吵架、罵人苦練出來的。大體上是罵罵人、出出氣就算了，很少動手傷人的。

三十五年我到上海，住在最偏遠的七寶鎮。凡一個月之久，也曾目睹居民起衝突的場景，和四川人一樣，越吵越大聲，越走越近，眼看就拳腳相向見個高下了，却怒氣沖沖的指著對方：「有種，別走，我找哥哥來修理你！」就一邊罵著回去，對方在原地插腰怒視，傻乎乎的等著一決雌雄，一等再等，迄無消息。那裡知道對方回到家中，早就上床睡覺了。一場紛爭就這樣結束，真是高級。

吵嘴、打架，本來任何地方都免不了會發生的，也由此可以看出一個地方的民風和習俗。性情柔順和重視生活的地區，吵吵嘴，發洩一下就過去了，而不一定非在輸贏上見高下。在北方就不是這樣，雙方一言不合，就衝突起來，很少高聲叫罵或痛詆對方家族的，幾句話不順耳，表示輕視對方的冷笑幾聲，或「呸！」吐下口水，雙方就扭打起來，吃虧的一方，會狠狠地撂下：「走著瞧！」晚上就提刀尋仇殺人去了。如此形成風氣，雙方都會事先把孩子安頓好，等孩子長大，親友會原原本本的告訴他家庭被毀滅的始末，孩子也會持械報復，如此陳陳相因，無有已時，形成了有仇必報的暴戾風氣，起於微末小節，演變成深仇大恨，甚至於傾家滅族，實為大不智。如上述的風氣在豫西還不斷地呈現，也就是河南人所批評的：「太百九六了」。

南方人喜歡「動口」，北方人動輒「動手」，南方人愛稱「老子」，喜歡辱及家人，尤其是湖北人喜歡罵人家「板板」，常被族人圍毆而不明所以。其實「板板」是指對方的祖先牌位，也難怪引起別人的氣憤而被打得遍體鱗傷了。此外，北方人如果單挑某人不涉及家族，兄弟勸架也不敢有所偏私。不像南方有些地方不分青紅皂白的一致對外是有所不同的。

第四章

青年軍二〇七師和吉林省盤石縣縣長胡日初

二〇七師的軍官連

胡日初先生是民國三十四年，我在雲南曲靖青年軍二〇七師六一九團第二營第四連當大頭兵時候的訓導員，一般軍隊稱連指導員。「訓」和「指」的意思是有些不同的。「訓」有訓誨、教導之意。「指」是指示、指導，缺少教育的意味。青年軍都是在校的高中和大學生，初中生不多，社會青年更少，訓誨、教導比較切合。

訓導員都是大學畢業生，在國家阽危之際，放下工作，響應「十萬青年十萬軍，一寸山河一寸血」偉大號召的從軍熱血青年。政府把這些青年集中起來，在重慶復興關，開辦「政工幹部訓練講習」，就是以後所說的「幹校」，以便統一意志，齊一步伐，在思想上去教導訓勉這十萬多從軍的青年學生，使他們允文允武，知恥力行。九個師的連訓導員，都是經過復興關集訓之後，派到各師去的。

我們第四連的訓導員是白壘少校，四川廣元人，四川大學畢業，個子不高，土音也不重，氣質風度，像一位學養不錯的讀書人，好像畢業不久，就投筆從戎了。經過集訓就派到我們連上來，不知為何，不久就調走了。

連長是洪潮少校，浙江人，聽說當過中學教員，整天穿著高筒大馬靴，神氣十足，因為與連上的士兵合不來，常有不愉快的事故發生，不久也調走了。上面又派陳瑞徵上尉當連長，胡日初上尉當訓導員，兩位都是湖南騾子，陳是湘鄉，胡是湘潭，身材相若，個性相近，陳清秀活潑，能與士兵打成一片。胡雖有粗壯之形，而乏健壯之實。胡年紀較大，當時已是三十幾歲的人了，聽說大學畢業之後，曾在僑委會工作過幾年。胡為人和善，善與人處，在全團十幾位訓導員中，多以胡大哥呼之。

在一般軍隊稱之為團主任的督導員，是劉各匈上校，是湖南新化人，知名全國的新化銻礦，就是他們劉家的獨佔企業，號稱「湖南首富」。三位湖南騾子，有空就聚在一起，扯些湖南的家鄉味。營長是湖北籍周仲達中校，黃埔七期，與師長羅友倫同期。副營長是浙江籍的邵孝欽，講話、走路，活像個女人。團長是張越群少將，合肥人，黃埔六期，在衡陽四十七天的保衛戰中，曾是方先覺屬下的師長。沉著善戰，龍行虎步，小眼睛，講話和氣而不失威嚴。副團長是蔡嶽上校，老廣，日本士官兵畢業，全副戎裝，長筒馬靴，或坐或站，均表現出革命軍人不同凡響的氣概。

我們四連的排長分別是：杜悌、歐陽年、趙郁明，均極優秀，誠樸肯幹，令人懷念。時隔六十年，他們的形象和為人，在我的腦海裡還有清晰的記憶，可惜他們都在東北勦共戰爭中犧牲了。在台灣我曾數度晉見羅友倫師長、張越群團長和周仲達營長，但如今他們都物故多年，離開人世了。

再說我們第四連是軍官連，擔任過中、少校的大有人在，一般都是中、上尉階級。青年學生沒有幾人，是全團也可能是全師社會青年的集中地。我之所以分到第四連，說來話長，必須從陝西地區，把從軍的青年集中在長安，所發生種種不可思議的事情說起。

青年軍大鬧長安

西安就是長安，是建都最早，時間最久的都城，古蹟最多，城廓完好，火車站的建築古色古香，到了長安，好像走入了時光隧道，自會發思古之幽情。寬廣平直的大街，古蹟處處，熙熙攘攘的人群，樸實無華。雖然沒有高聳入雲的現代化建築，但雄偉的殿堂，供人享樂的歌台舞榭，也所在多有。富豪之家，仍然錦衣玉食，過著人人羨慕而無法企及的生活。

抗戰已進入了第八個年頭，大片國土都丟掉了，民生凋敝，已到了山窮水盡的地步，而長安市上，仍然有些過著紙醉金迷的日子，「朱門酒肉臭，路有餓死骨」的情形，處處可見。所謂的「前方吃緊，後方緊吃」，看在這些放下書本，投筆從軍，即要投入戰場與敵人拚命的青年學生眼裡，如何能忍耐下去。於是砸舞廳、打金店的事件，時有發生，猶如野火般的，狂風一吹，火勢就蔓延開來，風助火勢，火壯風威。不但舞台，歌廳被砸個稀爛，金店銀樓，甚至像樣一點的飯館，都無一倖免。鬧到最後，連開元寺的妓女院也關門大吉，不知道溜到那裡去了。

市面蕭條，大一點的店鋪都關起門來，軍、警、憲都換上便衣不敢和青年軍發生正面衝突。老百姓吵架，都以「挨青年軍的皮帶」來咒罵對方。當然，其中也有不良分子，混雜其間，趁火打劫，強買強賣的情形不斷發生。省主席祝紹周、省黨部主委谷正鼎，不能不出面疏導又不敢太過嚴厲，一有不當，影響從軍的號召，無人擔當得起。

最後，由黨部主委谷正鼎出面，召集從軍青年講話，對同學砸金店、戲院、舞廳等舉動，大加讚揚，並大聲鼓勵：「有破壞才有建設；革命，就是破壞。破壞之後，才是建設的開始！」。谷主委話鋒一轉，「但是，社會秩序必須維持，以免奸黨趁機破壞！」散會之後不久，糾察隊就組織起來了。

糾察隊的成員是在從軍的同學中，選出一些人面較熟，人緣較好，身體健壯，可以幫助排難解紛的同學三十人。我有幸被選中，住在西京電廠，配有幾輛吉普車，隨時待命。任何地方一出狀況，有打架滋事或影響社會秩序的行為，吉普車立刻出動。因為雙方都是從軍的同學，都穿著同樣的衣服，觀念相同，動機一致，一經勸告，糾紛立解。長安市面漸漸恢復了平靜，糾察隊對長安治安是有貢獻的。

等從軍的同學，一批批飛往雲南，接受入伍教育之後，我們這一隊才在祝主席和谷主委設宴歡送之下，送往機場，登上最後一架飛機，先到四川梁山停留了幾天，又飛霑益，轉往曲靖大營房。師長方先覺中將、政治部主任葛建時少將，大大稱讚我們在長安的表現，並希望多多協助安定軍心。最後糾察隊一連分配一名，我就分到第四連來了。

出任連幹事

第四連是軍官和社會青年混編而成，個個來歷不小，可說是臥虎藏龍，年紀三十幾歲，甚至年齡更大一點都有。一位文質彬彬，頭頂微禿的老大哥，也和我們在一起踢正步。不久，他就被總監部調走了，聽說是一位中央日報的主筆。另外，連上中、少校的，不乏其人，當過排、連長的一大堆，社會青年中，當過領導工作也不少。

因為連上的士兵年紀大，經驗豐富，連排長帶兵的方式可能和純粹的青年學生不大一樣。洪連長學識經驗，應該是不錯的，因為他與士兵有疏離感，上下缺乏溝通，少了感情維繫，不愉快的事情不斷發生，摩擦時起，不久就調走了。訓導員白壘少校，是位白面書生，來連上不久，與士兵接觸的機會也不多，調走的原因，也就無從了解。

新來的連長陳瑞徵、訓導員胡日初，都是上尉階級。陳連長年紀較輕，沒有架子，態度親切，能和士兵能打成一片，大家相處得和氣融融。胡訓導員年紀較大，在社會有相當資歷，平易近人，與連長合作無間，雖然沒有連長一樣的接近士兵，但大家對他均有好感。

連上沒有連幹事，替胡訓導員推動工作，政治部指派的幹事，又不願意到第四連來。連上士兵建議，最好從連上挑選。胡先生徵求我的意見，我表示：「從軍的目的，是希望上戰場和敵人打仗的，當官有違初衷，表示沒有意願。」最後由師長召見，告訴我，「想上戰場拚命的機會不多了，日本敗象已露，各地都開始反攻。以後行軍的時間多，當幹事有傳令兵幫你。」因此，我就自不量力的當了連幹事。

為什麼會選定我呢？是因為在連上的老大哥之中，我的人緣不惡，又是從學校從軍的少數學生之一，有空讀書的時間較多，連上弟兄都以小老弟視之。同時我身體好，動作快，全團輕機槍盲目拆卸，不到三十秒，獲獎。站著機槍射擊，全團第一。全師論文比賽，得第四名，獲獎金四千元，師長都有召見嘉勉。連幹事一缺，虛懸已久，最後由我來擔任，也是其來有自的。

岡頭村——傘兵基地

當上幹事之後，薪餉由五十元增為一萬元。那時物價飛漲，鈔票已經貶到不成話了，一斤大餅要四百元，我的薪餉都由連上弟兄們拿去買大餅吃了。當幹事可以不出操，可以做些自己想做的事，我也趁此機會去昆明走走。昆明是西南的名城，如果抗戰勝利了，部隊開拔，就可能永遠失去觀光昆明的機會，豈不是終身遺憾。

昆明離曲靖有兩三百里之遙，雲南的火車和山西一樣都是窄軌，車小，又慢，當然更談不到像樣的設備了，有坐位就算不錯了。就這樣晃晃盪盪幾小時才到昆明，先逛南屏大街，碧湖，也逛了白龍潭、黑龍潭和大金殿，又到岡頭村傘兵基地參觀，找同學聊天。

我們進修班同學有不少在基地受訓，每人一套黃卡及軍服，小短筒馬靴，馬靴裡還插著一把鋒利的七首，船形小帽一戴，活潑瀟灑，神氣十足。昆明城是不准軍人結隊進入的，傘兵隊的弟兄們，都是一些拚命三郎，一上飛機，生命就等於沒有了，那裡還管什麼龍主席的禁令，而龍主席所屬不受中央政府調度的憲兵，也擋不住這些玩命的傘兵，昆明城的禁令，就這樣給廢除了。

我非常羨慕傘兵這種豪氣干雲和瀟灑自如的生活，有意留下幹傘兵。但是這些傘兵們從未經過訓練，甚至連降落傘也沒有見過，教官也空口說白話，講些跳傘，按鈕的動作及著陸之後如何定神集結等等，像游泳一樣，講得再好，記得再熟，一下水就滅頂了。這種玩命的部隊如此兒戲的訓練方式，太荒唐、太危險了。我幹傘兵的興趣，因之發生動搖。

我在昆明足足玩了三天，但沒有逛逛滇池，實在後悔之至。《龍鳳配再生緣》小說，我讀得很有心得，劉奎璧逼婚，孟麗君女扮男裝逃走，蘇映雪代之下嫁，投滇池獲救，後又被丞相認為義女。而後孟麗君改名酈君玉高中狀元，出掌兵部，又為丞相召為東床快婿，曲折離奇。而又與蘇映雪同事皇甫少華，琵琶共抱，華美香艷，令人艷羨。到了昆明未到蘇映雪投水的滇池，至今尚覺耿耿。

回到曲靖不久，報紙上就大事宣傳，我軍在大舉進攻廣西柳州之前，我傘兵部隊先攻佔了南丹機場，同學劉琪（察哈爾人）就因為降落傘未能打開而活活摔死。是慌張沒有按鈕？還是降落傘故障？沒有人去追問，一個活潑上進、熱血沸騰的愛國青年，就這樣結束了他的生命，真是冤枉。

大觀樓一八〇字長聯

遊昆明，逛滇池，是我多年來夢寐以求的素願。但是當我如願以償地到昆明之後，本來可以好好地逛逛滇池了，因為在岡頭村與當傘兵的同學廝混得太久，失去了大逛滇池的機會，是一生難以彌補的損失。

滇池大觀樓一副一八〇字長聯，舉世無雙，久聞其名而不識其真面目，到台灣之後，無意中在一刊物上看到此一長聯，便草草地抄錄下來加以珍藏，等到我追憶此一憾事時，才翻出來慢慢地斷句，費了幾天的工夫，仍然感到有欠妥切。

一天，在住家附近的三介廟後面的山上與雲南籍的朋友，聊起大觀樓長聯的時候，這位景東縣人在昆明昆華中學（在當地相當於「建中」）畢業的李發瑜先生，竟然脫口背誦起來，我大喜過望，真是「踏破鐵鞋無覓處，得來全不費工夫。」這說明了兩點：一、發瑜先生有高度的文化素養。二、長聯的華美涵蘊美質之誘人深也。我請李先生抄錄與我的加以核對，結果發現我的斷句與文句有些出入。

小兒令北回家，他是專攻歷史的，他表示可以找出原文來，他透過網路，在旅遊景觀刊物上，找到了此一長聯，是從石碑上拓印下來的，當然是真切無誤了，因得之不易，茲將此舉世絕無僅有長聯附之於後：

> 五百里滇池，奔來眼底，披襟岸幘，喜茫茫空闊無邊。看東驤神駿，西翥靈儀，北走蜿蜒，南翔縞素，高人韻士，何妨選勝登臨。趁蟹嶼螺洲，梳裹就風鬟霧鬢，更蘋天葦地，點綴些翠羽丹霞，莫辜負四圍香稻，萬頃晴沙，九夏芙蓉，三春楊柳。
>
> 數千年往事，注到心頭，把酒凌虛，嘆滾滾英雄誰在。想漢習樓船，唐標鐵柱，宋揮玉斧，元跨革囊，偉烈豐功，費盡移山心力。盡珠簾畫棟，卷不及暮雨朝雲，便斷碣殘碑，都付與蒼煙落照，只贏得幾杵疏鐘，半江漁火，兩行秋雁，一枕清霜。

長聯中典故甚多，一時難以理解，只有逐一請教高明，去細細地玩味了。

另有一〇二字的長聯，應該屬於岳陽樓的對聯了，茲抄錄於後，以供玩賞。上聯是寫與岳陽樓有關的歷史人物。下聯是寫洞庭湖的風景勝狀。對聯云：

一樓何奇，杜少陵五言絕唱，范希文兩字同情，滕子京百廢俱興，呂純陽三過必醉。詩耶？傳耶？史耶？仙也？前不見古人，使我愴然淚下；
諸君試看，洞庭湖南極瀟湘，揚子江北通巫峽，巴陵山西來爽氣，岳陽城東道岩疆。瀦者？流者？峙者？鎮者？此中有真意，問誰領會得來？

日本投降了

三十四年，是反攻戰報頻傳的一年，天天都有好消息。今天，我軍在湖南戰場推進了數十百里，擄獲了多少日軍，收復了幾個縣；明天，把日軍完全逐出貴州省境；今天我傘兵佔領了南丹機場，明天又收復了柳州、桂林；孫立人的新一軍一舉攻克了南寧，像推枯拉朽般的沿途掃蕩日軍，勢如破竹，光復蒼梧，是指顧間事。天天有好消息，時時都有捷報。蒼梧一旦克復，孫將軍的大軍，即將順流而下，進兵廣州，真是令人振奮，眼看勝利在望了。

我們個個摩拳擦掌，日夜期盼上戰場與日本鬼子一搏的時刻，終於近在眼前了。二〇七師已經奉命出兵進攻越南河內。六二〇、六二一兩團，有的已經通過昆明在南下途中，六一九團是最後開拔。這時美國兩顆原子彈，已經投向日本本土，但日軍仍然執行「玉碎」政策，聲言只剩一兵一卒，也要戰到最後一刻，就在我們第二營剛登上大卡車，駛出大營房的時候，每一團配屬的一個美國運輸連，竟然向天空劈哩叭啦的放起槍來，又叫又跳，大叫日本投降了，一時軍紀大亂，都紛紛舉槍向天空猛射，歡呼，狂叫，活像一群瘋子，旋奉命停止前進，靜候命令。

收。美軍有收音機，消息靈通，他們細聽日本天皇的詔書，命令日軍就地停止行動，等候接收。我們高興的像死囚逢到大赦，把機關槍架在牆頭上，打個不停，彼此擁抱、狂叫，什麼禮貌、軍紀都沒有了，一回想起那時忘我的情形，永生難忘。

勝利的消息傳到重慶，全城都瘋狂了。報導說，參政員傅大炮（斯年）跑到大街上，狂吼亂叫，到筋疲力盡之後，回到家裡，鞋子早就不見了。

奉命接收東北

抗戰勝利之後，接收失去的國土，運輸工具是最重要的問題。淪入日軍之手的廣大土地，許多農村都有共產黨的軍隊盤踞著，如果上海、南京、北平、平津這些著名的大都市，不馬上派兵接收，一旦落入共軍之手，八年抗戰艱苦卓絕而獲得的勝利成果，必然為共軍所侵蝕。所以搶先接收，是上上之策，先遣人員由美國的空中運輸，搶先佔位，以固國防。因為勝利來得太突然，政府毫無心理準備，倉卒決定；某某去上海、南京，自行網羅接收班底。這樣倉卒成軍的班底，對人品的選擇，就沒有章法了。所以從重慶飛來的接收官員，處事乖張，營私舞弊，大失渴望勝利的淪陷區同胞之所望（註四），就形成了所謂的「五子登科」的劫收後果。如果沒有那兩顆原子彈，我方逐步推進，有計劃地派任官員，可能就不會有不忍目睹的劫收現象了。

我們二〇七師已奉命赴東北，接收失去十四年的國土，直到十一月才正式開拔。我們離開了駐地十個月的曲靖，經過霑益、平彝，就進入了貴州省的盤縣。貴州多山，是名不虛傳的，「地無三里平」，就是指貴州地形而言。汽車從山頂盤旋而下，下午又從原路下面的隧道中穿出，所謂雲貴高原，真是百聞不如一見。

雲南山多，壩子也多，物產豐富，人口稠密。抗戰之後，難民不斷湧入，地主打開倉庫，任憑擷取，每年新穀收成，因為倉庫空間不足，就把舊穀燒掉化為肥料。人民富足，衣食無缺，講信修睦，社會自然就形成了淳樸誠敬的風氣，一片祥和。「衣食足而後知榮辱」，是普世價值，永遠顛撲不破的真理，如果肚子吃不飽，「禮義廉恥」就變成多餘無足輕重的教條了。

貴州與雲南最大的不同，就是多山，平地少，人民沒有耕作的土地，生活就艱苦了。所謂「天無三日晴，地無三里平，人無三分銀。」就是貴州的寫照。

雲、貴雖都處於高原地帶，人民的生活是有相當差距的。像安順那個小壩子的地方，似乎並不多見。黃菓樹的大瀑布，是聞名遐邇的，我們也停下來稍作休息。所謂大瀑布，就是一條大河，從高山上流下來，到黃菓樹，忽然有幾十公尺的斷層，水從高處傾瀉，聲若洪鐘，水氣瀰漫，數百公尺之內，如雲如霧，如置身於霏霏的迷霧之中，頗為壯觀，堪稱一景。

貴州——楊森主席的趣事

車行到貴州省會貴陽市，休息了兩、三天，對貴陽沒留下特殊印象。不過，甲秀樓是當地有名的風景區，四周環境是很幽美的。甲秀樓高懸一聯云：

水從碧玉環中出；
人在青蓮孤裡行。

另外，直覺上貴陽市容相當整潔。聽市民說，省主席楊森最重視兩件事：一是提倡運動，在任何地方，都大力地提倡體育。二是注重清潔。貴州省山多民貧，但他推行的清潔運動，很有成效。

另外，楊主席的花邊新聞，更是膾炙人口，是市民茶餘飯後最愛閒聊的話題。主席的香艷故事，是永遠說不完的。楊主席妻妾如雲，環肥燕瘦，各種品味的都有。子女成群，可以編成一個親子聯隊，究竟有多少，楊主席本人也弄不清楚。市民說，主席每次由重慶回來，子女都列隊在機場等候，主席下機，子女一擁而上，呼喊「爸爸」之聲不絕。主席叫不出名子。就問：「你媽是幾號？」因為妻妾太多，來來去去，物換星移，記名字確屬不易。主席聰明過人，為了節省腦力，像編門牌號碼一樣，簡單方便，的確省掉許多力氣。

主席適應環境的能力強，出任過很多重要職務，除統率大軍在軍閥如林的四川，能不被吞併，在國民政府也出任過方面大員，如重慶市長、貴州省主席等等。在軍閥混戰時代，他能獨霸一方，稱孤道寡。北伐統一和抗戰，他仍能屹立不搖，不失權貴，風流韻事雖多，都能平安度過。傳聞盈耳，惡跡並不彰顯。

來台之後，出任國際奧會主席，歷有年所，推動體育，不遺餘力。他所領導的團體，對他也似無惡評。好騎馬、遊獵，雖年近百歲，趣聞仍然不斷，天賦異秉，非常人所能及也。他有很多與異性相處的祕訣留傳，來來去去皆年輕貌美的高級知識份子，卻從無家庭糾紛或興訟之事，高高興興地進來，和和氣氣地收場，楊老將軍不僅是沙場老將，也是情場中的英雄，真是東方不敗的聖手了。

四維劇校損失慘重

在貴陽市我們停留了三天，又繼續前進。下一站是龍里，其間是一段平平直直的公路，車行其上，甚為舒暢，不會有彎彎曲曲，忽上忽下，提心吊膽的路況。因為道路平坦，失去了警覺心，我們四維劇校，就在此路段發生翻車之禍。好些訓練有成，天真可愛的小朋友丟掉了生命。

四維劇校的源流，我弄不清楚，只知道是劇作家田漢（田壽昌）先生所領導的，田漢與我們師長方先覺中將是軍校三期同學，私交甚篤。田先生熱愛戲劇，中途離開軍旅順著自己的興趣去求發展，方將軍在軍中有赫赫之功，尤其是孤軍力守衡陽四十七天，被俘脫逃之後，重慶大公報譽為：「抗戰的靈魂歸來」！聲名大振，如日中天。

方將軍是第五集團軍副總司令兼二〇七師之長，田漢先生受邀把四維劇校帶到曲靖來，劇校招收的學生，都是十歲左右的小孩子，多數都是流亡家庭的子女。上課、學戲，排演田漢先生的舊劇新作，有布景、有改良，我觀賞過的如：明末遺恨〈崇禎吊死煤山〉、〈六國封相〉及〈將相和〉等，都是舊戲，經田漢先生改良之後，配以布景，更生動感人，不知賺了觀眾多少眼淚。

劇校設在曲靖城內，張秘是劇校的訓導員，田漢和太太安娥（張式瑗）常出現在劇校裡。田漢身材魁梧，安娥小巧玲瓏，兩人是同居關係，沒有正式結婚。田漢認為，有形式的婚姻，是表示對對方的不信任，結婚證書是為離婚打官司作準備，是對愛情的侮辱。田漢這種思想和作為，是很高竿的，是愛情至上的唯美主義者，值得尊重，但不是一般人可以做到的。

四維劇校的車禍，傷了劇校的元氣，也耗費了田漢先生不少的心血，民國三十六、七年，四維劇校在瀋陽、北平演出，仍然是精彩非常，觀眾無不感動得落淚。田漢先生真是一代人傑，可惜文化大革命時被折磨而死。

龍里和我的從軍之念

我的家鄉河北省和貴州省有很大的不同。河北家鄉沒有山，認為山上都是大石頭，這是不可思議的想法。在沒有山的地方，石頭是很珍貴的，如磨麵粉的磨和去殼的碾子，都是若干家出資合買的，再從幾百里外的山上，把成塊的大石頭運回來，運回之後，又請石匠費許多工夫，製成磨和碾子，耗費不貲，所以在河北大平原距離山遠的地區，石頭是非常值錢的。加上交通不便，一輩子沒有見過山的人，比比皆是。

從北京往南，直到湖北邊界，才有雞公山和大別山，幾千里的黃淮大平原，真是廣袤千里，一望無際。可能是環境使然，影響了北方人的性格，都是直來直去，胸無城府。太行山只是河北與山西省的界山而已，山雖高大險惡，但山下是一片廣大的平原。不像貴州處處都是山，平原變成稀有的東西，處處轉彎抹角，忽上忽下，依山勢而行，也依山勢而居。

出了貴陽，第一個市鎮，就是龍里。龍里，在我腦海中的印象，是牢不可破的。蔣委員長之所以發動知識青年從軍，實有深意存焉。龍里是貴陽的門戶，貴陽失守，重慶大門洞開，形勢就不樂觀了，如國民政府在不得已的情形下，遷到西昌。四川一但失守，抗戰勢必無法支持下去。在此千鈞一髮之際，把全國知識青年號召起來，作孤注一擲，成功了，復國大業有望；失敗了，就領著這十幾萬知識青年，作組織流亡政府的打算，再徐圖復國。孰知此一號召，全國響應，風起雲湧，沛然莫之能禦。另外，知識青年認為這是報効國家最好也是唯一的機會，不久，就召集了十幾萬知識青年投効軍旅。

當時我們進修班，剛從洛陽遷到南鄭上課僅僅半年，一切剛上軌道，國家又遭此巨變，心中的恐懼與憂慮，越發使我們感到前途無望，高中能不能畢業，不敢想像；就是畢業了，前途還是一片茫然，一畢業立刻發生吃飯問題，考大學，路費無著，兩手空空，越想越怕。學期中，空軍官校招生，報考者眾，初中畢業以上的都可參加。我決定報名應試。身體檢查極為嚴格，身高、體重之外，鼻孔、耳孔，都用儀器詳細測量。鼻孔不直，耳孔大小不一都不合格，視力、聽力有最低限度標準，最後是由大老美檢查肛門，不合標準的，老美一巴掌就「噢塞」了。

數以千人應試，我知道的只有我和牛碧波兩人考取。臨上飛機之前，我放棄了，我想起九姨和龐主席的勉勵：「再苦也要讀到高中畢業」，打了退堂鼓。只有牛碧波一人飛往成都入學，牛君學運輸，現在在台灣。

不久之後，獨山失守，都勻大戰，日本傘兵降落龍里，重慶震動，國家已面臨了生死關頭。蔣委員長登高一呼，發動青年從軍，全國響應。基於很多理由，一了百了，我又決定從軍了。一位教物理的孫繩武老師嘲諷我說：「好，孔祥熙，宋子文跳舞吃大菜，貪贓枉法，你去保衛他們」，伸出大姆指說：「有價值！」我又決定不去了。

因為高中部的同學，除了身體不合格之外，都從軍了。另外，教育部又令進修班與在洋縣的國立七中合併，前途多艱，未來如何，不敢逆料。於是把心一橫，把名子改了，寫了封長信寄給在天水五中讀書的荊湧澤兄，請他好好地保存，萬一我一去不返或壯烈成仁，這封信就成了遺言，設法轉給家人。

蔣委員長號召知識青年從軍的文告，是一篇動人的文章，據說是出於陳布雷先生之手，文意鏗鏘，擲地有聲，讀之無不使人感奮。青年學生的從軍運動，形成一片狂潮，位於城固古路壩的西北聯大工學院，七百多學生都報名從軍了。教育部長朱家驊專程趕來勸導學生：「抗戰重要，建國也重要，抗戰不能不辦教育，希望工學院能維持下去。」一位年過半百的教授，高聲質問朱部長：「我是不是中國人？」「我應不應該愛國？」朱部長答覆後，又問「我既是中國人，也應該愛國，為什麼不准我從軍？」言語激越，把朱部長弄得下不了台，報紙上大幅刊載，振奮人心，全國都沸騰起來了。結果工學院的學生編了兩個連在六二一團內，團長是彭克負少將，督導員是許功銳上校。都在曲靖大營房右邊一排建築內，與我們六一九團是遙遙相對的。

初到雲南

我們從四川梁山飛抵霑益的時候，步出機場，看到老年人穿著棉袍坐在門前，含著長及一公尺的大煙袋吞雲吐霧；年輕人身著汗衫，忙著工作；小孩子則光著屁股，到處亂跑。「這究竟是什麼地方？」從長安搭飛機的時候，不是冰天雪地，穿著厚厚的棉軍裝，還凍得手腳冰冷嗎？忽然間怎麼又成了青山綠水、春暖花開的人間？講起話來，有四川口音，但比四川話還清晰易懂——原來是四季如春的雲南。

大陸土地廣大，從北到南，從東到西，縱橫數千里，四季的景物各有不同，真是太可愛了，如果執政者能治國如家，把全國同胞揉合團結像一個大家庭一樣，該是一個多美好、多可愛的國家。

我們進入曲靖大營房的時候，正有一字長龍的隊伍排隊要飛往印度，我們失之交臂，如果早到幾天，我極可能赴印度參加遠征軍了。

方先覺與羅友倫

二〇七師師長是方先覺中將，政治部主任是葛建時少將。葛主任好像在抗戰初期是上海市黨部主任委員，上海淪陷之後，領導地下工作從事抗日活動。後被日軍抓到，堅強不屈，被裝在麻袋裡踢來踢去，腦部受到極大的傷害。他任政治部主任為時不久，就被調往他處，主任由副主任謝嗣昇繼任。

師長方先覺中將，是譽滿中外的大名人，孤軍苦守衡陽四十七天，方將軍統率的第十軍，在傷亡殆盡之後，舉槍自盡之時，拍發給蔣委員長的最後一封電報是「來生再見」。但不幸被日軍奪槍俘虜，更使全國軍民感奮無極。最後，脫險歸來，重慶大公報社論譽為「抗戰的靈魂歸來」！

方先覺將軍在青年軍未成立之前，是第五集團軍副總司令。二〇七師成立之後又兼師長一職，後來二〇七師因為接受美式裝備，不得已歸建於新六軍。新六軍本屬於第五集團軍，軍長廖耀湘中將。此時方將軍以副總司令的身份指揮新六軍，但二〇七師又受新六軍軍長指揮，出現不合體制的矛盾。

方先覺寧可辭去副總司令，而不放棄二〇七師師長。結果方先覺調往二〇六師，二〇七師改由第五集團軍參謀長羅又倫少將，臨時調任兩百師師長，未到任權充資歷，又即發布為二〇七師師長。

方先覺師長一八四、五以上的身高，虎虎生風，既是中將，又是名將，全副戎裝，威風凜凜。雲南省主席龍雲，崇拜英雄，給二〇七師很多優遇，如食用純淨的白米，每月加發一雙麻草鞋等等。

羅又倫師長廣東梅縣人，身材矮小，又是名不見經傳的少將，引起士兵的極力騷動，更甚者是龍雲主席立刻停止二〇七師的優待，白米沒有了，立刻變成糙米，麻草鞋也沒有了，士兵不滿處處流露出來。

連上的士兵，有人主張把一個月的薪餉捐出來，請羅師長來參加同樂會，羅師長不便拒絕，士兵把師長弄得下不了台。例如，士兵請羅師長吃飯，羅師長只能口稱糙米營養，強忍著吃一大碗。並聲言，馬靴是國家規定的，其他的鞋子，都可以與弟兄分享。週會，師長講話，士兵不愛聽，有的就分別散去。有時甚至出現旗竿上掛著草鞋。處罰有顧慮，萬一士兵一哄而散，那還了得。這樣下去，軍紀又如何維持？進退失據，只有請求軍政當局支持改善了。所以師長去重慶很久，才把好消息帶回來。每人分發皮鞋一雙，設法疏導，坦率告誡。

羅師長在二〇七師，真是受了不少委屈，無怪乎他在三十五年我們奉命退役的時候，在臨別贈言中說：「這一年我對你們的教誨不多，你們改變我的却不少！」

羅友倫，本來是羅又倫，在東北我們退役之後，二〇七師擴編為新七軍。張越群升為旅長、六一九團由周中峰繼任。(在台曾出任警務處長、幹校校長、安全局長等。)東北戰局逆轉，國軍處於不利的時候，羅赴美就醫。三十九年三月，總統復職，五月我由海南島撤退來台，師長也由美國翩然來歸，住在台北市寧波西街。我由張越群老團長帶我一起去晉見老師長的時候，羅師長高興得不得了，立刻從內室把太太請出來，指著我呈上的名片對太太說：「你看，我的兵在大學裡就是領導人物。」因為名片上有「國立長白師範學院學生自治會主席」的字樣，他把玩者再，喜悅之情，溢於言表。連說：「好！好！」

談到他回台之後，晉見總統，總統問他的第一句話是：「這個時候，你回來幹什麼？」羅師長的回答是：「要和總統共患難！」偉哉！壯哉！話不在多，有用則靈，真是一字千金。這情形和蔣總統在國父危難之際，千里迢迢跑到永豐艦上共患難的情形不是如出一轍嗎？不久，就發表了派羅友倫中將為鳳山陸軍官校校長，上任不久的謝肇齊，坐尚未隱，只有下車走人。

羅又倫之所以成為羅友倫，就是總統在手令上把「又」寫成「友」把少將寫成「中將」，「羅又倫少將」就變成「羅友倫中將」了。時運之來，無可阻擋。羅師長真是一員福將，羅在官校校長任滿之後，調任憲兵司令，負責盡職，對軍紀的匡正，貢獻不小。有一次張越群老團長告訴我：「有空看看老師長去。」我以無事請教為由。張團長說：「軍、師長去見他，必須事先約定，你們去看他，只要寫『前二〇七師老兵』，師長會馬上接見，或另作安排。」羅師長對二〇七的老兵，有深厚的感情。羅有時問我：「擔任憲兵司令時，曾去師大好幾次，看看有沒有二〇七師的同學需要幫助，結果沒有人認識我。」言下之意，他對我們老兵有深厚的愛護之意。張團長說平時老師長也以談二〇七師老兵的趣事為樂。

鎮遠和芷江

貴州皆山，除了貴陽到龍里，有一段平直的公路外，處處都是彎彎曲曲，高高低低的山路，經過龍里、貴定到達鎮遠，才看到在萬山層巒中一些綠州。山勢平緩，河谷寬廣，起起伏伏的丘陵，耕地處處，男女衣著，也明顯的光鮮許多，往來行人，也呈現出快樂幸福的景象，與大山中的居民，是大異其趣的。

貴州皆山，居民種族繁多，只以苗族而言，就有所謂的生苗、熟苗、花苗、獨苗等等，從服裝上可以分辨出來。苗胞都很健康，男性粗壯雄武，吃苦耐勞；女性則健美樂觀，大眼高鼻，細皮白肉，唇紅而齒白，聲音清脆宏亮，唱起歌來，處處應和，也是貴州一景。

西南各省民族比較複雜，尤以雲、貴、廣西為然。但他們都安居樂業，快樂地生活著，如果領導得人，政治清明，沒有野心家撥弄是非，製造仇恨，祈求和平是他們共同的心願。可惜內亂外患，戰亂不停，使他們祈求的安定生活，無法實現。

離開鎮遠，前進就是產簫的聖地玉屏，再前進就到了湖南省的晃縣，再下去就是芷江了。抗戰末期，湖南丟了，芷江是唯一的淨土，因為雪峰山橫亙於東，山高路險，保障了芷江的安全。芷江飛機場，也是最前線唯一的空軍基地。勝利之後，日本的三井武夫代表中國派遣軍總司令岡村寧次，第一位到芷江向我方冷欣中將遞投降書副本的鏡頭，到今天記憶猶新。

百年來，我國在列強環伺之下，受盡屈辱，日本帝國主義為列強中之尤者。馬關條約，日本人槍擊我全權代表李鴻章的一幕，尤痛徹肺腑！當三井武夫解下佩刀，鞠躬、雙手捧呈投降國書副本的時候，我興奮地眼淚直流，當我們以勝利的姿態，步武昂揚的開抵芷江，興奮之情，難以自己，天道循環，逞兇鬥狠的日本，終於有無條件投降之一日。芷江雖然沒有淪入日軍之手，但畢竟是最前線，慘遭日機濫炸是無法倖免的，斷壁殘垣，處處皆是，而且高山氣寒，時有瑞雪飄飛，我們在芷江稍作整頓之後，就要橫跨雪峰山，奔赴長沙了。

橫跨雪峰山

我們分乘大卡車爬越雪峰山的時候，天氣寒冷，山上大雪紛飛，冷風颼颼，徹骨生寒。汽車輪胎都用鐵鍊子纏住，慢慢地爬坡，或慢慢地滑坡，時有驚險鏡頭出現。爬坡的時候如老牛拉車，氣喘吁吁，相當吃力，緊張固然難免，但是還不到太恐怖的程度；但汽車越過山的最高處，開始往下滑行的時候，就不斷地出現驚心動魄的場面，輪胎雖然有鐵鍊子纏住，司機關掉油門，又全力煞車，汽車還是和溜滑梯一樣，從幾十度的高坡忽然地滑下，旋又用全力爬坡，這種驚險鏡頭，把心都給嚇出來了。爬坡的困難是，如果爬不上去，滑下去更危險。下坡則是衝力大，一出事就粉身碎骨。陡峭處，全車全神貫注，怕出危險；彎曲下坡之處，更是考驗司機技術和膽識的最佳場所，一有差錯，就全完了。

從雪峰山腳下的安江，開始爬山，歷盡艱險，直到對面的山腳下洞口，才算過了鬼門關，心才定下來。再往前行，就是詩情畫意的桃花坪了。

「湘女多情」早深烙心中，桃花坪的女子多情，應在情理之中。我是多年的流浪漢又身為軍人，對湘女尤多熱望，可惜停留的時間太短，未能親體湘女多情的溫馨，殊為可惜。

車抵寶慶，稍作停留，是為了接受第三方面軍司令官王耀武的檢閱，也聆聽了滿口山東土話司令官講話。王司令土頭土腦，抗戰八年而未聞其名，一勝利就冒出來，似有突然。王貌不驚人，缺少革命軍人應有的威武氣象。聽他講話，似有誇大虛妄之嫌，不像一位有涵養、富韜略的上將軍。但他位至方面能統率數十萬之眾，應該有他的特點在。之後，又位列山東省政府主席，手握大權，但在軍、政方面，表現得並不出色。最後的結果是土崩瓦解，被共軍俘虜以去，也就可知其才略類與胡宗南、湯恩伯一流人物了。

結束了王司令官的檢閱之後，又前進到湘鄉。湘鄉是曾國藩的出生地，聞其名久矣，我們連長陳瑞徵上尉，就是湘鄉人。久離家鄉，經過了八年抗戰，今任青年軍上尉連長，錦衣榮歸，自然要回家拜堂省親，連長父母高興的熱淚盈眶。把訓導員、三位排長和我，一併請去，免不了觥籌交錯一番。

第二天連長的父母和我們一起前進湘潭。訓導員胡日初先生是湘潭人，當然一番熱鬧是不可免的。雙方的父母會面，相對寒喧而語言不通，使我大吃一驚。湘鄉、湘潭唇齒相依，是密不可分的兩縣，四位老人坐在一起，而語言不能溝通，豈非怪事。

江南，山川阻隔，交通不便，農業社會彼此老死不相往來，日長月久，語言自成系統，口音稍異，意見就無法表達了。語言就是交通，交通有了阻礙，人自然無法團結，割據局面就容易形成。社會的不安，國家的動亂，語言、文字的關係大矣。一個國家的政治人物，反對統一文字語言，而又呼天搶地地推行方言，必然是分化族群，製造動亂的罪人，殆無異議。

三次大會戰後的長沙

在抗戰以後的民國二十八、九年間，我在家鄉讀過一本周恩來題字的書《燼於長沙記》，記載日本兵進攻長沙之前，主席張治中的一把火，把繁榮富裕的長沙燒成一片焦土的情形。事後「張皇失措」的省主席張治中，拿警備司令酆悌、長沙警察局長文重孚及警二團團長徐昆三人頭頂罪。事後，湖南人贈張主席一聯：

治績云何，兩大方案一把火，
中心安忍，三個人頭萬古冤。

橫批是

張皇失措

長沙位於八百里洞庭之濱，本來是富庶的魚米之鄉，長沙的三次大捷，也就是長沙的三大浩劫，自然是斷壁殘垣，一片瓦礫，到處都是殘破景象。

連部以萍逢旅館為駐地，我和文書上士孫之緒住一個房間。孫年紀較大，師範畢業當過小學教員，為人不夠開朗，整天板著面孔，好像有一肚子不滿的情緒。其心情我是了解一點的，他沒有遞補連幹事一職，可能是他的一大心病，有時言語之間會表露出來。花天酒地，他是無錢支應；但尋花問柳，涉足花叢是他的興趣。尤其到了女子多情的湖南，他焉有不一親芳澤之理。

我離家之後，先到邢台南關宏道醫院告別照顧我甚多的淑良九姨。九姨是邢台後期師範畢業後，分發到宏道醫院實驗室工作。我自幼失恃，長期住在外公家，九姨對我的關懷，我心領神會。此次遠離，何日再見，或永遠不能相見，自難預測。九姨吩咐我明天再來，她有話對我講。

第二天我再見她的時候，九姨特別給我一個小包包。內有兩雙雙聚斋的里孚尼鞋和一打連夜補上襪底的墨菊牌襪子。並諄諄告誡我：「這次出去，不要再回來，再苦，也要好好地讀書，家是沒有什麼好留戀的。不要像你二哥一樣地戀家。」誰知道與九姨這一別，真的永別了！

九姨給我兩雙里孚尼鞋和一打墨菊牌襪子，我始終沒有穿，一來是有紀念價值，二來是在那樣窮困的環境裡，太不搭調。當兵之後，更無緣穿了。但是住在萍逢旅館裡，竟丟失了，在我人生旅程裡，是我感到最遺憾的事。

岳陽樓與黃鶴樓

在長沙住了幾天之後，就乘坐大木筏進入八百里的洞庭湖。洞庭湖是大陸的第一大湖，方圓八百里，湖面遼濶，可想而知。煙波浩渺，一望無際，雖在隆冬之季，無狂風巨浪，但舟楫往來，穿梭湖面，漁歌互答，也是一景。穿過洞庭，抵達岳陽縣的城陵磯，暫時住下來，也可以飽覽岳陽樓這座仰慕已久的大古蹟了。

在高中國文課本上，有范仲淹〈岳陽樓記〉一課，是學生必讀，也是後人最稱頌的遊記文章。其文辭之優美，聲韻之鏗鏘，寫景狀物及展示之胸懷，足與日月同輝，永垂萬世。

到了岳陽樓畔，當然是無可取代的參觀過程，但岳陽樓周遭的建築物，是一片瓦礫，無一倖存，唯有岳陽樓巍然獨存於江干，扼洞庭湖與長江滙流處，形勢天成，其重要性可想而知。岳陽樓廣場四周，皆用鐵鍊圍起，又有軍人把守，不准入內參觀。我們兀立江邊，面對浩瀚的湖面，近視遠眺，真是「浩浩蕩蕩，橫無際涯，朝暉外陰，氣象萬千。」遠望君山，在虛無縹緲之中，天地一色，君山猶如仙山，可想像而無法親臨斯土也。

湖面寬廣，猶如無邊海洋，夕陽餘暉，波濤起伏，浮光耀金，湖光燦爛，舟楫在餘暉中，穿梭往來，引人入勝。此情此景，渾然物我兩忘，心凝而神釋，不覺夜幕低垂，玉兔東昇，冷風撲面，寒氣驟至，只有步跚跚而意漫漫的回營去了。

岳陽樓的右方不遠，一大片無一完整的斷壁殘垣，應該是有百餘戶人家的住所，都是在抗日戰爭中摧毀的。百餘戶人家，因之流落四方，抗日戰爭勝利已逾百日，居民因何尚未歸來重整家園？是全部犧牲了？還是山川阻隔，無法回鄉？戰爭造成多少人家破人亡，使一生心血化為灰燼，想到日本軍閥的侵略戰爭，造成民族的仇恨，到何年何月才能冰釋於無形。

在城陵磯只住了一夜，就分乘大木筏前往漢口。武昌、漢口、漢陽，統稱「武漢三鎮」，是我國的心臟地帶。長江自西而東滔滔而下，漢江又從西北直奔而來，滙入長江，武昌在長江之南，是全省的政治、文教中心，省政府和武漢大學均在於此。蛇山公園、東湖風景區以及大名鼎鼎的黃鶴樓都在此文教區內。

漢口、漢陽都在長江北面，為西北而來漢江分為東西兩部分，東為漢口，西為漢陽。漢陽是我國兵工業重鎮，所製造的「湖北造」步槍，是軍隊和民間最普遍使用的武器，其產品之多與技術之精，凌駕河南鞏縣兵工廠而上之。

漢口是商業重鎮，市面繁榮，人口密集，商業鼎盛，鱗次櫛比，位於長江中流及京廣鐵路的中樞，東連京滬，西通巴蜀，利盡南海，北極幽燕，人文薈萃，貨物集散，三鎮鼎足，互為支援，未來前途，已彰彰在目矣。

我們住在漢口北郊的諶家磯，是需要整修的舊軍營，有時逛逛市區，有時乘輪渡江，閒步蛇山。蛇山與漢陽的龜山，隔江相望，形勢壯勝。臨江而建的黃鶴樓，是大大有名的古蹟，江水滾滾而下，而黃鶴樓傲然聳立江邊。登斯樓也，縱目遠眺，武漢三鎮羅列在目光之下，心情何其暢悅！江水滔滔，滌盡萬慮，凝神靜思，誠有寵辱偕忘之感。崔灝的〈黃鶴樓詩〉：

昔人已乘黃鶴去，此地空餘黃鶴樓，
黃鶴一去不復返，白雲千載空悠悠。
晴川歷歷漢陽樹，芳草萋萋鸚鵡洲，
日暮鄉關何處是，煙波江上使人愁。

漢陽是重工業區，讓人缺少一遊的興趣，鸚鵡洲在武昌西南大江中，水漲時不復見，全洲浸入水中，時為冬季，沙洲露出水面，芳草成為枯草，蠻荒小島無人居住，遠處瞭望而已。我們在諶家磯度過了三十五年新年，第二天，部隊就改乘江輪東下，直奔上海而去。

沿途三晤樹棟表哥

在此我必須一敘與樹棟表哥一路上三次晤面的情形。

表哥長我一歲，我們一起長大，一塊玩耍，從小學一年級，一直到高小畢業，當了六年的同班同學，表哥的字寫得非常漂亮，好吹口琴，喜歡唱歌，甚至勞作和繪畫都是我望塵莫及的。我倆人的功課不相上下，但音、勞、體、美，除了體育之外，我樣樣不如他，尤其是我最不喜歡唱歌，反而是他的最愛。六年讀書生活，沒有一次超越他，在班上，他是鐵定的第一名，我也總是尾隨其後，甘為第二。

抗戰開始那年，我讀了半年初中，他沒有去讀。當我初次離家，欲投奔大後方的時候，表哥是和我一起走的。先到邢台南關宏道醫院看看九姨（表哥的九姑），再到臨洺關，住在李家村天主堂內。天主教堂有小學，是曲周縣的焦揆一先生主持的，也是投往後方的交通站。

我們在小學內住了近乎一個月，因路面不靖，彰德一帶有戰事，鐵路不通，同時表哥也很想家，拉我一塊回去。所以在第二次離家的時候，表哥就有了多層的顧慮踟躕不前了。我找有點親戚關係的李鴻賓大哥，再次投到李家村來。

當我路過邢台，再度前往見九姨的時候，她就訓誡我：「出去了，就不要再回來，家是沒有什麼好留戀的。不要像樹棟那樣戀家。」等我到洛陽，按部就班地讀書以後，表哥在家受到輿論的壓力，才又孤孤單單的一個人，坐津浦鐵路的火車，到安徽界首，再千里迢迢地到洛陽找我，也進入進修班讀書。因為表哥沒有讀過中學，只有從一年級讀起，時我已是初三的學生了。

表哥因為年紀大了些，生活又苦，展望未來，不樂觀的成分居多，讀書的興趣銳減。勉強讀了一年，空軍機械學校在洛陽招生，表哥拉我一塊去考，他考機械士，我報考正科生。

錄取之後，表哥決定赴四川銅梁受訓，我因畢業在即，又感到九姨的諄諄訓誡而放棄，表哥離去後，享有士兵待遇，每月準時給我寄來十元，以解我燃眉之急，使理髮費用有了著落。十元雖少，予我的幫助實在太大了。表哥是大舅的第二個兒子，因為一起長大，一起讀書，又一起受苦，所以我們兩人的感情是一般親兄弟所不及的。

三十四年勝利之後，二〇七師從雲南出發，因為青年軍的來頭大，牌子響，所到之處，都受到社會的重視，報紙騰載，民間轟傳。表哥接受訓練完畢後，也奉調開赴上海，接收江灣機場，所經路線相同，停留的地點也多相似，所以我們部隊到達芷江的時候，表哥就按圖索驥的來找我。到長沙，和表哥又會面了。到了漢口，又和表哥玩了一天，到上海，路不熟，又因工作的關係，不能脫離部隊太久，未能見上一面，就此一別，竟匆匆的過了六十多年了。

兩點感想

我們在漢口過了新年的第二天，就乘江輪直奔上海，雖然在安慶、九江、南京都有停留，但時間不長，僅上岸走走，走馬觀花一下，留有一粗淺的印象而已。

安慶是安徽省的省會所在地，街面不寬，石板鋪地，高高低低，市面冷清，不像一個省的首府。九江滿街都是磁器，樣式繁多，玲瓏剔透，美不勝收，想買而無法攜帶，看看而已。南京也只有在下關逛了一下，又匆匆登輪而去，無可記取。船抵上海，就列隊徒步到上海的邊陲七寶鎮，駐紮下來。直到過了農曆年的第三天，才乘江輪去秦皇島，準備出關，接收失掉十四年的東北國土。

從新年過後到農曆年之間，在這一個月左右的時光裡，我們住在七寶鎮。感想殊多，應有一記。

一、是幣制兌換的問題，實在太荒謬了。在雲南的時候，二等兵薪餉是三十元，後來漲到五十元。當了連幹事，成了准尉，月薪是一萬元，可以買二十五斤大餅，升了少尉，月薪是一萬二千五百元。到了上海，我升了中尉，薪餉是一萬五千元。以政府的規定：我們使用的法幣一元，可以兌換二百元淪陷區通行的偽幣。我一個月的薪餉，可以兌換三百萬的偽幣。換句話說，淪陷區同胞，日夜盼望勝利，回到政府懷抱，克勤克儉，積存下來的一百萬元，一夜之間，變成五千元，兩百萬變成了一萬元，他們是立即的受害者，該有什麼感想呢？就是自己的政府對自己的同胞，太缺少愛心，太不人道了。地區淪入日軍之手，人民沒有錯，守土有責的是政府，反過來，政府要懲罰他們，道理安在？被日軍統治下的人民，興高采烈地投入政府的懷抱，簞食壺漿以迎王師，而政府竟用如此惡毒的政策，怎麼不讓做了八年亡國奴的同胞寒心、痛心。

二、接收變成了劫收。上海是燈紅酒綠、歌舞昇平的繁華地區，雖在日本統治時期，也是龍蛇雜處，各色人群聚集淘金的地方。「商人不知亡國恨，隔岸尤唱後庭花。」就充分說明了上海無論在任何時期，人人都是在淘金、揮霍、享受，在紙醉金迷、爾虞我詐中生存討生活。

勝利之後，從重慶飛來的接收大員，在大後方過了八年艱苦的日子，勝利了又突然來到這十里洋場的上海，能潔身自愛，不縱情享樂，能有幾人？凡是與敵、偽有關的財產，房屋、汽車和一切用品，接收人員都可以查封處理，或據為己有。被查封的，也只有拱手讓人。據上海人說：接收上海的錢大鈞市長，把上海最值錢的黃金地段，九江路和霞飛路，一頭貼一張蓋有「上海市政府」皇皇大印的封條，這兩條大街就變成錢大鈞市長的私有財產了。那時上海流行的房子、車子、女子、金子、票子的「五子登科」，也可能不是虛言枉語了。接收大員那種狂妄自大，目無法紀的傲慢心態，沒有一點規格的行為，胡整亂來，真是傷透了老百姓的心。

我常常一個人在靜靜地想，勝利的太突然了，政府沒有一點心理準備，美國原子彈一丟，日本就投降了。淪陷區共產黨的勢力很大，也在爭取時間，搶著接收，等於和政府在搶位子，誰搶到了，就是誰的。

政府領導八年抗戰，為的就是爭取勝利。所以一勝利，政府就匆匆忙忙地派某人接收某地，並自行組成班底，政府那有時間去審核任用資格和人品，能力和操守呢？班底組成就匆匆上路與共產黨比快。在大後方受了八年的痛苦生活，食求果腹，衣求蔽體，一旦烏鴉變成鳳凰，餓貓成了猛虎，社會秩序之失常，就是意料中之事了。

如果沒有原子彈，我們反攻的軍事行動，已經開始。日軍勢成強弩之末，敗兆已現，報紙上天天都有捷報傳來，今天收復了柳州，明天攻克桂林；孫立人的新一軍，兵抵蒼梧，即將順流而下，進攻廣州，捷音頻頻，人人振奮，勝利曙光已現，勝利的到來，已為時不遠！

在邵陽日軍戰俘營裡，我發現一位文質彬彬，年已半百的日軍戰俘，接談之下，他會講漢語。他表示戰爭打不下去了，即便美國沒有原子彈，也無法支持下去。日本國內已沒有年輕力壯的男人，各機關都是女人，卡車司機、維持治安的警察、各級政府推行政令的，清一色的都是女人、老人或兒童。他說：「連他五十多歲的京都大學教授，也被徵調赴戰場了，這種戰爭還能打下去嗎？」

戰爭要人，我們的勝利，不是很快就要來臨了嗎？美國原子彈一丟，使政府亂了陣腳。幣制的兌換，是一大錯誤，接收人員的失德，也是一大錯誤。天上掉下來的大好良機，竟變成民怨的根源，埋下了大陸浩劫的火種，這是人謀不臧，還是天意？

一件趣事

另外有一件趣事，也值得一提。在上海，我們連上住在七寶鎮一姓金的中上之家，屋舍儼然，窗明几淨，一切設置不像平常人家。一位花樣年華的金幗英小姐，在家中似有特殊地位。上海英專畢業，眉清目秀，身材中等，穠纖合度，進退如儀，頗為可人。因為住在同一個院落裡，有很多聊天機會，言語之間，她對政府的多種措施，頗多微詞。

她去過蘇北共產黨的老巢，而對共產黨地區的作為，也多有批評。青年人對時局不滿，是正常現象，那時有句流行的話：「有志青年向左走，頑固分子守右營。」政府的措施乖張，接收人員表現的許多失序現象，實在太失人心了。但共產黨的殘暴不仁，清算、鬥爭、惡霸、善霸之說，尤使人望而生畏，思之驚心！金小姐不滿與憂慮，自在意中。我告訴她：「國民黨不好，不等於共產黨好，推翻一個不受歡迎的國民黨，迎來的可能是更兇狠、更殘暴的共產黨，老百姓更苦了。國民黨腐敗貪汙，還能讓你活下去，但是共產黨的清算、鬥爭、三反五反，想活也活不下去了。」

金小姐去市區，有時很晚才回來，家人等她回來，才能拿錢買菜做飯。上海人的習性，把鈔票都帶在身上，購物露白，就會受到尊敬，和北方人的習慣是完全不同的。

北方人是少帶錢出門，有錢，也分放在幾個口袋裡，以免他人見財起意，招致禍端。有人說：「錢不露白，是不引誘人犯罪的道德表現。」社會風氣形成，影響人們的習性，環境使然也。

我們在離開七寶鎮之前，我特地寫了一封長信，放在金小姐衣服間的大衣口袋裡，給她解釋共產黨的諸多問題與不當，希望她認清共產黨的真面目，以免一失足而遺恨千古。幾個月之後，我們住在瀋陽鐵路西邊滙豐銀行裡，準備赴四平參加會戰的前夕，忽然接到金幗英小姐的來信，字跡娟秀，文理清暢，她對我的意見，表示感謝，並希望勿失連絡云云。

這封信我保存了很久，直到四平會戰結束，我隨督導員被派到吉林省磐石縣政府之後，檢查行囊，金小姐的信不知道弄到那裡去了，真是遺憾。

三十六年，我代表長白師範學院青年軍復學同學，赴浙江嘉興夏令營集訓的時候，有意去七寶鎮探望金小姐，終因失去地址而無法成行。說也奇怪，三十七年底，我由北平逃到上海，給在戡建大隊工作的李鴻賓大哥寫信，請予支援，李大哥說他太太認識我，想不到楚楚可人的金幗英小姐，竟然變成了李大嫂，真是有趣。

三十八年我在衡陽，住在湘江之畔的新京中學內，忽然接到李大哥寄自上海的信，說上海局勢危殆，終有失守之虞，欲來衡陽，再行設法。當時京滬大局已亂，市民紛紛逃亡，郵電中斷，從此就與鴻賓大哥鱗鴻杳絕了。

東北天寒：嚇退了上校

另一件事，值得一敘的，是我們六一九團督導員劉各匈上校。前面提過，劉督導員是湖南新化人，聞名全國的新化銻礦，就是劉家的獨占企業，當然富甲兩湖，而無人可望其項背。抗戰之初，劉先生就赴義大利留學，凡七年之久，到抗戰末期，國內局勢危殆，德義軸心也幾近瓦解，劉先生擔心國破家亡，回國無門，恐懼與義憤兼而有之，故而響應領袖號召，束裝返國，投筆從戎。

劉各匈，一位在外國讀書的留學生，獻身國難，扶危圖存，自然受到政府的歡迎和重視。在重慶復興關幹校結業之後，就派為六一九團上校督導員。劉督導員與我們第四連連長、訓導員都是湖南同鄉，故常來連上聊天。督導員愛下象棋，但棋藝不精，與我這爛棋手在伯仲之間，但我這小小的尉官與上校對奕，總得禮讓三分，盤盤皆贏，有失禮貌；盤盤皆輸，又怕不視為對手。總是不全輸，也不全贏，用以維持督導員的興趣，所以督導員對我的印象不錯，認為兩人棋藝無分軒輊，可以一戰。我從准尉幹起，半年之間，到達上海，已經晉升到中尉，這和督導員對我的印象，不是全與無關係的。

在上海準備赴東北的前幾天，督導員特別問我：「東北很冷，小便要拿棒子嗎？」為什麼？他說：「不敲，一凍就尿不出來了」又說：「最冷的時候，朋友對話只見嘴動而沒有聲音，解凍之後，滿天都是講話的聲音。」督導員問的近似神話，可見他對寒冷的恐懼心態。東北寒冷當然不在話下，是否拿棒子敲，只見嘴動而沒有聲音，恐怕就言過其實了。（我嘗戲言：國家法律訂一條「長江以南的人犯法，判去黑龍江工作若干年。」可能更有嚇阻效果。）

等到我們登輪之後，督導員不見了，事後六二〇團督導員張榮春上校告訴我：「劉督導員向師長請長假不去東北，師長厲聲警告劉：『養兵千日，用在今朝』，說到激動處，手槍都拿出來了！」劉不敢違抗，在上船之前，換上便衣走了。

劉離去之後，督導員沒有了，全團十幾位訓導員，開會公推一人暫代遺缺。訓導員都是年輕氣盛的精壯之士，彼此之間很難一致，多次協商而無結果，最後才在大家皆無異議之下，共推第四連的胡日初上尉，暫膺重任。

胡先生在一團之中年紀最大，軍階上尉，是全團少數低階之一。但人緣好，不樹敵人，嘻嘻哈哈，人多以「胡大哥」稱之。但督導員是上校缺，只好晉升少校，佩中校領章，權代督導員一職。

此一事件，引發我許多感想：學識能力，固然重要，但所謂的人際關係更為重要。沒有人和，就沒有幫手；沒有幫手，一個人單打獨鬥，隻手擎天，是一事無成的。胡先生就因為人際關係好，從代理到真除，官運亨通，又以督導員的身分出任了吉林磐石縣長，真是一帆風順。

胡先生離開了第四連，連訓導員一職，我就順著桿子爬上去了。胡先生出任盤石縣長後，風雲際會，我也出任了教育科長，真是笑話。一位高中沒有畢業，毫無社會經驗二十歲出頭的毛頭小子，科長一職，我是頂不起來的，不僅業務不明所以，公文呈轉流程，我也是瞎子摸象，無法通其全貌。結果和縣長商議，我是頂著科長的名義，實際做股長的工作，科長一職，另請縣黨部的書記王德本先生代理，這是後話。

棋錯一著，全盤皆輸

劉各匈先生沒有隨軍隊去東北，是一步錯棋，但却成全了胡日初先生，我也因此沾了便宜。大陸失守了後，劉先生也來到台灣，求見幹校教育長經國先生，未得要領。初到台灣，人浮於事，工作難覓，生活發生了困難，後經幹校同學設法，在後備軍人會謀得閒職，解決困境而已。

劉先生是新化縣大財主，他是含著金湯匙降生到劉家的，刻苦、耐勞、冒險、精進對他是很陌生的。不但缺乏高瞻遠矚的眼光，也沒有深謀遠慮的思維，擺在眼前的問題，不思解決之道，能拖就拖，能躲就躲，無法拖或躲，就一走了之，富貴之家的子弟，大多如此。在嬌生慣養中長大的子女，創業無能，守成無法，他們根本無法了解「艱難、痛苦」的真正含意，更不明白民生疾苦是如何形成的。「何不食肉糜」是他們直覺上的感受，這些人物一旦執掌政權，能為人民服務嗎？能出生入死地拯救國家危亡嗎？

國和家，都是一樣的。把歷代創業與覆亡的一批人物來比一比，就一切都了然了。但手握大權，支配國家命運的人，不是不明白這些道理，但權力在手，選才用人就走了樣。「唯命是從」是任用幹部的唯一標準，大小機關，都是一脈相承。看多了，聽多了，我深信一個團體的良窳，端在領導一人，「舉直錯諸枉，能使枉者直。」有幾人能深體斯旨，公正從事呢？政事停滯，績效不彰，信用貶值，人心渙散，社會動亂而至傾圮，皆基於此。這是真理中的真理，普世不易的價值，有權當位者，有幾人能秉公力行，也用以約束自己的部屬？

登陸秦皇島，開拔出關

部隊乘軍艦在朔風凜冽中，航行了三天，到達與東北遼寧最接近的秦皇島登陸，時隆冬天氣，港灣都為厚冰所封閉，前有破冰船突破冰層，運兵船隨後跟進，冰塊互撞，聲勢驚人。萬一落水，將永無生日。登陸之後，稍加整頓，登上北寧路的火車，穿過「天下第一關」的山海關，即直奔出關後的第一大城錦州而去。

在錦州使我印象最深刻的，是整隊入城的場面。六一九和六二〇兩個團，士氣昂揚的進入市區，步伐整齊，全新的美式裝備，耀眼生光。何況我們二〇七師都是大學、高中的學生，年輕力壯，精神煥發，威武壯盛的軍容，使夾道歡迎的人們，喊聲震天，歡呼之聲，震耳欲聾。歡迎的人群中，有許多日本僑民，東北同胞指著我們對日本人說：「看看我們的國軍，這樣鋼鐵般的隊伍，你們日本人還敢欺負我們嗎？」歡樂的人群，很多流著眼淚，聲嘶力竭地高呼，

「國軍萬歲」，「中華民國萬歲」。很多日本人也跪地拱手膜拜者，錦州市整個沸騰起來了，淪陷了十四年東北同胞，朝思暮盼的日子終於到來了，他們能不歡呼興奮嗎？

我們兩個團集合起來，聽龐宗儀團長講話的時候，市民把大操場圍得像鐵筒一般，龐團長是河北冀東人，口齒清晰，東北同胞聽起來，尤感親切。將軍一身戎裝，金星閃閃，中等身材，方面大耳，與衛立煌頗多近似，正統軍校八期畢業，是軍校的黃金時段，前途應該是一片錦繡，可惜龐團長在操守上有些瑕疵，仕途多舛，坎坷屢現，沒沒以終，識者惜之。

三十六年東北局勢逆轉，共軍不遵守停戰協定，屢屢發動以大吃小，破壞交通，以農村圍攻城市進行戰爭。我趁學校暫時停課之便，把全部的家當放在同學馬穎濱家裡，去瀋陽玩幾天。我們第四連的朋友們，帶兵或從政的很多，半年不見，朋友們的熱情，使我感動。回去時公主嶺一帶中長路被共軍挖斷了，必須由軍方汽車接駁，龐將軍主持其事，手續繁瑣搭乘不易，我面謁龐宗儀請予方便，他嚴詞拒絕，態度極欠友善。

我一氣之下，返回瀋陽，連絡幾十位復學的同學，一狀告到司令長官部，指出龐將軍的種種不法。由長官部車蕃如中將接見，不久龐將軍就離職調回關內，他反而因禍得福。到台灣之後，在陸軍總部幹過幾年閒差，也在文化大學擔任過總教官，目前早已不在人間了。

帶兵固然要紀律嚴明，不徇私，不舞弊，但順水人情總是免不了的。在不違法的能力範圍之內，予出生入死的胞澤以援手，予以方便，總是人情之常。我們六一九團上上下下都對張越群團長具有好感，張團長對部下也親切關懷。五十四年，張團長辭世，我特地趕往鳳山參加他的葬禮，同時任警務處長的周中峰也及時前往，擔任主祭。六一九團的阿兵哥去的不少，這表示人與人之間，總應有些情感維繫，如果視朋友如衛生紙，用完就丟，社會豈不是太冷漠了。

我因為龐將軍拒絕協助，回不去吉林，只有在瀋陽等著學校遷到撫順，我才順利歸隊，免受了不少苦難。

河北省的二張

寫到這裡，我想再多說兩句，就是我們河北省的「二張」：一張是張寶樹先生，一張是張厲生先生。

張寶樹先生是河北高陽縣人，黨官幹得不小，位列國民黨秘書長，他的發跡是龐炳勳先生一手提拔的。龐先生在抗戰中期，是二十四集團軍總司令，轄四十軍、新五軍和二十七軍，有十萬之眾。兼任河北省政府主席和省黨部的主任委員，黨、政、軍一把抓。張寶樹、吳延環、李鐵秋、趙鐵寒，常夢月等都是黨部委員。龐先生慧眼獨具，任張寶樹為書記長，河北黨務由張代拆、代行，信任不為不專。

民國三十年我從家鄉逃出來，投奔龐先生之後不久，龐先生又委託張寶樹、吳延環去重慶之便，把我由太行山中的林縣帶到洛陽。這件事讓我對張、吳二位先生，始終有些感念。

吳延環委員待人親切，直來直去，沒有虛套。雖然講話武斷，好下結論，但他始終對我沒有外氣。吳對龐主席也始終禮敬有加，經常照顧。

但張寶樹到台灣之後，平步青雲，榮任國民黨中央黨部秘書長，凡長十數年之久，從不登龐府大門一步。過去吳委員帶我去向張家拜年，說：「老關係，看看寶樹去吧！」去了一次，就再也不去了。因為張秘書長的表情，使我老大不舒服，我認為沒有向他折腰的必要。

這樣好的關係，有，滿不錯；不然，就形同路人。何況我與張寶樹的妹夫程寶珠，是一起隨張寶樹逃到洛陽，也是很熟的朋友，張寶樹退休之後，行動不便，整天坐在輪椅上，希望朋友常常去聊天，有朋友打電話勸我去看看他，這麼密切的關係，不去是不好的。我始終沒有去，因為我不知道見面之後，要說什麼？他當朝一品，架子十足，退休之後，門可羅雀，也無怪乎他太太說：「是六親不認的結果。」

張寶樹在紅到大半天的時候，台灣銀行董事長任顯重先生，幾次拜見張秘書長，希望借重師大畢業的女公子到台銀服務，張秘書長不允，後又拜訪吳延環委員，請吳委員從旁說項，當時我在吳府，親耳聆聽，應該不會有錯吧！

事後，我曾告訴吳委員，如果我的兒女是台大財經系畢業的，非找任顯重進台灣銀行不可！任在官場關係好，不久榮升財政部政務次長，部長的位置伸手就到了。不知為什麼竟被郭婉容部長給弄掉了。官場如此，豈能不令人慨歎？任官場失意，有志難伸，因之悒悒以終。

再說說方哲然先生吧！在張寶樹當中央黨部第一組主任的時候，方先生任第一組處長。張寶樹的文稿、講稿，多出於方哲然之手。張升任秘書長後，李煥出任第一組主任，副主任一職，李煥簽請由方先生升任，李並告訴方，先知會秘書長一聲，方自認與秘書長的關係，非比尋常，沒有先活動的必要。方曾告訴我，張寶樹為了在黨大會上的講稿，把他關在陽明山五天不准回家，這種關係方自認再去拜託太不像話了。

但公文一批下來，方哲然三字被抹掉，改成賴順生。方一氣之下找秘書長理論，張的說法是：「我是河北人，不能再用河北人了。」這是什麼邏輯？在張寶樹的內心深處，為了防疑和爭取上級的信任，不但河北人不用，連北方人都靠邊站了。在張寶樹任內，從不提拔一個北方人，既是北方人，一律靠邊站，受不到他的照顧。

方哲然一氣之下不幹了，外放高雄縣黨部主任委員。任滿後調高雄市黨部主委，又調彰化縣，直到退休，移居台中市。八十六年方先生去世，八年之後的九十四年，方夫人王礪女士亦溘然而逝，張寶樹也提早魂歸冥府。

像張寶樹這樣的人，完全以個人利害出發，什麼友情、道義，統統不放在他眼裏。他對提攜他最力的龐炳勳先生的絕情，就說明了一切。

河北的另一張，是張厲生先生。在大陸時期，他就幹到內政部長，到台灣之後，出任過行政院副院長、駐日本大使、中央黨部秘書長，官當得不小。

我不知道他的底細，我只知道韓克敬先生赤手空拳創辦的勵行中學，就毀在他手裡。在勵行沒有出事之前，勵行校譽之隆，執全省私立中學的牛耳，騰天貫日，無不欽服，韓克敬先生有理想，有做法，自許要發揚南開張伯苓先生的辦學精神。在勵行發生不幸事件之後，張厲生這位掛名的董事長，就變成了有實權的大老闆，不幾年，就把勢如中天的勵行中學搞垮了，並且徹底地消滅，屍骨無存。

張厲生發跡之後，在河北有一個小組織「誠社」，糾合了一些小嘍囉為其搖旗吶喊。韓校長與「誠社」中的成員，有些邊緣關係，創辦勵行，當然要請一位在政府有點地位的人物任董事長比較方便，這就是張厲生當掛名董事長的來龍去脈。

董事會對校務，沒有置喙的餘地，只每年由校長宴請一次表示表示而已。但韓校長夫婦雙亡之後，假董事會就變成有實權的董事會了，董事們有了待遇，家中也配有佣人，中華路的致美樓，變成了董事會的私有廚房，終日飲宴不斷，皆以「商談校務」為名，由勵行買單。一所正在發展中的私立中學，那有能力填得飽這些饕餮無饜的餓狼。沒有幾年，永和市竹林路堂堂大名的勵行中學，搖身一變成太平洋百貨公司。勵行中學──韓克敬先生一生的心血，就這樣被張厲生消滅了。

勵行不僅是韓克敬先生的一生心血，也可以說是河北人辦學精神的展現，也是河北人流落到台灣，對台灣社會做出的一些貢獻，是彌足珍貴的。韓校長最崇拜張伯苓先生，他創辦勵行，也自詡是發揚伯苓先生創辦南開的精神，但是這種成就、這種精神，竟然被南開出身的張厲生，一手給摧毀了，被消滅了。伯苓先生地下有知，應當悔不當初招收這樣的學生吧！

有人評論二張，雖然資質平庸，沒有遠見，也少魄力，非治國之才，也不堪負方面之任，但操守尚無瑕疵，無貪瀆惡名，可能屬實。因為二張自知他們在政府中的花瓶地位，潔身自愛，尚恐不及，何敢逾越分寸，而自取滅亡。

張厲生出賣韓克敬獨資創辦的勵行中學，合理的推斷，他絕非潔身自愛之士，非不為也，是不敢也；非不貪也，是不敢貪也。苟有機會，他決非自愛自好之士也。二張可為一丘之貉，燕、趙多慷慨悲歌之士，竟出現二張這樣的人物，而擠身廟堂，參贊樞機，黨國前途，能不令人惄然憂心乎。

四平會戰，林彪主力，完了

言歸正傳，再談我們出關的二〇七師吧！我們離開錦州之後，本來計劃是直奔瀋陽，驅逐尚留在瀋陽的俄軍殘餘勢力。又聽說共軍要炸毀熱河省阜新煤礦，我們六一九團就連夜開到阜新附近的新立屯駐防，以防不測。事情過去之後，我們又開拔到瀋陽南面不遠處的蘇家屯。

蘇家屯好像是日本人的集中住宅區，一棟棟的小洋房，都住著日本的婦女和小孩，好像沒有見到年輕力壯的男人，甚至連年紀大的老年人也不多，言語不通，可以紙上交談。一般的日本男性一臉橫肉，粗魯不文，少有氣質高雅君子型的人物。但日本女人則溫文婉約，眉清目秀，與日本女人相處，親切和藹，有賓至如歸之感。

她們知道我們是青年軍，也知道蔣委員長發動的知識青年從軍運動的來龍去脈。她們說：「青年從軍運動，在日本人心理上發生的影響，比原子彈還可怕。」她們都知道，戰爭是打不下去了，她們對蔣委員長發表的「以德報怨」文告，充滿感激。當她們看到我們壯盛的軍隊對日本僑民的秋毫無犯，感激之情，充分表露在言行之間。

我們在蘇家屯住了相當一段時間，又移防瀋陽鐵西。鐵西是東北的重工業區，鐵路密如蛛網，火車穿梭在各大工廠之間，飛機、大炮、坦克車，火車頭等等重兵器，都由鐵西承造。鐵西工人，就有一、兩百萬之眾，鐵路以東是住宅區。

總的說來，瀋陽是工業城市，也是兵工業的中心，其規模宏大，全國無可匹比。我認為東北最適合居住的應該是長春，街道寬廣，林木茂盛，空氣清新，整個長春市，像個大花園，除了冬天寒冷之外，應該沒有什麼可挑剔的。

在鐵西，我們連部設在滙豐銀行內，等到廖耀湘的新六軍，完全抵定了安東之後，調轉過來，趕到遼北四平，時林彪的十幾個縱隊十幾萬人，已被我軍團團圍住達一個多月之久，等廖兵團到了之後，休息了幾天，就展開攻擊，本來我是奉命留守的。我決定要求上陣殺敵，我認為如此大規模的戰爭，如置身事外，將為終生憾事。

四平是遼北的省會，是主戰場，由新一軍、新六軍、五十二軍等久經戰陣的部隊去攻堅。把四平東面的北豐，又稱西安，留給二〇七師去清勦。西安也是重要地區，西安的煤礦，也是赫赫有名的，我們進攻西安，也經過一番鏖戰。敵人的炮火雖不夠猛烈，但我方炮聲掩蓋了如刮風一樣的機槍聲，只見塵土飛揚，我身邊的一位駕駛兵，大叫一聲：「媽呀！」就倒地而死。

東北同胞幫我們送子彈、食物、打罵不退，可見同胞仇日愛國之一斑。炮聲一停，衝鋒號就響起了，我們一衝向前，進行白刃戰，但共軍望風而逃，死傷累累，說「血流成河」是形容詞，說屍骨成山，倒是所言不虛。經此一戰，遼北光復了，一堆堆的屍體，橫陳街頭，中彈負傷者，棄械投降。經此一戰，增廣了我不少見聞，也平添了我許多感想。

心生反戰之念，派往磐石縣政府

戰爭實在太可怕了，我直覺的想到：自呱呱墜地之日起，父母用了多少心血，把一個天真無邪的孩童，一天天一月月撫養長大，多麼辛苦。又在千辛萬苦中，使其受教育，讀詩書，把全部希望都寄託在兒子身上。一旦長大成人，從軍報國，投入戰場，一秒鐘，一個生命就結束了，父母的希望落空了，太不經濟、太不人道，也太可怕了。為什麼領袖人物整天所想的，都是爭城擄地，殺人盈野而毫無憐惜之心？為什麼殺人越多，擄地越廣，越受到世人的崇敬？被殺的人，被毀掉的家庭，又向那裡去哭訴呢？

我思想起伏，無時或已，躺在炕上，常常驚呼而起，如此者數日，心神不寧。仗，已經打完了；林彪已潰不成軍，長春市的溥儀皇宮，我們是開著大卡車進去的，已空蕩蕩的不見一人，軍隊已不血刃的抵達松花江畔的陶賴昭，哈爾濱已是一座空城，光復整個東北已是指顧間事。仗是不會再打了，我要退伍，另覓讀書之路。

於是我寫了一封信給羅友倫師長，羅師長知道帶青年軍與一般部隊不同，他立刻召見並告訴我：「信看到了，很好，你想打仗也沒有機會了，政府要我們接收三個縣，我派你隨胡督導員去盤石縣政府吧！」就這樣於五月中旬，我就隨胡日初縣長到盤石當教育科長去了。

同時追隨胡縣長一起去磐石的有：王庭月任民政科長，武建傑任民政科股長，馬志祥任庶務股長，吉世耀（吉星文的小叔）任出納股長，孫之緒任監印，二〇七師到東北之後，新增加了營訓導員，第二營的訓導員陳仁農任主任秘書，六二〇團的一位唐營長任警察局長，各分局或重要地區的派出所長，以及縣政府的衛兵司令，多由我們第四連弟兄出任。縣長室的工友徐秋陽，就是我們第四連政工室的傳令兵。

我原在第四連當兵、當幹事、當訓導員，都和他們在一起，也一向感情融洽。在磐石，我真是得天獨厚，天時、地理、人和集於一身，一呼百應，神清氣爽，是我一生之中，最愉快、最得心應手的時候。同時我愛塗塗抹抹，經常在報紙上寫寫小文。因之，兼任了《吉林正義日報》駐磐石記者，磐石縣的任何活動，都會在報紙披露，另外也兼任了《長春新生報》通訊員。記得《長春新生報》有一段故事，值得一敘。

沖喜

《長春新生報》是大報，每天出版幾大張，在東北輿論界相當有份量，新生報的副刊在寧可先生主持之下，也頗受歡迎。一天，新副刊出一篇好文章〈沖喜〉，我仔細拜讀之下，始知在北方普遍流傳的荒誕故事，果有其事。文章內容大意是：一位富家的獨生子，患有重病，遍求名醫，皆束手無策，不得已而求神問卜。卜卦上說：「沖喜」或可有救，因為人逢喜事精神爽，精神一振，喜氣一沖，百病全消。此一說法，只有耳聞，都未曾一見。這篇文章的作者是邱芬小姐，這是她自已親身的經歷。

她說：她高中畢業那年，有人作媒與患有重病的男子結秦晉之好，患病的父母希望用沖喜的方法，祈求挽救兒子的寶貴生命，結果在父命難違之下，只有和患病的男子舉行結婚大禮，男方是由兩人攙扶著，病體懨懨的面無人色，頭一直低垂著抬不起來，眼睛好像始終沒有睜開過。結婚大禮中的拜天地、拜父母，好像他都沒有知覺，都是攙扶他的人依樣劃葫蘆的行事。結婚完畢之後，還沒有等到入洞房，就在原病榻上一命歸西了。

接著邱小姐就細述她的身世。她也是富有之家的女兒，因為父母和夫家是通家之好，也很早就與先生相識，說得上是門當戶對，青梅竹馬。因為男方父母的懇求，父母也對男方抱有希望，就勉強答應了，也因此造成了邱小姐不幸的命運。

憑心而論，男方也是書香之家，在地方上也負有清望，過門兩年了，公婆視她如同已出，疼愛有加，她指不出公婆的任何不是，但是她還年輕，如果有一男半女，她還可以抱有一線希望，現在公婆已邁入中老年，她能孤零零地一直守下去嗎？如果在公婆百年之後，她又該怎樣生活下去？她徬徨無依，常常夜不成寐，所以才借「新副」一角，希望得到指引。

文章寫得極清麗，敘事明暢，具見真情。我深受感動，因此也寫了一篇小文寄去。但「新副」沒有刊登，卻把小文直接轉給邱小姐，邱小姐也就直接寫了封信來，希望有見面的機會。那時因為我離開磐石在即，又忙著辦理復學的手續，沒有回信。復學之後，又是新環境，回信的事就一直耽擱下來，以後又踏上遷徙之途，與邱小姐相約見面之事，就無疾而終了。

如果以文論人，以字評人，邱小姐應該是不錯的，她頭腦細密，思慮周詳，字又娟秀，有近睹也有遠觀，失之交臂，殊可惜也。

胡日初先生的知人與自省

再回過頭來，回憶一下在磐石縣政府工作的種種。在磐石，我的心情是愉悅的，但科長職務的壓力，我實感有重擔在身，無法負荷之感。經常在夜深人靜的時候，打開辦公室的櫥櫃，翻閱過去的公文是如何處理的，呈閱、交辦、簽注，弄得我莫名所以。全縣小學數十百所，教職員工眾多，問題不少，公文來往的處理流程，我真如瞎子摸象，我擔心的是出了紕漏，無法彌補，使縣長臉上無光。思前想後，只有和縣長商議，決定退而擔任股長的工作，縣長同意我的顧慮，科長一職敦請縣黨部書記王德本先生代理。我只頂著科長的名義，實際作股長的工作。

股長上有科長，下有科員，中有督學，工作推行起來，沒有困難，有時堅持己見，有時從善如流，幹得得心應手。有時出個小紕漏由縣長代為緩頰為夷；有時堅持改革，也能得到很多支持；有時候面折廷諍，使縣長了解我的用心；有時候私室建言，使縣長知道我的善意。總之，我在磐石短短的幾個月中，沒有留下汙點，反而得到不少的讚揚，值得回味，可分別敘述如左：

一、接收敵偽財產的疏失

我們到磐石縣穩定下來之後，首先面臨的就是接收縣內敵偽財產的問題。我對財經一向沒有興趣也不關心，對自己的薪資所得，只求不虧空而已。到磐石之後，前兩個月，軍隊中尉的薪餉四千元及訓導員的事業費三千二百元，是按月發給，在磐石公務員薪水二千元，加起來的收入相當不錯了。

東北通行的「流通券」，與關內的法幣是一比十一點五，也就是說一元流通券等於十一點五元法幣。單身一人有如此收入，應該有些積蓄才對，但是我依然故我，清清爽爽，除了添裝和購物之外，都沒有計劃的用掉了，像我這樣對金錢沒有計劃的人，接收敵偽財產的事，竟然落在我頭上，是始料所不及的。推辭不掉，只有硬著頭皮接受了。

煙筒山一帶是敵偽財產最多的地方，有規模不小的煤礦，有釀酒的燒鍋，還有一些營利事業單位。被接收的單位，把移交清冊都造好了，我按冊點收之後，把百餘萬現金包好，準備回縣府交差的時候，煙筒山中心國民學校王校長和幾位主任，堅邀我參觀一下學校，身為教育科股長，參觀學校是順理成章的事，了解一下學校的實際狀況，也有業務上的需要。

煙筒山是縣內的第一大鎮，人口多，學校也大，是僅次於城內國校的規模，學校設備不健全，很多班級沒有課桌椅，學生自帶小板凳和木板上課，黑板斑駁，教室破舊，很多地方需要整修。王校長能說會道，又有幾位士紳請求幫忙，這些事實，看在眼裡，教育科應該責無旁貸的。王校長提出計劃需要五、六十萬元，這個數字不小，我請王校長寫個報告，就立刻撥下去了。

這件事我自認為作得很好，也是教育科應該做的。然而等回到縣政府向縣長交差的時候，看到現金短缺而改以王校長的報告抵充的時候，縣長勃然大怒，雙目緊盯著我：「你有這種權力嗎？不經縣長批准竟敢一撥幾十萬！」縣長一怒，我也傻了：「怎麼辦呢？錢已經撥下去了。」，縣長一言不發，呆坐在椅子上，良久，又拿出王校長的簽呈，要我也寫個簽呈，然後批示「姑准」二字，送到財政科就結案了，這真是一件荒唐事，至今想起，還覺好笑。

二、改派黑石鎮國小校長的問題

磐石縣有兩個大鎮，除了煙筒山之外，另一個就是黑石鎮，二個鎮都是人口密集之區。煙筒山、黑石鎮和城內的國小，都是有六個年級的中心國民學校，其他地區的學校，只有小學，沒有高小。這三所小學也是磐石縣規模最大、聲譽最隆的學校，三位校長也是精挑細選出來的。

唯獨黑石鎮的校長風評不好，教育科也常接到舉發的密函，指證歷歷。據說：實際班級的數字與報縣府的數字不符，當然，學校的經費與老師的配額都有問題。

縣長把這問題交給我調查研究。我也實際去看過，上午有八個班學生上課，下午也有八個班學生上課，校長說：「只有四個班是上半天課。」但問題出在那裡呢？我研究的結果，把這個問題交給警察分局長段明忠先生去偵辦，就是訪問上半天上課的學生家長，並詳細地記錄學生的姓名班級。段分局長費了好大力氣，把收集到的資料，整理成冊，證明校長吃空缺的實證。

我在縣府會議上，提出調查報告，請縣長裁奪。縣長聽我把話說完，沒有表示意見，也沒有付諸討論，就進行下一個議題。我非常不以為然，主張把我提出的問題，先作討論，有個決定，再進行下一個議題。與縣長在言語上有些衝突，我大聲說：「問題不解決，有弊不除，我就不幹了！」縣長也不高興的說「那就好吧！」我起身離席，回到宿舍就收拾行李，上街雇了一輛大馬車，準備離去。

時已近晚，忽然王庭月和財政科長跑來勸說無效之後，提出：「我們不反對你辭職，朋友一場，明天中午在醉仙樓與你餞個行，喝兩杯可以吧！」就這樣停留下來了。

晚上九點左右，徐秋陽來說：「幹事，縣長請你。」我說：「你告訴縣長，明天再說」。不久，王庭月和武建傑進來說：「縣長找你，有話對你說」，我仍以明天辭行應之。王、武二人不由分說，強拉我到縣長宿舍，把門一關就走了。縣長說話了：「你坐，我們從雲南到今天都在一起，我了解你，當時不作決定，是不得已的。黑石鎮的X校長與黨政關係良好，我不表示意見，是讓他們把會議中的情形傳揚出去，讓X校長知難而退，問題就和平解決了。你放心，校長一定會換，而且繼任校長由你推荐，你知道我的難處嗎？」縣長一席話，使我感到慚愧，低頭不語。縣長笑笑說：「你別走了，我們在一起，不是很好嗎？」，又說：「你是《正義日報》的記者，又是《長春新生報》的通訊員，『磐石通訊』不斷在報紙上出現，你在磐石的聲譽不錯，我還打算把民眾教育館也交給你，你就可以大展身手了。」幾杯酒下肚，又說：「不要走了。」我說：「我以縣長的意見為意見」答之，這一場辭官風波，就這樣過去了。

不久，黑石鎮校長提出辭呈，縣長指定繼任校長由我推荐。因為接收磐石縣不久，縣長要把全縣的教師集中講習一個月，聘請專人講演，縣長指定由我主持其事。

這一個月集訓，使我增加了不少閱歷。我不但詳細閱讀老師的自傳，也仔細觀察每位老師的言行舉止，對全體集訓的老師們，有一個概括的了解。所以當胡縣長要我推荐黑石鎮中心國民學校校長的時候，我就想到黑石鎮偏遠的鄉下，僅兩班的一個分部老師李玉樸先生。李老師已經是四十歲以上的中年人了，自傳的字跡，剛健有力，思慮忠純頗有見地，對時局有批評而不失忠厚，對教育有熱望，但不苛求；入情入理，見解獨到，尤其是他一臉忠厚之氣，步履穩健，言語中肯，我認為李老師是適當的人選，足堪勝任。

我提出人選之後，整個教育科人員，雖未直言反對，但表示對李某人缺乏了解。我雖剴切說明對李先生的認識，但仍未獲得科長、督學先生們的認同。最後由縣長拍板定案。公文發布了，李先生認為這是天外飛來的喜訊，他認為與我素無淵源，怎會有這種事？連兩班的分部主任都沾不到邊，而竟忽然當起大鎮的中心國校校長來，這可能嗎？但事實擺在眼前，皇皇的公文，交到他手裡，所以李先生就立刻到縣政府來，請我指示。

我能指示什麼呢？我誠懇地告訴李玉樸先生：「我推荐你，全憑良知，沒有私見，我在磐石的信用就看李先生了，你做得好，我還有發言的機會，否則，我就是徐庶進曹營不發一語了。」李先生起立拱手，形同宣誓的說：「股長，我向你保證，我李玉樸決不會有負厚望。」

我離開磐石後，胡縣長告訴我：「李校長做得很好，想不到你還慧眼識人。」

三、對縣長的諍言

縣政府的衞兵司令，是我們第四連的陳渭清，一次神神秘秘的告訴我縣長的風流故事，我鄭重地告訴他，不可亂講。他說真的，不會亂講。他說一位很漂亮的小姐，深夜進來，天未亮就走了。縣政府內部的事，逃不出我衞兵司令的眼睛。我好驚奇，胡縣長怎麼可以做這種事？怎麼可以把女人弄到縣政府來？縣長宿舍是在縣政府大樓的後面圍牆之內，一排小洋房的第一戶。以次是主任秘書陳仁農，民政科長王庭月，我，再下去就是武建捷，馬祥和吉世耀（吉星文的小叔）。除了第一戶的面積大，房間多，設備較完善之外，格局都是一樣。也就是日治時代，縣政府科長級官員的宿舍。冬天，天氣冷，縣長宿舍的禦寒設備比較周全，縣長也經常在宿舍中辦公。專門伺候縣長的工友徐秋陽，原是我們第四連政工室的傳令兵，什麼事都不會瞞我，我把徐秋陽叫來問，他笑而不答，就證明確有其事。

我一直感到這種事做法太不像話，傳揚出去，不但縣長聲望有損，我們一同來的人，也會臉上無光。我考慮之後，決定犯顏直諫，後果是什麼，就不去想了。

幾天之後，我心情稍微平靜下來，深夜到縣長宿舍，把徐秋陽支開，我這個人修養不夠，心中的不愉快，都表現在臉上，直到現在八十高齡，仍然缺乏喜怒不形於色的修養。何況年輕時的小伙子，努力使心情平靜，仍然掩蓋不住臉上的表情。

縣長一看到我就說：「有事坐下來談。」我毫不掩飾直截了當的說：「縣長，我們在磐石的聲譽不錯，不能妄自菲薄，我不贊成縣長把女人弄到縣政府來！」縣長直盯著我不語，面有羞赧之色。「吉林，長春可以去玩，但不可在縣裡自毀身價，」講到這裡，縣長忽然站起來，繞過桌子走到我面前，緊緊的握著我的手說：「毅君：我沒有看錯你，你的肺腑之言，我非常感謝，我把你當老弟看，你講的是正確的。」胡縣長有如此寬闊的心胸，接受我的忠言，使我深深感佩。

在官場期求發展的人，能知人，能用人，能對任用的人信任不疑，是做大事、立大業不可或缺的條件。能知人，改過而不再犯，尤其可貴。「士為知己而死」，是一般人都可以做到的。對部下疑神疑鬼，懷疑其不忠不潔，再忠誠的幹部也會拂袖而去的。

我對胡縣長有細心的觀察和較深刻的了解，他不是一位在學問上孜孜矻矻刻苦求進的人，我可以大膽地推斷，他在求學過程中，不會是頭腦崢嶸的好學生，而極可能是敷衍過去能拿到畢業證書就好的心態。但是他的人緣好，統合能力強，是使同學能和睦相處，不可缺少的人物。反過來說，一心鑽研學術，心無旁騖的著書立說，建名山之業，以垂久遠的偉大學人，往往不能配合社會的需要而矯正時弊，無力統合群眾以匡正人心，誠如曹孟德罵蔣幹：「你是個書獃子，一瓶漿糊」，不堪大用。雄才大略的人，必然是取精用閎，應時代的需要，闢邪說、扶正義、糾合眾人之力，以完成自己的理想。我認為胡日初縣長有此條件，也有此心胸，但時事多變，英雄起落無常，全看自己的機運與造化了。

四、對離職者的慰勉

一起隨胡縣長到磐石的，也有中途離職的，翟興倉是西北農學院從軍的學生，原在第六連當兵，不愛講話，整天悶悶的不發一言，不知為什麼也到磐石來。我沒有注意到他在那個單位工作，因為性格沉悶，很少聽到他說笑，當然也不受縣長的重視。他感到無聊，就決定回陝西老家，繼續完成他的學業。

我同意他的想法，我也願意陪他去向縣長請辭，縣長看到辭呈，未說一句話，立刻批准，把辭呈一丟，滑到地上，翟興倉拾起辭呈，含著眼淚，低頭而去。我對縣長的如此態度，大起反感。

當天晚上，我就向縣長說明，對翟興倉的態度，有欠妥當，會影響追隨縣長的人有其他想法。縣長稍微停頓一下說：「這樣是不好。」以後同事離去，縣長都會慰勉幾句，或為之餞別。胡縣長雖係老長官，但貴為一縣之長能誠懇接受我的建言，不介意我的魯莽，也算是難得的知己。

漢高祖劉邦不是正人君子，不但不學無術，行為上根本就是小癟三，處處耍無賴，行為放蕩，只知有己而不知有人。但是他最大的長處，就是知人善任，從善如流，機警靈活，不失時機。韓信得不到重用，逃離漢中，蕭何月下把韓信追回來，給劉邦陳說利害，要滅項羽，霸天下，非韓信不可，劉邦穎悟，立刻拜韓信為大將軍，統兵北上，屢建奇功。

韓信在平定三齊之後，多兵將廣，統領三軍，要求晉位「假齊王」。劉邦勃然大怒，經陳平一點，他立刻改口，直封韓信為齊王，不用「假」了。如果陳平提醒他，不能會意，髒話出口，時局立刻生變，劉邦也當不成漢高祖了，歷史也必然改寫。我不是把胡縣長比擬劉邦，而胡縣長確有些劉邦的行徑，表面上大而化之，細微處，也頗見其用心。

有一次胡縣長從吉林市回來，送給我一雙冬天好穿的皮鞋，大小非常合適。徐秋陽告訴我，鞋子的尺寸大小，縣長早就知道了。有一次閒聊，胡縣長說每次買的紅騎士香煙，每條總會少兩包，就知道是徐秋陽在搞鬼。他轉頭問傳令兵，徐說：「都給盧幹事了。」（徐叫慣了，總是用在連上的稱呼。）大家大笑一陣，這說明什麼呢？足可證明他平時對部屬的用心。

女人，就是這樣

當初追隨胡縣長到磐石縣的二〇七的弟兄很多，其中任民政科長的王庭月，有一件趣事，值得回味。王是陝西蒲城縣人，與西安事變的主角楊虎城有些蛛絲馬跡的關係。他年齡較大，在從軍以前，他已經是蒲城縣三民主義青年團的中級幹部。因為鼓勵青年學生從軍，他也率先垂範的從軍了，他老成幹練，行事穩健，原在六一九團督導員室工作。王與我相處融洽，什麼事都可以開誠相見。常在晚飯之後或放假之日，拉我去大街閒逛，城內大商號、大飯館幾乎都認識這位首席科長先生。

一天，無意中看到一位亭亭玉立的女學生，眉清目秀，高高的身材，相當漂亮，提著包裏匆匆而過。王好奇，跟在後面，見該女轉入一家不錯的家中，王停下腳步，不忍離去，王表示：「這麼漂亮的女孩，應該認識認識。」

良久，家人外出，見王在門口張望，問王：「科長找人嗎？請到家中坐坐。」王拉我一塊進去，一談之下，自稱姓李，又指著我們說：「早就認識兩位了。」談到家中狀況，才知道剛進門的女孩，在長春女中讀高中，明年就畢業了。

自此之後，王就多次到李府拜訪，決心追求而進展頗為順利。每有成果，迭有研商。王說：「李小姐志氣遠大，理想高超，表示大學畢業之後，決心先留蘇，再留美。蘇聯是共產主義的國家，專制獨裁，草菅人命，人民苦不堪言；美國是資本主義的社會，推行民主，花錢選舉，好人永難出頭，壞人當政，老百姓不會幸福。她要研究這兩種制度的優劣，截長補短，使人才出頭，使國家奠基於磐石之上。」李小姐之志大矣哉。我勸王：「算了，這樣偉大的女傑，海裡的大鯨魚不是你王家魚缸可以養的。」

王的答覆是：「不會，女人的心，你是不會了解的。」

過了幾天之後，王說：「李小姐表示，無論如何也要讀到大學畢業，不留蘇，也不留美了。」

又過了幾天，王說：「李小姐表示，女人結婚是必然的歸宿，大學可以不讀，高中畢業就好了。」

暑假結束了，李小姐沒有去讀高三。她說：「算了，女人就是女人，早晚要結婚，晚結不如早結。她決定要結婚了。」

王的結論是：「你明白了嗎？女人，就是這樣！」

三十七年，東北丟了，王帶著愛妻李筱亭逃到北平，我到旅館去看他，家當盡失，投靠無門，決定回蒲城老家以避戰亂了。

註四：「五子登科」是當時流行語，指接收大員要有：「車子、房子、票子、女子、條子」是為五子。

青年軍二〇七師二等兵時期

軍官連陳瑞徵連長

出任連幹事（34年8月）

軍官連訓導員胡日初先生

與訓導員胡日初先生合影

二〇七師師長方先覺與副師長李修業

在長沙與樹棟表哥相遇（34年12月）

開拔東北前的留影

初到東北

與駱萬勛在蘇家屯

在盤石火車站前留影

初到盤石（35年6月），本人前排右一

盤石縣政府主任秘書陳仁農先生在磐石結婚
陳仁農（右二），新娘宋麗香（左二）

盤石縣民政科科長王庭月先生

盤石縣政府同仁歡送陳仁農主任秘書（前排中）留影，本人後排右一

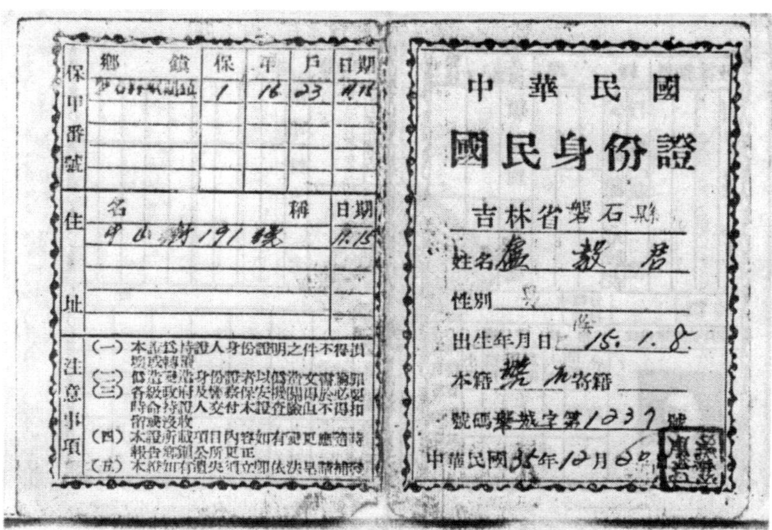

保甲番號

鄉　鎮	保	甲	戶	日期
[illegible]	1	16	23	[illegible]

住址

名稱	日期
中山街191號	[illegible]

注意事項

（一）本証為持證人身份證明之件不得損毀改轉借

（二）（三）偽造變造身份證者以偽造文書論罪各級政府及警察保安機關因於必要時命持證人交付本證查驗出不得扣留或沒收

（四）本證所載項目內容如有變更應隨時報告鄉鎮公所更正

（五）本證如有遺失須立即依法呈請補發

中華民國

國民身份證

吉林省磐石縣

姓名　盧毅君

性別　男

出生年月日　民15.1.8

本籍　遼寧　寄籍

號碼　磐城字第1237號

中華民國35年12月　日

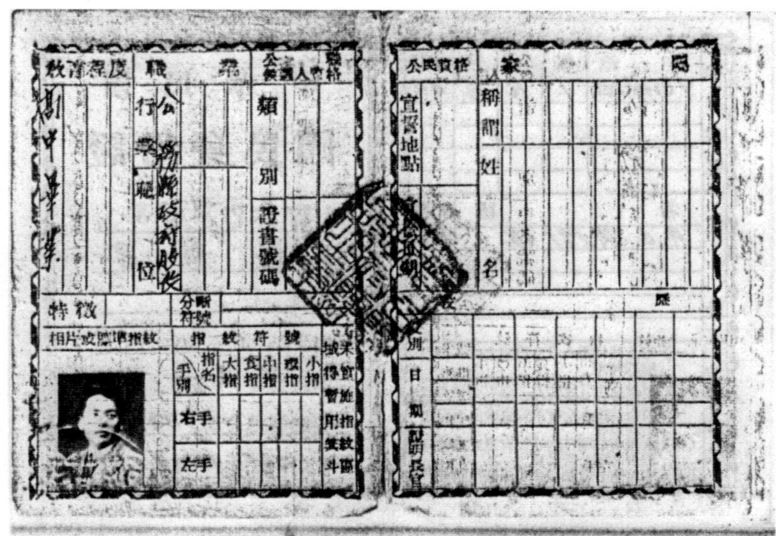

教育程度　高中畢業

職業　行業　公務　職位　縣政府職員

公務人員資格　類別　證書號碼

公民資格　宣誓地點

家屬　稱謂　姓名

特徵　分類符號

相片或標準指紋　指紋符號

手別　指名　大指　食指　中指　環指　小指

右手

左手

盤石縣身份證

盤石青年軍同志歡送本人與馬志祥離開留影（36年1月）
本人：前排左二。前排右一：胡日初縣長。
前排右二：馬志祥。前排左一：王庭月

在盤石的獨照

離開盤石縣與同事於榮記照像館留影(36年1月24日)
本人前排左一

第五章

復學長師與嘉興夏令營

離開磐石，復學長師

遠在張作霖主政時期，張作相任吉林省督軍，在吉林市郊八百壠，創辦了吉林大學。日本佔領東北之後，改吉林大學為「滿洲國師道大學」。抗戰勝利之後，教育部又更名為「國立長白師範學院」。

我在磐石知道長師招考新生消息的時候，已經錯過報名的時間了。和縣長請教的結果，他鼓勵我去面見吉林省主席梁華盛先生，師範學院是有保送制度的，何況青年軍從軍的同學，只要有高中畢業證書的，都可以就地免試入學，（從軍時絕大部分都是在校學生，應屆畢業的不多，為了鼓勵青年從軍，高中生一律發給畢業證書。事實所需，不得不然也。）找梁主席可能還有辦法。

胡縣長認為年輕人多讀些書，是必需的。縣長為我寫了一封信，又以電話先告知主席辦公廳。我如時前往，梁主席是廣東茂名人，高高的個子，英挺威武，頗有軍人英武之氣。

他看了胡縣長的信，也問明了來意，立刻把教育廳長胡體乾先生請來，請胡廳長去長師一趟，那時長師院長方永蒸先生去南京公幹，校務由教務長楊成章教授代理。楊教務長不知道這些規定，胡廳長碰了一鼻子灰，梁主席頗為不悅，他告訴胡廳長，請你問問他們，「我梁某人以地方最高長官的身分，可不可以保送兩名學生。」（另一位是馬志祥）我就如此這般的註冊入學了。

我們進修班的同學，絕大部份分發到東北大學，我也專程去參觀過。東大在瀋陽北陵，規模宏大，建築雄偉，一棟棟的大樓，是張作霖父子對東北同胞最偉大、最值得驕傲的貢獻。在東北大學校區之內，可以辦全國的運動大會而不假外求，由此就可以想像東北大學是如何廣闊偉大了，真是全國獨步，無可企及。唯獨學生宿舍，多在地下室，十幾個人住在一起，任何一位同學的動作，都會影響整體，有燒水的、有煮麵的、有抄菜的，不一而足，五味雜陳，與長師相比，就沒有傲人之處了。

長白師範學院在吉林市郊八百壠，與市區有六、七里之遙，前面是如萬馬奔騰的松花江水，後面是山不高而林木蔥蔥的小北山，山下有面積不太廣大的姐妹湖，湖水清澈，游魚往來，花團錦簇，美不勝收。湖邊踱步，或乘小舟盪漾湖中，魚群倒影，尤多情趣，是吉林仕女假日最愛遊憩的場所。長師在當地是最高學府，閒暇漫步，趣事尤多。

長師最值得留戀的是ㄩ字形的大紅樓學生宿舍。雖不能以富麗堂皇稱之，但與高級大飯店相比，也毫無遜色。寬敞、明亮、整潔、高雅，樓高三層，每層一百間，中有甬道，每隔三間有盥洗室和浴室。每間住二人，紅油地板，鋼絲床吊舖，書櫥，衣架，盥洗用具，一應俱全。皮坐椅，大書桌，桌面之大，可以睡人。地下室是千餘人的大餐廳。

以後學生增加，宿舍增至每間住五人，也不感覺擁擠。室內有暖氣設備，嚴冬時節，大雪紛飛，天寒地凍，室內則溫暖如春。

日治時代，重視師範教育，一切設備都較一般普通大學為佳。就以鋼琴而論，在兩棟的教學大樓裡，到處都有鋼琴，樓梯的拐角處，都有鋼琴布設。理科要用的顯微鏡，都是人手一台而綽有餘裕。後來大局逆轉，我們一路遷到台灣，還攜來五十多台顯微鏡，學校停辦，我們帶來的五十二大箱圖書儀器，不知流落到何方去了。

在日本佔領期間，北平的日本人把北大、清華的很多儀器搬到北師大。抗戰勝利之後，北大、清華向師大索取，師大認為是敵偽財產而拒不發還，而儀器上刻有原校字樣，應該物歸原主，官司一直打到教育部才獲得解決。長白師院的情形亦然，不過學校小，風波不大，結局無大風浪而已。另外，值得一提的是長師尊師重道的精神，有書信，工友都親自登門奉上，鞠躬而退，學生受尊重，反而處處小心，不敢太過隨便。

長師是小而美，置身其間，感到舒服而愉快。東北大學是大而鬆散，精神感到不易集中，有志從政有興趣在官場中求發展的，東北大學是唯一的選擇；如果以教育為終身職志，無意他求，長白師範學院應該是最好的讀書之所。同時吉林市離磐石很近，有火車直達，那裏有我太多的朋友，假日走走，也是人生之一樂。

在我尚未離開磐石之前，財政科長會同幾位督學問我：「我們歡迎你當磐石縣民，你同意嗎？」我以願意答之。不幾天，磐石縣的身分證就交給我了，這是我生平第一張身分證，我視若拱璧，至今還好好的保存著。河北人的身分，有人證無物證，有憑有據的原始證件，反而是磐石人了。

我離開磐石，搬進長師大紅樓學生宿舍之後，縣政府給我寄來一萬元，我不明所以，沒有接受。縣政府又正式把公文寄來，縣府早有規定，凡磐石縣民，就讀大專的，縣府予以補助。師範學院全部公費，所需不多，縣府每月的津貼，足可以使我的生活更豐富而多樣。

胡縣長每到吉林公幹，常約我見面，他懇切地表示，我有任何困難，他都可代為解決，同時也對我有個至誠的希望，就是畢業之後，要和他一起工作。這張遠期的空頭支票，我當然一口答應。憑良心說，我也願意追隨胡縣長這種了解自己的人，「寧為知己者牽馬墜鐙，不為小人同桌共飲。」我認為胡日初縣長是值得為其效力的。

文官屯的兵工廠

三十六年五月，林彪發動第五次攻勢，長師位於吉林市郊，直接受到威脅。那時磐石縣政府主任秘書陳仁農結婚之後，已經離開磐石，去瀋陽附近的文官屯當兵工廠的庫長，邀我去玩玩。我也趁學校放幾天假之便，去瀋陽走走，也看看我們四連退伍後就業的老朋友。

第四連是軍官連，年齡較大，社會經驗工作資歷，是超過其他連隊之上的。在軍中充任連長、副營長的很多，撫順礦警大隊長及其下重要幹部，第四連的朋友不少，經商從政的也不乏其人。

我去瀋陽，不怕沒有人招待，我在瀋陽玩得愉快。陳庫長來電相邀，我也前去拜訪，庫與「褲」相通，我以「褲長」取笑，他說飯後，我帶你看看我的「褲」吧！廠內存放原料和半成品很多，陳說：文官屯是小工廠，工人僅三十萬，一個月只能裝備一個師，製造些輕兵器，如步槍、輕機槍、手榴彈、六〇炮及八二小炮，裝甲車每月可以造兩百輛。像大炮、飛機、坦克、火車頭等，都由瀋陽兵工廠承造，文官屯是造不出來的。一個三十萬的兵工廠，在東北竟不見經傳，東北兵工業的規模及重要性，也就可想而知了。

他辦公室的職員，就有兩百多人，陳庫長高坐在牛皮靠背大轉椅上，目視群僚，頗有自得之感。

兄弟相會：功敗垂成

陳庫長告訴我，他大哥剛從山東回來，奉命說服二哥回頭，結果無功而返。原來他大哥是東北兵工業總廠長、技術中將陳熙和先生。二哥就是在山東統率三野與政府對抗的司令員陳毅，陳庫長是老三。

茶餘飯後，他講了很多陳毅從小就具有反叛的性格，和不同的見解，個性強，膽子大，頭腦也細密，與家人的想法總是南轅北轍，年紀輕輕就跑到法國勤工儉學去了。回國後，就一頭鑽進反叛陣營，參加共產黨。大哥勸他回到政府的懷抱，他則勸大哥留下來，一同為新中國効力，方枘圓鑿，話不投機，結果是無功而返。和三國故事諸葛瑾勸二弟諸葛亮投効東吳，不是故事重演嗎？鐘鼎山林，各有其志，不可強求也。

上書金鎮市長，巧遇經國先生

陳太太宋麗香女士和我很熟，他們結婚，我也扮演著參贊的角色。陳庫長上班之後，我在陳公館翻閱書報，忽然發現一篇介紹瀋陽市長金鎮的文章。金是炮兵中將，轉任市長後，提出許多新的構想，值得推動。我靈機一動就寫了一封言詞懇切的信給金市長，除了讚許他的構想之外，也說明暑假期間，希望能為國家貢獻一點力量，同時也賺些學費。

我寫的很真實，寫好就寄出去了，原不抱有任何希望，但是我回到撫順之後，就收到金市長秘書室的回函，希望去市府一談。時方院長也在撫順，安排遷校事宜，我面謁院長說明去市府工作的事，院長則交給我青年軍聯誼會瀋陽分會負責人許功銳發出的通知，說明經國先生即將來瀋，要召集青年軍在各大學復學的同學，聚在一起談談。

許功銳是六二〇團的督導員，精明幹練，能言善道，是領導青年的幹才，他在東大、瀋醫、中正及長師選了一、二十位學生與經國先生座談，以不拘形式的聊天方式，從中了解東北的實際狀況和同學的真實感受。

經國先生願意聆聽真正的心聲，同學們都輪流發言，說出自己的意見。當問到我的時候，我把東北行轅主任熊式輝的種種不法加以痛斥，把東北同胞十四年來亡國奴的生活，對政府的期待，以及如何協助軍隊作戰的英勇表現，說到接收官員大失民心處，我為之哽咽，蔣先生說：「可不可以把你的意見寫下來？」於是在另一個房間，我一口氣寫了兩、三張十行紙，交給經國先生，散會之後，許先生拍拍我並讚許我說得「好」。

上班不成，逕赴南京

過了幾天，金市長秘書室的回信來了，要我如期到市政府秘書室上班。我高興得不得了，到訓導處請假，訓導處說院長找我。看到院長，才知道經國先生電令羅友倫師長，墊發路費並轉知院長要我趕赴南京預幹局報到，我了嚇一跳。

蔣先生已經看過我的意見書了，這不是與熊式輝對質打官司嗎？即為之，就不要怕，我的阿Q精神就來了。能與熊式輝當面對質，即使之受到重罰，也就不虛此生了，我的精神反而振奮起來。

但是許功銳告訴我，不是打官司，是參加全國各大學復學的青年軍夏令營。他在東大、瀋醫和中正，一共選了七、八人，並一起在他的安排之下，赴嘉興而去。

在七、八位同學之中，我知道來到台灣的有：政大教授荊知仁兄，和在省訓團當科長的王康民兄，荊知仁已在數年前去世，康民兄也在四年前（九十三年）離開人世了。

逛中山陵，遇到老九

我沒有去過南京，勝利之後路過南京，只在浦口停了一下，上岸走馬看花式的蹓躂了一下而已，沒有什麼印象。趁此之便，從上海登陸之後，我獨自一人前往南京，我們四連的朱森兄寫了一封家書，希望我親自送到並告訴他的家人在東北的近況，以免懸念。我就趁便住在朱府，在南京大逛特逛起來。

五洲公園、秦淮河、莫愁湖、中山陵、明孝陵、譚墓和靈谷寺我都盡情地逛，今天逛不完明天再逛，逛得不亦樂乎。逛到靈谷寺，一陣小雨過後，天又暗下來，汽車也停駛了，我徘徊在寺內，不知如何是好的時候，一位軍官走過來，問我為何一人在此，聊起來知道我是二〇七師退伍，他是二〇九師負責守衛中山陵一帶的軍官，他高興地呼我：「老七，你放心！」馬上派吉普車把我送回南京，同袍之愛，真是令人感動。

坐西湖號，被迫鎮江下車

逛完了南京，到浦口坐火車去上海。一列很漂亮的火車停在站上，車上空無一人，是開往上海的，我就登上車去，準備到車上補票。車上的床、沙發都相當考究，茶几上擺放著鮮花，不僅是清潔而且有些富貴氣，床鋪上鋪著潔白的床單，枕頭排放，好像高級旅館的擺設，車上空盪盪的。車開動了，沒有一點聲音，我就脫了鞋子，倒在床上休息。不久一位穿著筆挺服裝的人進來，問明身份，問我怎麼可以上這列火車？我申請補票，他表示不賣票，是院長去上海的專車，請我下車。我表示車一停就下車，他說專車在鎮江停一下，屆時一定要下車。車到鎮江，我下車謝謝而去，等一小時後的普通列車。

鎮江也有許多的名勝古蹟，如金山寺、甘露寺等，可惜都沒有時間去，那就就近逛逛烏衣巷吧！一千五百年前，不可一世的劉裕，不是就住在此巷嗎？窄窄的巷道和極欠整潔的環境，低矮破舊的房屋，那裡配得上權傾一時的大統帥，當時恐怕不是這種景象吧！

京滬鐵路有專供部長級以上乘坐的專車，是西湖號和錢塘江號，當然舒服安適，一般閒雜人等，只有遠望而無緣乘坐的份。陰錯陽差，我竟然免費乘坐了到鎮江的專車，也是錯中趣事。

轉車嘉興，夏令營報到

從上海轉車到浙江嘉興，天色已經晚了，只有找旅館暫時住下。房間內放一大木桶，有八仙過海的圖樣，油漆得很漂亮，北方盛米、麵的容器都沒有這麼講究。我詢問洗手間在何處？服務小姐指著木桶，表示就在這裡。如此考究的木桶，如何可以方便呢？這真是一大奇聞。

早晨起來，服務人員把木桶抱到河邊洗滌，大半都是女人。這裡洗馬桶，下游洗米、洗菜，而不以為忤，也是江南一景。

到嘉興青年中學報到之後，我被編入第三大隊。正式開訓典禮之後，我才知道我是集訓的學員中，來自最遙遠的吉林代表。旋被推為「伙食委員」之一，其他同在夏令營的青年，在台灣的我只見過在新聞界有點名氣，也在世新教過書的荊溪人兄，他的兒子荊溪景，還是我教過的學生，事隔多年，已不知其行踪了。

夏令營分三個大隊，南方的同學居多，南方人吃米，北方人吃麵。伙食是米飯和饅頭各半，每次開飯，吃米食的同學爭著吃饅頭，嚐新鮮。北方同學吃米飯又不太習慣，所以常鬧出笑話。伙食很好，菜餚豐盛，而洋蔥尤多，弄得我腳氣大發，痛苦異常。

夏令營的活動大概是上午聽演講，分析國內外大勢，下午開討論會或集體活動，如打掃街道、游泳、旅遊等等。蔣經國先生任主任，各級幹部都是原青年軍老幹部調派而來，我們二〇七師的政工人員如甯俊興、韓守湜、王成德、徐汝楫、王慶芳及潘振球等等，都是記得也比較熟悉的。

講演者眾，對李俊龍先生印象尤深

上午敦請來營講演的多是黨政要員，甚少名流學人。有的口若懸河，有的激昂慷慨，有的舉出一大堆數字，證明反共必勝，建國必成。其中，李惟果部長滔滔不絕而字字珠璣，他不愧為國民黨的化粧師。

三十五年我們剛到長春不久，東北同胞最厭惡的是「奴化」二字，李部長到長春有一篇講演，講題的大意是：「東北十四年的奴化教育」，講得頭頭是道，舉證歷歷，音韻鏗鏘，擲地有聲，無懈可擊，全文刊在《長春新生報》上，說得東北同胞心服口服。李先生有學識、有風度，是位難得之才，大陸變色之後，他移居美國，落魄以終。

其次是鄭彥棻，時任海外部長，他講得是民國十三年，在廣州親聆國父講演三民主義中的民生主義，我聽過他多次演講，原稿一講數十年，惠而不費，苦無新義。

最令我印象深刻而感慨萬端的，是中宣部副部長李俊龍先生，他坦誠的講演令我吃驚。他說：「……我們有這麼好的主義——三民主義，有這麼偉大的領袖——蔣委員長，共產黨是一群草寇，一堆亂民，為什麼共產黨的勢力越來越大，跟他們跑的人越來越多，我想不透，於是我下定決心，把三民主義從頭到尾看一遍……。」天啊！堂堂的國民黨宣傳部副部長，竟然沒有好好地看過三民主義，沒有細心研究過三民主義，還宣傳什麼呢？對三民主義與建國方略一點心得都沒有，建國的目標又是什麼？糊里糊塗地打仗，不是為了爭權奪利，又是什麼呢？老百姓為什麼要為你們的利益而犧牲？由此可知高層對選拔幹部的拙劣與用人的不當，見微知著，其他也就不言可喻了。

李俊龍在三十八年隨著張治中和談代表團，以秘書的身分去北京和毛澤東談判，就集體不回來了。和談代表投靠敵人，開歷史先例，也算世界未曾有的奇聞。

嘉興南湖，煙雨樓和救生隊

嘉興的天氣是炎熱的，尤其盛夏之時，白天還好，晚上悶熱異常。那時沒有冷氣，也沒有電扇，晚上睡覺，扇不離手，一停下來，大汗直流，氣得我眼淚汪汪，越氣越煩，汗也越多，一夜都是在如此的情況下，昏昏而過。

上午聽講演，下午有空，就到嘉興最有名的旅遊聖地南湖，遊樂一番。南湖湖面寬廣，水深波平，泛舟其上，任其漂浮，與二三友好，小酌其上，話古論今，何幸如之。湖上小販穿梭，一招即至，價廉而物美，船有供宿者，有以船為家者，有供飲讌者，湖中有島，島上有樓，名「煙雨樓」。亭台樓閣，明窗淨几，住有三兩戶人家，生活在波光雲影之中，滌慮蕩神，神仙之生活也，我數臨其上，輒流連而忘返。南湖之美，煙雨樓之仙境神踞，使遊客不能自主也。

青年中學前面有條河，學員常結隊游泳，河面不寬，水面平緩而水下湍急，學員有不善泳者，易生危險，甚至有溺斃者，於是成立救生隊。我自認泳技尚可，志願參加，遇有緊急事故，下水救人，不善泳者，反身抱住，使泳技無法施展，只有潛入水中，使對方鬆手才可脫險。救人應利用繩索或竹竿，空手救人，是非常危險的。

集訓結束，分別賦歸

嘉興集訓凡三個月之久，經國先生是實際主持人，他平易近人，朝夕相處，沒有當官的架子。整頓市容，他會打起赤膊與大家工作在一起，其他如吃飯、活動都在一起，座談會他也親自主持，讓學員毫無顧慮地發言，即有失言，也不以為忤，完全不像一般達官顯宦。

孟老夫子早就鼓勵我們：「說大人則藐之，勿視其巍巍然。」人的聰明才智都相差無幾，不完全如台灣師大文學院長沙學俊所說的「三大三小」。三大是：官大學問大、架子大、房子大；三小是：心眼小、車子小、太太小。官大，也不必然學問就大，職位高低的不同，自身的學問能力固然重要，但機遇更是重要的關鍵。沒有機會遇到欣賞你、提攜你的長官，學問能力，都會付諸流水，我常說：諸葛亮如遇不到知人善任的劉備，縱使諸葛亮有通天之才，也會與草木同朽的。徐庶遇到劉備，又失之交臂，也終生無展現雄才的機會；又如魏徵遇到李世民，如果遇到的是一位睚眥必報的兇殺漢，魏玄成也不會位列宰輔，名垂後世了。公理、正義，只是大原則、大方向，但決不是選才用人的普世價值。細細品察各機關的用人行政，就一目了然了。經國先生愛護、扶植青年從軍的學生是有其用心的。但協助他、贊與密勿的，就沒有體察到經國先生的用心，而師心自用劃小圈圈排除異己，大大阻礙了人才晉用。

我記不清楚是張鐵君或蔣君章，曾寫過一篇大文章，詳論我國五千來年的歷史上，能號召一批知恥愛國、心無雜念的知識青年十萬之眾，在國家危難之時，挺身而起，投軍從戎，為國効力，曠古所未有；可惜政府未能善加運用，使這一批忠勇可貴的力量，逐漸散失，未能振衰起敝，對國家有卓越的貢獻，至可痛惜！

在嘉興這段時間，經國先生的誠意和用心，是可以感受到的。在座談會上，我也常言人之所不願言，意猶未盡，經國先生也會安排時間，再聽聽意見。但三個月的時間，很快就過去了，八月底，在一場熱熱鬧鬧的群星雲集的「不夜天」之後，大家就互道珍重，分別賦歸。我們到上海乘「秋瑾」客輪回到東北，到撫順，已經離開學的時間不遠了。

晉見金市長，陳誠怒斥廖耀湘

我到嘉興不久，即寫信給瀋陽金鎮市長，說明未能如期到市政府工作，是奉召到嘉興參加集訓，等回到瀋陽之後，再前往市府晉謁云云。金市長很快回信，「毅君賢弟：大函誦悉，山川壯遊，人生快事，返瀋之後，希來府一敘。」並署：「金鎮手書」。

當我回到學校，稍作停留，即前往市府晉見金市長。時遼陽會戰失敗，參謀總長陳誠以代東北司令長官來瀋陽指揮作戰，集遼陽戰役的各軍事將領，在市府大禮堂開檢討會議，市長看看時間說：「我要去準備一下，你可以到下面聽聽！」

當然參加會議的，都是星光閃閃的將軍們，可以清楚地聽到陳誠總長痛斥廖耀湘未能及時救援而失去先機。遼陽戰役失敗是不應該敗而敗，主因是國軍彼此觀望，各為保全實力，互不支援，坐看被共軍一個個吃掉，東北大局也因之不可為了。

東北戰局失利，陳誠回南京，稱疾不再赴任。政府又改派衛立煌成立東北剿總，主操戰局。東北又完全進入到一個「打」的局面。長春被包圍了一年之久，外無救兵，內無糧草，已經到了「易子而食，析股為炊」的地步。新京長春，已經成了人間煉獄，隨時有崩塌之虞。瀋陽局勢也極不樂觀，廣大的農村，都控制在共產黨手裡，物價飛漲，人心惶惶，食用缺乏，一斤高粱米，動輒以萬元和數萬元計，學校根本支持不下去了，遷校已成定局。三十七年入夏以後，師生各自設法，分別入關，決定在北平復課。

遷校北平，長春易幟

方院長早已赴北平，辦妥了學生到北平之後，暫時在北平師範學院借讀的手續。北寧鐵路時通時斷，最後大凌橋被共產黨炸掉，火車完全不通了，有一段路必須徒步經過共區，相當危險。

當時機票要一百八十萬元，我們四連的朋友們，已湊齊了購買機票之所需，準備登機之前，忽然接到胡日初縣長從長春拍來的電報，並附有赴長春機票一張，並囑咐我快去長春與之會合。

在此危若懸卵的情況之下，我那有去長春自投羅網的可能，就搭機直飛北平了。到了北平不久，長春就豎起了白旗，報紙上大標題刊出：「長春長官部政治部主任胡日初將軍，代表副長官鄭洞國將軍，向林彪呈遞投降書」云云。

哭陵

在東北戰事逆轉之前，在南京曾發生了一件影響軍心的重大事件，那就是「哭陵」，不但動搖了軍心，也影響了民心，應有一敘。

抗戰勝利之後，陳誠出任參謀總長，大力主張仿效美國大量裁軍，以撙節軍費開支，安定社會。美國是在境外作戰，戰爭終止，裁減軍隊是為所當為。但是我國則相反，何況在國內還有龐大的共產黨軍隊霸佔著廣大的農村。勝利後，和共產黨競賽爭取大都市、港口、機場和主要的交通幹線，已經捉襟見肘忙不過來了，裁軍原則可行，但必須顧及當時國內的情況，不可急就章地即說即行。蔣委員長為突然的勝利及兩百萬日軍的去留問題，受日本派遣軍總司令岡村寧次極大的要脅，各地區行政長官的派遣，委由張岳軍全權處理。裁軍的事，就由參謀總長陳誠代職、代行了。

陳誠乾綱獨斷，先拒絕東北（滿州國）關東軍總司令臧式毅歸附政府的請求於前，又堅拒國內輿論呼籲配套措施未具備以前不可冒然裁軍的建議於後，盛氣凌人，目空一切，這一切在何成濬的女兒何慶華於《傳記文學》發表的文章中表露無遺。

裁軍，是何等的大事，把五百萬大軍裁減一半以上，被裁掉的軍人有家回不得，農業社會，工作難覓，形成社會不安是必然的結果，百戰功高的將軍們，忽然失業了，何去何從，其內心的煎熬是可想而知的。於是共產黨就高唱：「此處不留爺，自有養爺處，處處不養爺，老子投八路。」一此唱彼和，國軍就成師成團地投向共產黨了。另有在華北地區，抗日又反共的人民自動組織起來的武裝團體，恆以百數，政府未加斟酌，就一個命令統統給解散了。北平行轅主任李宗仁曾面告陳總長，察哈爾傅作義的暫三軍屢建奇功，時值冬季無棉衣可穿，恐有不測，陳總長傲然地說：「有不軌，就一起消滅！」

裁軍計劃研議之時，三十軍軍長池鳳城曾請示老長官孫連仲（陳誠最信任的助手）三十軍的未來。孫的答覆是：「八年抗戰，三十軍功勞最大，所獲勳章最多，沒有被裁的可能！」結果是三十軍第一個裁掉了，非黃埔系的大批軍隊，陷入人人自危，朝夕不保的境地，共產黨的迅速壯大，我們的陳誠將軍是該有分「功勞」的。

堅決擁護政府的將軍們，在走頭無路、生活無著之際，配戴起金光閃閃勳章，扛著上萬顆的星星，數千將軍們集體在中山陵哭陵的一幕，真是震動全國人心，無不為之動容，祭文之悲壯，用字之感傷，令人垂淚，時隔六十年我還清晰地記得。序文從略，正文曰：

一心為國，兩袖清風，
三餐不飽，四肢無力，
五內俱焚，六親無靠，
七竅出血，八年抗戰，
九死一生，十分悽慘。

祭文讀完，數千將軍們，伏地痛哭，政府硬是不理。同時幣制改革失敗，物價飛漲，民生疾苦日甚一日，政府也沒有能力理會這些百戰功高的將軍了，就這樣錦繡江山就莫名其妙地丟掉了。

復學長師與馬志祥合影

蔣經國先生奉總裁之命舉辦青年軍嘉興
夏令營之大門（36年7月）

嘉興夏令營青年軍聽訓的情形

嘉興夏令營東北地區受訓同學合影，本人後排右二

嘉興夏令營第一期膳食委員會合影，本人前排左三

嘉興夏令營第一期膳食委員會合影，本人前排左二後排左三是荊溪人

嘉興夏令營留影

嘉興夏令營成立救生隊

嘉興夏令營成員
前排左一：甯俊興，前排左三：王成德，
前排右一：韓守湜
中排左一：本人，中排右一：徐汝楫，
中排右二：潘振球

蔣經國先生於嘉興夏令營結業典禮的訓話
情形

第六章

一路遷徙，終抵台灣

民國三十七年我們分批到達北平之後，就立刻到和平門外北平師範學院辦理借讀手續，同時也參加師院伙食團，住在師院對面附中大禮堂裡，一切都極為順利。我們長師方院長與北平師院的袁敦禮院長、蘭州西北師院易玠院長，三人是民國十一年北平師範大學教育研究所畢業的同班同學，感情深厚，所以三所學院的學生可以互相寄讀，非常方便，教授也可以互相支援，了無罣礙。

三十七年四、五月間，長師的學生陸續到達北平，也隨之借住師院。不久，學校在地安門一帶白米斜街，學府胡同、沙井胡同、簑衣胡同等租屋上課。雖然正值暑假，學校為了彌補遷徙荒廢的歲月，正式開始趕課。

北平人文薈萃，名校林立，知名教授尤多，學校敦聘名師，加強補課，至為必要。同學們也知道時光寶貴，不敢浪費光陰。在此，應該是一段黃金歲月，但時局不穩，共黨勢力日益壯大，不利於政府的消息，紛至沓來，東北學生蜂擁入關者眾，當然有些影響社會秩序。北平市議會竟然建議政府徵召東北入關的青年當兵，引起東北學生的公憤而激起影響大局的學潮來。

北平學潮從「七五」到「八四」

東北青年學生因共黨猖亂，離鄉背井跑到北平來，心情本來就有些鬱悶。市議會的建議，徵召東北青年學生當兵，更是火上加油，增加了心中的不快，再加上北大、清華、燕京那些左傾份子的煽動，「七五」的抗議遊行就發生了。

數以萬計的流亡學生，結隊前往東交民巷北平市議會議長許惠東的住宅請願，情緒激昂，再加上野心分子的登台煽動，學生的情緒更如火燎原，無法遏止，最後調來部隊鎮壓，雙方衝突，士兵開槍，同學死傷多人，長師有學生孫德馨、賀守志不幸罹難。

北大、清華、燕京這些學校的職業學生，更不時地來校設置靈堂，輪流弔祭、講演、煽動、座談和扭秧歌（註五），把同學弄得無法上課。一些追求時髦的半瓶子醋（註六），也慢慢受其蠱惑，情緒浮動，配合著他們的步調亂來。就在這個時候，復學的青年軍同學集體到西苑二〇八師主辦的夏令營集訓，學校失去了穩定的力量，他們更目中無人地大鬧特鬧起來。

其實各大學都有國民黨區分部的組織，但發揮不了太大的作用。因為國民黨的學生，率多是好學深思、安分守己的好學生，對學生運動不太熱中。鼓動風潮，領導學運，都是些左傾份子。

共產黨在華北地區地下工作的負責人劉少奇的操縱之下，平津學潮無時或已。「反戰」、「反飢餓」、「吃光運動」等等，整天弄的人心慌慌，清華學生載著一卡車饅頭到市內作反飢餓大遊行，一進西直門，就被老百姓一擁而上，搶個精光。

北大、清華是名校，在政治學術上都是龍頭，兩校的舉動，當然影響全局。北大畢業的學生去投考清華，或清華畢業的學生又去投考北大者，多有其人。這些人年齡大、學問好、領導能力強、鬥爭經驗豐富，很容易在學生群中產生領導作用。學生自治會，也多半操縱在他們手裡，所以一呼百應，全市學運就如錢塘江的怒潮一樣，無休無止了。尤其在「七五」事件之後，這些唯恐天下不亂的職業學生，男男女女，成群結隊，像趕廟會一樣，把長師弄得支離破碎，學校實際上等於停課了。

我們在西苑的生活極愉快。上午安排雷海宗、張佛泉、馮友蘭等名教授講演；下午多半是自由活動。昆明湖是我們最常遊盪的地方，我可以從排雲殿游到龍王廟，筋疲力盡之餘，在長廊上小憩或順著長廊一直走下去，或爬爬排雲殿後面用一塊塊的大石堆積起來的小山，遠眺近觀，移神淨慮，其樂也無窮。

單槍挑正義，匹馬莫太平

但是好景不常，很多同學不斷到夏令營來，說明學校情況。趙森嚴來了不久，吳國民也來了，勸我早日回校。夏令營的生活如此愜意，我總是拖著不回去。最後生活指導組主任秦喜霖教授來了，他告訴我：「再不回去，就沒有學校可回了。」而且秦老師已經向夏令營負責教學的范魁書先生，替我辦好了離營手續。

回到學校，委實令我吃驚。學校已失去了原貌，整個變成了「秧歌王朝」。老師沒有了，訓導處也沒有了，整個學校已陷入停頓狀態。左傾份子得意忘形，肆無忌憚，竟公然歌頌起毛主席大扭起秧歌來。

我首先找吳國民大哥，我只知道他是國民黨員，但在區分部是什麼職務，我並不清楚。我激勵他勇敢地站出來，聯絡黨員同志，準備反擊。以當前的情勢來看，反擊雖無勝算，但不反擊必亡，以必死之決心，拼命一搏，或有勝算之望，在政府地區不敢反擊，就只有引頸就戮一途了。

吳國民忠貞勇毅，思慮細密，他費了很多心力，把黨同志和一些志同道合的人，聯絡組織起來，在秦老師家中召開了幾次小型會議，決定在八月四日請院長出來講話，等院長離去之後，立刻要求召開大會，也就是反擊行動的開始。

張恕、朱子赤出面控訴，楊承彬身體不好負責聯絡憲警。前一天要把在西苑夏令營集訓的同學全部召回，我以「正風社」的名義發出聲明，大標題是「單槍挑正義，匹馬奠太平」。接著就是正風社的嚴正聲明，公開向製造不安的左傾分子叫陣。自治會主席關鍾茹不得已召開大會，先請院長講話，院長態度堅定，說明懇切，院長表示：「辦教育要求安定，使學生知恥上進。為國育才，決不能拿政府的錢，培養一些不讀書的搗亂分子。」

院長離去之後，我提出討論上課問題，王宇表示異議，李佑忱欺身而上，就打起來了。一場混亂，喊打之聲四起，憲警破門而入，同學們受夠了左傾分子的氣，分別在學生群中把平時趾高氣揚不可一世的混球，一個個抓出來，預定二十個，結果跑了劉殿來和程淑媛，十八個都被憲警捉走，送進了北平特種刑事法庭。

學校恢復了正常，這就是轟動全國，長師除奸的「八四」偉大日子，也開啟了「八一九」全國大逮捕職業學生的先河。

功成不居的吳大哥

在此，我應該說明的是，清除校內的左傾分子，青年軍同學是敢帶頭衝的骨幹，但奔走聯絡、鼓舞黨內同志士氣的幕後英雄，是吳國民大哥。沒有他，黨沒有人敢站出來；沒有他，運籌策劃的清除行動，不會進行得如此圓滿周詳。吳國民像一塊磁鐵，把鬆散的黨同志凝聚在一起，作有力的反擊而建此殊功。另一方，沒有青年軍同學，沒有人敢挺身而出向左傾分子挑戰，這是二一一、一一二的問題，缺一不可的。

當然秦喜霖老師是幕後的大操盤手，吳大哥有功而不居功，把成就全歸到我頭上，國民黨北平市黨部主任委員是安徽籍的吳鑄人，他根據學校報告，認為我不無微功，呈請中央黨部青年部頒發獎狀乙紙，原因就在此。雖然我沒有接受黨部的美意，我認為：我之所以反對這些左傾分子，不是為了國民黨，而是反對他們破壞了學校的讀書環境。秦喜霖老師因此說我「怪」。事實的真相就是這樣，是應該說明白的。

學校安定了，上課了，老師都回來了，院長很高興，特別指示訓導處，撥四百銀元將《正風壁報》改為半月刊雜誌，對外公開發行。吳國民任發行人，我權充社長，王緒文為總編輯，惜局勢動蕩，形勢日非，半月刊僅發行了一期，學校就奉命遷往湖南。

北平，學生的讀書天堂

北平市是全國學術文化中心，不但名校多，蜚聲國際的名教授也多。在北平市轄區之內，市立、省立、私立的中學，大大小小有百餘所。書局多，出版的雜誌也多，大街小巷很多推著平板車，擺滿了書報雜誌，板車的四周掛著小凳子，供讀者坐下來閱讀。去書局看書，不會像上海、南京一樣，時間稍久，店員會問你：「買不買？」言外之意就是：不買請走路。北平決不會有此現象，在店裏待的時間久了，店員會塞給你一個凳子，意思就是說「同學請坐」。再久一點，店員會送杯茶水給你，窮學生知道書局有此習慣，就預先帶些吃的，就大看特看起來，這樣的書香社會，在其他地方也是難得一見的。

故宮圖書館，不僅全國聞名，據說，僅次於大英帝國圖書館的藏書。規模有多麼宏大，我不清楚，但據管理員說同時進去幾千人，每人都可據有一張大桌子、皮轉椅，同時可以在書桌上放六、七本書，抄寫資料。

圖書館進出的人很多，但是鴉雀無聲，每人都提起腳跟，輕輕移動。他們自詡全世界的書籍都有，只要你寫出書名、出版公司，立刻找出。如果沒有，也會立刻拍電報購買，再通知閱讀。故宮圖書館長是袁同禮，與部長同等級，是特任官，地位之崇高，是人人欽羡的位置。

北平市是學生城，任何行業，都與學生有關。每天上下學的時候，滿街都是衣著樸素的學生，手提布袋或騎腳踏車，匆匆而過。學生在北平讀書有兩大好處：一是學會標準的北平話，二是養成和煦有禮貌的行止。北平人是不吵架的，你碰他一下，還未及道歉，他反而用好言安慰你。

北平警察世襲者多，幾代都負責同一管區。我初到北平，詢問警察西單大將坊胡同在那裡？東拐西彎地弄不清楚，警察一氣就帶我去了，一拍門環：「高先生（高作佩是我堂叔的舅舅，流亡的廣宗縣長），你外甥來了。」因為警察世襲，所以每戶人家在外地的親戚，管區警察都瞭如指掌。

北平的飯店，也頗值得懷念。決不嫌貧愛富，即使到六國大飯店，要一碗牛肉麵，也會熱情的歡迎，吃完離去，也會送出門，行禮如儀。距北平只兩百多里的天津就完全不一樣了。

天津的苟不理包子，遠近馳名，我特地去開開眼界，一進門，店員立刻攔住，手一擺說：「隔壁便宜」。他們對服裝不整的顧客，是狗眼看人的，如果衣履華貴或將星閃閃，他們會鞠躬如搗蒜，一副諂媚之相，令人生厭。兩個特別市，距離又如此之近，表現得竟如此不同，文化薰陶而使然也。

北平古蹟名勝之多，遊藝場所及雜耍之豐富，看不完也遊不盡，更說不清楚，就不必列舉了。

特刑法庭裡反飢餓，吳鑄人懦弱無能

北平市黨部主任委員吳鑄人，對在特刑法庭的左傾份子，極盡攏絡優待之能事。他們對特刑庭的囚徒，不但沒有任何懲處，反而待為上賓，伙食優渥，行動自由，他們回到學校之後，面色紅潤，精神煥發，充分說明了兩、三個月的刑庭生活是精神愉快的。不僅如此，吳鑄人更吸收他們入黨，直接聽命於吳主委的指揮，編為直屬小組。因此，這些左傾份子對學校的黨組織，更加鄙棄。

王宇、關維樞等帶頭，特別到沙井胡同找我，不懷好意語多挑釁地說：「咱們走著看吧！」我硬著頭皮說：「好！我等著！」但內心總是有些不安，知道未來的日子不好過了。

既然為之，就不要怕，怕也無濟於事。秦老師知道我的處境，特別把我找去說：「學校給我三張轉學證書分別是：浙江師範學院、湖南師範學院、台灣師範學院。盡快離開北平，這些出獄的同學，是不會對你客氣的。」我當然了解我的處境，自己偷偷地走，不如光明正大的離開，我寫了一張大紅紙通告，貼在白米斜街一進大門的牆壁上，徵求願意同我一起南下的同學登記。兩天之內，登記者凡七十二人，就在十二月十二日乘火車赴天津，暫住在青年服務社裏，第二天，北寧鐵路就中斷了。第三天，我們就搭二〇二號登陸艇，離了天津，直赴上海。

離平赴滬，轉道衡陽

時院長已在南京奔走聯絡，遷校湖南已成定局。我們七十二人就公推朱子赤帶隊先到杭州，因浙贛路的火車票不易購買，在杭州火車站等了三天，也趁便大逛西湖。浙贛路的火車是逢站必停，每停就為時甚久，我們也趁機下車逛逛。

從杭州到湖南的株州，橫穿江西，就晃晃盪盪走了七天。到株州立刻轉車到湘南的重鎮衡陽，暫借住在湘江之畔龍虎山新京中學內，過了幾天相當安定的日子。

衡陽是湘南的交通樞紐，也是軍事重鎮，南達廣東，西通桂林，東控贛南，是長沙的屏障，是抗戰末期方先覺將軍苦守四十七天遠近知名的戰場。衡陽有閃失，兩廣就岌岌可危了。衡陽市長是歐冠先生，是湘南的名人，與河南的別庭芳司令是同一類型的人物。

湘南二十二縣，縣市議員和國大代表選舉都是指定的。歐市長一諾千金，清廉奉公，是湘南人民崇敬的人物。他指名何人，老百姓一定依他指定的人選投票，其人望可知。我和朱子赤曾去拜訪過他，他個子不高，粗壯而有精神，講話斬釘截鐵，決不拖泥帶水，我們要求向圖書館借一部分圖書，每週希望有一或兩場免費電影可看，市長立刻允准，真是一位可敬的人物。

以朽木用為棟樑，失敗自在意中

寫到這裏，應該回憶一下吳鑄人的為人。北平這樣的文化學術重鎮，出任市黨部主委的應該在黨的理論或學術方面，有相當造詣和高知名度的人物。不然在北平這樣的文化故都，學人如林，不但起不了作用，反而會遭到輕視而有反效果，對黨務的推動，期難有成。

吳主委到北平之後，除了與國民黨根深蒂固的中國大學和朝陽大學有聯絡之外，其他如北大、清華、燕京等自由民主氣氛濃厚的學府，極少連絡。因他自慚形穢，自知不夠分量，只有枯坐市黨部，空擁主任委員的虛名而已。他對各大學的左傾分子和職業學生，只有攏絡、遷就。在思想方面不但發揮不了啟廸與轉化之功，反而因為不受尊重，也因之對黨國前途也產生了不利的影響。

國民黨不是沒有人才，但人才都有個性，有自己的見解，不會揣摩上意，曲己從人。因之像吳鑄人這種乖乖牌，就飛黃騰達起來了。在國家危急存亡之秋，人才被罷黜、被埋沒，而領導思想、推行政令和統兵大員，都是一堆沒有思想，只知聽命服從的廢物，黨國前途就不問可知了。

在北平職業學生肆無忌憚的倡亂之下，民心士氣受到嚴重的打擊，站在共產黨的立場，吳鑄人「為淵驅魚」是有汗馬功勞的。但在北平圍城之時，吳主委竟放棄了毛澤東要頒給他的建國勛章，夾著尾巴偷偷地溜回南京，又隨政府輾轉來台，幹起了待遇優渥的終身立委。

幾十年的立委工作，未聞吳鑄人獻過一策、發過一言，坐領民脂民膏的高薪數十年之久，他吃得飽、睡得甜，腦滿腸肥，出入有車，住高樓，享清福。國人何辜，有義務奉養這些蠹蟲？

革命，不是那些西裝革履，踱著官步，涵養功深、文謅謅的人去完成的。而是辯論的時候，言之有物，有深厚的理論基礎；講不通的時候，就挽起袖子走上戰場，以力量決勝負。這些勇敢而有決斷的豪傑之人、才智之士，却往往不為長官所喜而不被重用，甚者反遭壓抑，完全沒有施展抱負的機會。

反之，用心揣摩上意，却多屬隨風轉舵，以私利為標竿的人物，反而為長官引為知己，不次提攜而至高位，史事斑斑，可見「人性本善」之說，不是完全正確的。國家興亡，社會治亂，甚至家庭的盛衰，人人皆知其理，但人人不遵守這些規律，其道理安在哉？

寫到這裏，我忽然想起初到台灣的時候，聽政大代理校長楊希震一次發人深醒的講演。他說他任中央大學附中校長十八年，感情深厚，我最欣賞、最期許的品學兼優的學生，都牢牢地記在心中，允為國家未來的棟樑之才。也有一些不認真讀書，言行不一的學生，我也記得不少。

但是，到了台灣之後，使我感歎不置的，是我認為的一些好學生，連招待老校長一次的能力都沒有，我探望他們，都在清苦的邊緣上艱苦度日；反之，一些不認真讀書，不太注重敦品勵行的學生，反而平步青雲，官場得意，出入有車，家有佣人。楊希震先生說：「我常靜下心來想，我一生從事教育，推廣孔、孟學說，教導學生敦品勵志，已所不欲，勿施於人。推行仁術，弘揚恕道，難道都錯了嗎？為什麼實踐我宣導的仁恕精神的學生，都受苦難的折磨。反之，飛黃騰達，仕途得意，有超人的享受，有隨心所欲的權力，這又說明什麼呢？是我一生都在騙人？還是政治這個大染缸掩沒了孔孟學說中的真理正義？」

我到台灣之後，從小學教起，初中、高中、大專都在教授國文，垂四十年。我自認在講授孔、孟學說的時候，能使學生心領神會，了悟孔孟之學的精華，是放諸四海而皆準的不易之論。但也有學生提出疑問：「老師講的很對，但這是在課堂上講的，在社會上就完全不一樣了。」學生更提出他自己親身的體驗：「我父親奉公守法，公忠體國，書讀得很好，我們兄弟都以父親為標竿，處事為人受父親的影響甚巨。但父親一生清苦，升遷無望，家中生活捉襟見肘，沒有一點生活之外的享受。我大膽地說，我叔叔很不成材，書讀不好，講話沒有信用，家族之中沒有人喜歡他，但我叔叔官做得越來越大，生活享受為一般人所不及，老師這是事實，又該如何解釋呢？」

理論是理論，事實是事實，這就歸結到政治上的最高層領導的學養與心態了。以國家人民為念的領袖人物，自會「舉直錯諸枉」，正人盡出，國泰民安並非辦不到的事。反之，滿朝奸佞小人，正人一空，正如諸葛亮罵王朗的話：「廟堂之上，朽木為官，庭陛之間，禽獸食祿，狼心狗行之輩滾滾當朝，奴顏婢膝之徒紛紛秉政。」一堆貪腐集團，掌權治國，要想國家長治久安，民生安和，有鼓腹之樂，猶如水中之月、鏡中之花，可望而不可及了。

借讀南嶽國師，再遷羊城

在衡陽住到寒假即將結束之時，院長已經從南京趕來，處理在南嶽國立師範學院借讀事宜。國師位於南嶽南山腳下的小山坡上，與山下的市鎮尚有數里之遙，空氣清新，環境幽靜，無市塵之紛擾，是安適讀書的理想環境。國師院長陳東原先生，與方院長是多年好友，借讀之事，進行得極為順利。

我們先到衡陽的七十二人，像一座光明的燈塔，指引著淪落在北平的同學，自三十八年元月二十一日共軍入城之後，同學像萬流歸宗般地，分別從不同的路線，蜂擁到衡陽來，不久就聚集了四、五百人，也一起去國師借讀。

除了女生可以住國師的學生宿舍外，其他就分別在附近租屋居住。我們二十幾人，就分配到白龍潭小瀑布過去不遠的桃花塢。塢後是高山，山上有虎，有時夜半居民養的雞鴨一陣驚叫，雞鴨小猪就被老虎啣之而去，所以天黑之後，我們就不敢外出閒逛。山上翠竹濃密，風吹竹搖，嘎嘎作響，有時到山上弄些竹筍，佐食一番，亦富情趣。

湖南是魚米之鄉，土地肥美，山多林木，不像北方怪石嶙峋，空無一物，山中雖礦產處處，但因交通不便，無益民生。又因戰亂頻仍，政府無暇顧及，真是「坐擁金山，忍受飢寒。」南北形成強烈對比。東北是比較開發地區，礦廠處處，工人皆男性，除職員外，不見女人。一到江南，尤以江浙一帶工人多為女性，衣著講究，鶯聲燕語，像花蝴蝶一樣，飛來飛去，賞心悅目，煞是好看。與北方工廠的嚴謹呈現的肅殺之氣，是完全不同的。

北方礦產多鋼鐵、煤、石油等等，皆國防之所必需；南方產大米，絲綢、紙、美女，皆民生之所必需。政府不能沒有北方，民生之所需，又以南方是賴，雙方互補，有益於國防及美化人生，是一個強大國家所不可或缺的條件。

我們在國師借讀到五月，南京失守了，上海亂了，政府南遷廣州。湖南省主席程潛，守四平戰績彪炳的陳明仁常有「不穩」的言論出現，湖南「局部和平」的呼聲，日益明顯。流亡的經驗告訴我們，湖南不可靠了。南京大撤退之後，人心惶惶，我們決定南遷廣州。國師彩色鮮明的教授如周世輔、高明、張起鈞等也都離職他去，院長已去廣州要求南遷。在風聲日緊中，不等教育部的允准，我們就乘火車直奔廣州。

車票根本一票難求，南下逃難的人，把火車擠得像沙丁魚，購票排隊上車，已經是不可能了，而又非走不可，沒有辦法中的求生之路，只有爬上車頂一途。大陸火車除雲南、山西是窄軌之外，其他的都是寬軌。車箱寬大，車頂亦然。我們都爬到火車頂上，用行李圍起來，人臥其中，真是「餐風露宿」。一路時快時慢，除在廣東省北部重鎮韶關（曲江），作較長時間的停留之外，尚稱平順，到廣州借住在前鑑區小學和執信女中，暫時安頓下來。

羊城三月，再遷瓊州

我們在國師借讀期間，也有其他學校借讀國師的，如北平師院、西北師院、東北大學等等，這些學校也跟著長師一起逃離湖南。

借讀同學一大批走了之後，湖南的風聲日緊，國師也有一批青年軍復學的同學，也隨後一路逃到廣州來與長師合成一體。從各地逃到廣州的流亡學生，日益增加，給教育部形成強大的壓力，教育部為解決學生的實際問題，就命令長師一體收容。山東師範學院、蘇州社會教育學院、震華文學院等學生，也都歸併到長白師院來，俾使各地的流亡學生，不致造成社會問題。

不久，教育部特別成立了南來各地大學生進修班，由吳兆棠主其事，凡一月之久。結束之後，一大部份學生經過簡單的甄試併入政治大學，隨著代理校長楊希震遷回重慶，重回南溫泉原址。長師則奉命遷往海南，落腳府城

在方院長奉命和劉述先訓導長赴海南尋找校址之時，我們一些同學被國民黨青年部網羅，去從事反共宣傳工作。那時青年部長陳雪屏已經去台灣出任教育廳長（陳雪屏原任北大訓導長，他的反共意志堅決，對共產黨和左傾份子，從不手軟，被稱為「陳削平」、「快刀斬」，校長胡適認為其是黨國不可少的人才，大力推介，始出任青年部長一職），青年部長一職，由倪文亞先生出任，實際領導我們從事宣傳工作的是張銘傳處長。

在廣州我們做了一次轟轟烈烈的反共大遊行，大字報、漫畫、街頭講演、行動劇，琳瑯滿目，使廣州全市為之沸騰、對民心士氣的鼓舞，大有助益。但終不敵已失去的大勢，難有起死回生的作用。

院長赴海南覓尋校址，其困難是可想而知的。但天無絕人之路，在冥冥中常有意料不到的貴人相助。院長在民國六年北平師範大學畢業之前，與海南籍李克定先生有交。但是畢業多年未通音問，在腦海中尚記得李克定其人。初到海南，隨便問問，李先生不僅尚在，而且位居海南總商會副會長，聲譽頗隆。院長提及校址之事，李先生慨然答應，並表示瓊山縣府城瓊海中學，是華僑捐助的私立中學，校舍甚多，可以借用一部分。瓊海中學校長鍾衍林先生，是北

京大學肄業，對北方人頗有認識，他不但把很多校舍借給長師，而且把他們的兩位女公子鍾秀春、鍾秀榮也從海口私立海南大學，轉到長師來。

校舍問題解決了，上課沒有問題，同時流亡到廣州的許多大學教授，也由教育部介聘到長師來，如李方晨、于希武、楊寶乾、汪大鑄、張煥龍，賈智林、蔡英藩、賈書法、楊錫福、尹讓輒、張振玉等等。

廣州局勢日益惡化，很多中學生也冒險渡海來瓊。教育部命長師招收新生，同時也准許成立先修班，以收容流離失所的高中畢業學生。河北省立臨中學生數百人，也由校長汪廣平、教務主任宋金印、訓導主任田醒吾及一些老師帶來海南。同時國立中山臨時中學應屆畢業生二十多人，也奉命保送長白師院，自廣東省中山縣南屏出發，趕往海南，旋編入長師先修班上課。

我曾專程去海口市看望他們，並予以鼓勵，自治會也曾請他們到府城長師借住的瓊海中學來參觀，並予以招待。我也曾運用最民主的方式由大會通過贈送河北臨中八百斤大米，以濟燃眉。長師招生，臨中應屆畢業生二十餘人，考入長師或編入先修班，也一同渡海來台。

海口私立海南大學杜學知教授也來長師授課，從松花江畔，輾轉數千里，一路流浪到海南，能有此讀書環境而繼續弦歌，真是人生一大幸事。而政治大學回到重慶舊址，又繼遷成都，共軍迫近之時，學生多從軍抗共，犧牲慘烈，與長師命運不可同時而語矣。天乎！命乎！命運之神不可測也。

海南風情，有賓至如歸之感

海南島是廣東省的特區，孤懸海外，是大陸當時僅次於台灣的第二大島。面積三萬二千平方里，人口兩百多萬，氣候溫和，永無冰雪之苦，四周多平地，但物產並不富饒，居民赴南洋經商者多，回饋資金頗鉅，對安定島內民生貢獻至大。島中間有五指山，山上多黎人，小學教科書就讀過。原始森林茂密，多人跡罕至之處，殘枝敗葉和動物腐屍，形成一種致命的瘴氣，流水中有異味，非山中居民不敢飲用。諸葛亮征南蠻七擒七縱的故事中，有啞泉、黑泉、柔泉、滅泉等等，人跡罕至之地，類比情形不足為怪。

海南是個好地方，四季如春，稻米二熟或三熟，熟了就割，割了再種，不必依農曆二十四節氣行事。社會不富裕，與台灣光復之初的農村類似，但海口市面繁榮，熙來攘往與台北市不遑多讓，市區面積不大，而港口泥沙淤積，大船不易進出，為海口發展的瓶頸。海口西面不遠處有秀英碼頭，僅供小型艦艇使用，亦非軍事良港。海南最南端的榆林、三亞，是有名的良好港灣。榆林山高水深，有內外兩港，形勢天成。三亞機場聞名遠近，在日本佔領期間，是控制東南亞的主要空軍基地，是我國的最南疆，與越南的宜安、洞海和菲律賓的呂宋，在同一緯度上，距越南的名城順化最近。榆林、三亞之間的山洞，日本建有自殺艇基地，可以控制南海的軍事活動。

最使我們興奮的是海南人民的國語極為流行，初到海南大有賓至如歸之感。與廣州地區「國父是廣東人，國語應為廣東話」的心態，是大異其趣的。海南椰林密布，果實纍纍，穿梭其間，採而食之，趣味無窮。

我們認為海南島與台灣如兩把利斧，可以鉗制整個大陸情勢。共產黨初定大陸，內部問題重重，海南必會有一段安定的時日，同時我們也想到：如能在海南畢業，就地扎根，從事教育，也是有一番樂趣。

府城近郊有「蘇公祠」，是北宋年間，大學士蘇東坡被貶放之地。一千多年前的瓊州，其荒涼可知。但東坡先生居此，安然自若，不以為意，致力教化當地居民讀書知禮，海南文化為之大開。三年之後，徽宗即位，奉召北返，蘇東坡名滿天下，沿途所過之處，官民無不熱烈迎送，以一睹蘇大學士為榮。時東坡先生已六十餘歲垂垂老矣，不勝顛簸之苦，至常州竟溘然而逝矣，年六十六歲，瓊州為感念蘇氏，建有「蘇公祠」紀念其教化之德。

結合社會，做扎根工作

我們在府城正式上課以後，禮聘了很多渡海來瓊的教授，也招收了一批新生，規模粗具，弦歌初唱，我們認為有與海南社會結合的必要。一為增加學校的知名度，獲得海南同胞的認同，同時也為未來做些扎根工作。學校當局為了學校生存與發展，院長多跟著政府遷移，請領經費、院務都交給訓導長劉述先老師，他則坐鎮府城維持學校的正常運作。學生自治會也多方面與黨、政、軍各方謀取聯絡。朱津、李佑忱諸兄，經常代表自治會與各學校開座談會，報告大陸上的真實情況，加強海南學生對時局的了解，均有相當成果。

當時海南特區長官是陳濟棠先生。特區黨部書記長為李遴漢先先生。李先生樸實無華，忠懇負責，對我的陳述頗為讚賞，特修書函介長官部副官處長容壽山先生。容上校高大壯碩，儀表堂堂，全副戎裝，英氣逼人，處事明快，是一位標準的革命軍人。我多次謁見，均極投緣，我認為海南社會空氣沉悶，對共產黨缺乏認識，有喚醒社會大眾認識共產黨真面目的必要，也應該知道時局的嚴重性，應在紀念國父八十四誕辰之時，同時舉辦一次反共大遊行，來喚醒民眾。

容處長與李書記長對我的提議大表贊同，並願賜予大力協助。宣傳所需要的用品及必需的費用，雙方都同意大力支援，使不虞匱乏。於是在三十八年十一月十二日海南各界紀念國父八十四歲誕辰大會之後，就接著舉辦反共大遊行。主持大會的是溫鳴劍中將，主辦單位是特區黨部，實際工作的是長師同學。這一天大遊行，不僅是海南空前創舉，也使整個海口市區沸騰起來。大字報、漫畫、行動劇及街頭講演，遊行隊伍的壯盛及高呼口號的聲震雲霄，不僅使圍觀的群眾感奮，也使從川、滇飛赴台灣，中途在海南停留的中央黨政大員為之震駭，無怪乎時任國民黨組織部長的谷正鼎先生，特地趕往府城對全體師生講演時說：「站在國家立場，我要結交長師這些朋友；站在黨的立場，我要結交長師這些同志。」

三十八年之後，廣東全省整個淪入了共黨之手，海南島僅有三十公里寬的雷州海峽與大陸隔離。天氣晴朗，可以從海口碼頭望見雷州半島的白沙。畢竟是距離太近了，共黨即使沒有海軍強行登陸，小舢板的偷渡，也防不勝防。善泳者也可以泅水而過，所以舊曆年過後，海南局勢就一天不如一天。時局一亂，五指山上的土共馮白駒，就把長師學生視為眼中釘，並公布賞格，越發增加了恐怖氣氛。

院長知局勢之不可為，奔走遷校台灣勢所必然。時總統業已引退，代總統李宗仁又逃往美國。陳誠任台灣省主席，頒布來台者必須有「入台證」。申請入台更增加其難度。於是留在海南的老師，都運用個人關係，分別赴台。劉訓導長也赴台協助院長奔走遷校。各機關遷台者眾，人事龐雜，事務繁多，政府無力也無心顧及留在海南的長白師生。我們了解靜候政府的明令遷台是緣木求魚，永無可能。學校只有明白宣布：自我救濟。

一批近兩百人，隨著遼西指揮部來台，到澎湖囚在華陽艦上，凡數月之久。一部分隨著三十二軍趙琳軍長，離開海南，兩廣同學多轉赴港澳，有親投親，有友靠友。八仙過海，各顯其能。除當地同學有些不願離開外，最後只有百餘人，多為教職員眷屬，並攜有大批圖書儀器，走不成，留又不可。只有央求秀英碼頭徐錫邕司令及康肇祥處長協助暫遷榆林、三亞，以避不幸。

小日本，有大氣魄

時序邁入三十九年不久，我們就乘坐秀英碼頭派出的登陸艇南遷榆林。借住在榆林港不遠處的民房裡。榆林、三亞是我國的最南疆，四季不分，面對南洋，海風吹拂，即在盛夏，亦不覺熱氣蒸人。稻子長至膝蓋就收割了，女孩子十二、三歲有結婚生子者。榆、亞人口並不密集，但秉性善良，易與人處。蔬菜少而貴，魚類甚多，一銀元可買十四、五斤。因之天天吃魚，牙齦因缺少蔬菜，營養不均，多有滲血者。因燃料缺乏，只有師生輪流上山打柴，艾弘毅、薛振家、杜學知教授，也不落人後，榆亞中學也臨時把薛老師請去上課。空閒的時間多了，除了欣賞榆亞的環境和景物之外，也與駐防的憲兵營官兵或榆亞中學的師生切磋球技，感情極為融洽。

榆林附近有一處面積不太小而規劃完整的新榆林社區，街道巷弄都規劃得極為完善，街、巷、弄都鋪設柏油，下水道系統都做得好好的。是日本佔領期間，重視榆亞的重要性，期其未來必有大發展，才有此遠大眼光的設計。

我對日本人從無好感，在抗戰以前的種種惡行，及戰爭時期的殘暴和濫行殺戮，使我永難忘懷。時至今日，我仍然盡可能的拒絕使用日貨。但小日本卻有大氣魄，大眼光的遠大計劃，確也值得讚揚與學習。

譬如在民國三十年前，日本強行徵集學兵，鼓勵高小畢業以上的青少年到日本讀書，把淪陷區的人民弄得雞飛狗跳，寢不安席。我之所以冒著生命的危險，一人離鄉背井，投入抗戰行列，一生漂泊，日本的強行徵兵是主要因素。抗戰勝利之後，有從日本回國的朋友，談及日本在戰爭末期，生活極度困窘，但對中國的小留學生，極盡愛撫優遇之能事。所學習的都是視中國為自己失去的領土，而收復大陸失地，是日本人時時刻刻不能忘懷的神聖任務。他們的目標是教育這些青少年認清歷史，一旦光復祖國之後，出任省級以下的行政幹部或警政人員。

由此可知，日本人是有計劃，有目的地滅亡中國，從根做起，毒化青少年，以遂其野心。相較之下，我政府從沒有像這樣的遠大規劃，雖然有國父的三民主義與實業計劃，都束之高閣，少有聞問。有時空中樓閣式的什麼平台、什麼中心，只是紙上空談，國家前途和人民生計，都不在關心之列，各黨派努力從事的，是權力與利益的爭奪，拼得你死我活，無休無止。

榆林小住，港口驚魂，直航台灣

我們在榆林、三亞住到四月末，海口淪陷了，共軍逐步南侵，榆林、三亞當然躲不過共產黨的魔掌。艾弘毅老師一家走了，杜學知老師也走了，負責帶領我們只有薛振家老師，近百的學生，五十二大箱的圖書和儀器，風聲日緊，我們移居榆林碼頭，到碼頭候船的人，越聚越多，大船都離碼頭很遠，以防民眾游水登船，中間有許多小船區隔，阻止強渡，我們在岸邊餐風露宿了兩晝夜。薛振家老師到處交涉無望，謠言四起，傳聞駭人，最後榆林港對面的田獨煤礦，也自行爆破，聲震雲霄，爆炸之聲更助長了人們的恐懼，呼喊哀嚎之聲，不絕於耳，人們到處奔走哀告，驚恐的到處求救。傳言崖州丟了，共軍已到馬嶺，離此只有三十里，二十里……。不久，又聽到隆隆炮聲，又不久，又聽到一陣一陣的槍聲。聚集碼頭的群眾，哭聲四起，驚恐莫名，真的感到世界末日來臨了。

就在逃生無門，投靠無路，用盡各種方法都無效的情況下，我好像失去理性似的，一頭撞進榆林港口司令指揮部，港口司令是容壽山先生，為舊識，我痛苦地陳述走頭無路，乘船無望的心情，說到傷心處竟嚎啕大哭起來，情動三軍。

容壽山先生忿然而起，一手拉著旁邊的容有略軍長，厲聲說：「走，去配船。」帶我到配船所，配船所的王主任正指揮著把文件裝箱運走，容先生命令他配船，王主任不允，容先生遂拿出手槍要求立刻配船。但是我們的圖書儀器太多了，容壽山先生又命令憲兵林創先營長協助登船，林營長帶領胡連青連長、任懷葉排長和大批的憲兵兄弟們，合力幫忙，從小艇登上鐵橋輪不久，共產黨的軍隊已到達榆林，開始架炮轟船了。

胡連青連長、任懷葉排長及許多憲兵弟兄們，都是我們在三亞球場競技和鬥牛的朋友，感情素睦，也經常有來往，他們都是坐最一艘登陸艇隨指揮部來到台灣。這真是驚心動魄的一幕，也是一群患難見真情的朋友，使我永生難忘。

在此我應該敘述一下容壽山先生。到台灣之後第七年，我在永和鎮私立勵行中學教書，容先生也搬來永和，因之時常見面。容府，我也不止一次往訪。不久，容先生又遷居屏東，出任一所農場的主管。後來容先生的兒子容創業先生和我在師大讀書的同班同學李梅芳結婚，容先生的女公子容蘭芳、李梅芳的弟弟李光華，都是勵行中學的學生，我還擔任過李光華的班導師，真是關係重重，非常有趣。

在海南住了八個月之久，搭上鐵橋輪，在炮聲中直航台灣。海南，別了，留下永遠磨滅不了的懷念。

註五：「扭央歌」是共產黨的舞蹈活動。

註六：就是一知半解

我與父親在北京相聚（37年）

父親的獨照

北平國文系二年級全體同學合影（37年），本人上排右一

廣州時期（38年6月）

本人（中）與朱子赤（右）、李佑忱於黃花崗（38年6月）

海南各界在紀念國父八四誕辰時尹讓轍教授作反共演說（38年）

本人繼尹讓輒教授演說之後要求大會在長師領導下作反共大遊行。旁者副總司令溫鳴劍中將。

於海口中學操場上。

在海口長師領導海南學生作反共抗俄救國大遊行，本人（右前一）率隊前進，旁帶照相機者為萬宗儒。

劉興漢之跳加官

李戎（右）與陳象殷在大遊行中演街頭劇。

大遊行中演街頭劇

楊承彬貼大字報

海南反共保民壁報比賽冠軍留影（39年1月），
本人前排左三，後排右五：杜維運，後排右一：周繼文

第七章

來台灣五十多年的回憶

一、再度從軍

初到台灣的種種

台灣，我並不陌生。因為在六、七十年前，我在讀高小的時候，就對台灣留有深刻印象。國語課文中有一課〈台灣糖〉，原文我還記得大部份：

甲午年，起糾紛，鴨江中浪滾滾，
中日一戰，清軍敗，從此台灣歸日本。
台灣糖，甜津津，吃在嘴裏甜在心，
……大家起來打日本。

劉霞飛老師在講解課文背景的時候，說起我國的大戰艦被日本小軍艦打敗了，損失很大，艦隊司令丁汝昌也自殺了。滿清政府只有派大臣李鴻章去日本議和，日本人不但要把台灣、澎湖割讓給他們，還要我國賠償很多金錢，李鴻章不允，就被野蠻的日本人打了一槍。劉霞飛老師講到這裡，竟聲淚俱下地哭起來了，全班同學哭成一團。老師接著就講台灣的地理位置、交通、物產……。自那時起，在我幼小的心靈上就對台北、花蓮、嘉義和高雄等地方，都有一個粗淺的印象。劉老師勉勵我們，長大以後一定要愛國復仇。

這已經是六、七十年以前的事，課文給我的印象極為深刻，但給青少年播下的愛國種子，是永遠不會泯滅的。希望我們的政府要重視教育，用重金物色一批碩學鴻儒，編一套啟廸民智、愛國愛人的教材，把國語、歷史、地理、修身（公民）鎔為一爐，做扎根工作，比飛機、大炮有用多了。

民國三十九年五月二日，我們由海南島榆林港乘鐵橋輪到達高雄，在海上足足航行了三天，七十多個小時。靠近碼頭，聽到播放的反共歌曲，看到迎風招展的國旗，興奮之情，難以自抑。說死裡逃生可，說奔向光明亦可，整個鐵橋輪上是一片歡呼之聲。

我們一下船，就有歡迎的人潮送上久違可口的稀飯，特別香甜。步出碼頭，看到久聞的香蕉，就高興地大吃起來，隨後就送到一棟四層樓的大建築物內。三天的航行，雖然風平浪靜，海闊天空，很多大魚成群結隊的尾隨船後，樂趣甚多，但終因船小人多，睡眠維艱，一停下來，就呼呼大睡起來。一覺醒來，夜幕低垂，伙夫想要外出購物，門口有警察看管，不准外出。原來我們被送進了「散兵遊民收容所」。

守門的警察是長春大學的學生吳永貴，在廣州教育部辦的「南來學生進修班」講習，結業之後，就來台灣參加警察工作。原本相識，今竟如此無情，就衝突起來，一起到警察局理論，警局督察長知道弄錯了，立刻送我們到鼓山戲院，在二樓安頓下來。

我們住進鼓山戲院之後，教育部就發布了長白師院「停辦」的明令。停辦之後的後續問題甚多，院長在台北忙不過來，就召我到台北協助奔走。院長借住在公園路二十九號女師附小白子祥校長的住處，吳盛揚、張羨青負責料理院長的起居飲食和文書的工作。我晚上到徐州路台大法學院和李昊住在一起。

李昊當時就讀台灣大學政治系，是三十六年在嘉興夏令營相識。李畢業之後，好像參加過突擊大陸的游擊隊，以後做到教育部和台灣省政府的人事處長。五十多年不見，直到九十五年五月，伍汝祥兄去世，在青年軍聯誼會治喪委員會上，才又與李昊兄會面。他已不復有當年英俊挺拔的形象，而是小腹微凸，行動緩慢，兩條濃密的白眉，頗似七俠五義中的白眉毛徐良重現。尤令人感嘆的是與會的青年軍同學，都是從軍時二十來歲上下的小伙子，現在都是步履蹣跚，沒有一位是八十歲以下的老人了，歲月之催人老，又何其速也。

圓山，青年服務團

長白師院停辦之後，同學從四面八方滙集到台北來的，有五、六百人之多，暫借住在台北和平東路二段省立台北師範學校（現在改教育大學）達一個多月之久。負責處理從大陸來台的大批流亡學生，是教育部「青年輔導會」。

輔導會的負責人是陳勻（海萍）秘書和科員李旭東先生。後來長師同學和其他分別來台住在火車站對面七洋行的大批流亡學生數千人，統統編入在圓山新成立的「青年服務團」，編成三個大隊。

我因為許多手續上的問題，必須與輔導會作個了結，入團較晚，被分到第三大隊。大隊長是易鵬、中隊長許冠超、小隊長張金賞。因為宿舍沒有了，住在臨時搭建的帳棚內，時值盛夏，熱氣蒸人，痛苦難挨。

在送走同學之後，尚未入服務團之前，我曾去中央黨部青年部拜訪張銘傳處長。張處長立刻領我去見倪文亞部長，倪部長很高興，立刻送我一套《國父全集》，並說：「來得正好，派你一分工作吧！你去大世界吧！」我不知道大世界是什麼機構，我直覺的認為可能和上海黃楚九搞的有凹凸鏡的大世界一樣的遊樂場吧！派令很快就交給我，我告訴張處長，我幹不了，那種龍蛇雜處的地方，無法勝任。張處長說：「昨天上官業佑還力薦他弟弟呢！」不久就發布了上官業傳出任大世界總經理。後來才知道大世界是電影院，而且是電影界的龍頭。我不後悔，因影劇界非我所長，也非我所愛，弄不好，會搞出不可預測的後果來。這紙派令，我一直保存著，多次搬遷，好久沒有檢查了。

青年服務團長是上官業佑，湖南石門人。中央黨校畢業，後來才知道他與吳延環委員堪稱莫逆。政府遷到台灣初期，政情不穩，人心浮動，他之所以能在大員雲集之中，雀屏中選，出任數千流亡學生的服務團，是源於抗戰勝利之後，追隨張治中在新疆從事政治工作，密電政府張治中「不穩」的情報，後來應驗，因之證明其忠貞，故而出任斯職。

而上官的為人、行為專斷跋扈，一派官僚作風。他對我的過去可能略知一二，所以對我的一舉一動，特別關注。大隊長易鵬對我更「關愛」有加，三天兩頭地找我聊天，我旁邊放著《國父全集》，他也會拿起來翻弄半天。開生活檢討會，上官團長也指定我發言，我表示沒意見，他會要我說說感想，我說很滿意，他說我說的不是真話。經常如此，內心受到的威脅與恐懼，與日俱增。

服務團的團員都打地鋪，一排排的擠在稻草上，睡在旁邊的人，早晨起來就不見了，而且永遠的不見了。沒有人敢多問，更沒有人去追究。來台之初，匪諜當然很多，政府為了統一思想，淨化社會，清除匪諜，理所當然。但是匪諜的認定，不是某人的認定該如何就如何了，起碼應該有一個不冤枉人的標準。檢舉匪諜，機關首長當然有其責任，各級幹部都有注意匪諜活動的任務，但匪諜與異議份子，應該有所區隔，批評幾句，發發牢騷，都和匪諜劃上等號，並且以處理匪諜的手段處理，不是太可怕了嗎？

數十年之後，我在致理技術學院教書，同時也在致理教書的前青年服務團中隊長許冠超兄閒聊起來，才知道上官在會議上曾公開點出我的名字，提出討論。上官認為：「在大陸凡是在大專院校的活動分子，尤其是搞自治會的，十之八九都是共產黨，不然也是共產黨的同路人。」上官這一套思想邏輯，實在太可怕了。在新莊恆毅中學擔任訓導主任數十年之久張金賞兄，也和我聊過類似話題。這種環境，我能安心地呆下去嗎？後果實在可怕的不敢想像。

上官業佑這一套不合邏輯，理論不通的思考模式，是政府失去大陸之後，成為驚弓之鳥的自然反應。大陸大學生反政府運動，像海水一樣，一波一波的未曾停過，成為反政府的主軸，也是打擊政府威信的主導力量，所以上官業佑就認定在大陸搞學生自治會的「不是共產黨，也是共產黨的同路人」。這種認知，在政府撤退到台灣之後，表現得尤為露骨而普遍，感情蒙蔽了理智，就一竿子打翻一條船，不分青紅皂白，認為人人不可靠，懷疑人人不忠而無一倖免了。

例如，在民國三十四年十一月政府派沈鎮南先生為台糖總經理，負責重建被戰爭破壞的廠地以及設備。沈總經理埋頭苦幹，日以繼夜的工作，使糖廠逐漸恢復舊觀，年產量由八萬公頓增加到六十三萬公頓，替政府賺進大批外滙。三十九年六月，沈鎮南先生竟以匪諜名義被處於死刑，受牽連者有主任秘書潘誌甲等七人，胡適之就說這是「千古奇冤」。

在白色恐怖之下，不知有多少忠義優異之士，慘死槍下而含冤莫白。直到九十一年，政府才認定：「沈鎮南叛亂案是當時不當審判的冤案，予以平反。」類似情形，何止千百，戰亂時代，道理永遠是講不清的。

以大陸大學學生自治會來說，真正控制在共產黨或左派份子手裡的畢竟是少數。以北京而論，北大、清華是名校，影響大，是共產黨必須爭取的對象，自治會總是掌握在職業學生手中。但中國大學、朝陽大學的自治會，都掌握在反共學生手中，像鐵筒一樣，左派份子休想插足其間。而長師所以千里迢迢，不避艱險，始終追隨政府，這不是最有力的證明嗎？但到了台灣之後，在上官恐怖統治之下，我為了存活，只有設法脫離其掌控而另謀生路了。

服務團實在無法再呆下去了，但是我又沒有能力去改變這種環境，在萬般無奈之下，只有向時任國防部總政治部的蔣經國主任上書了，說明我現在的處境，並表示願意追隨主任的意願。經國先生馬上派秘書蕭濤英先生來服務團拜訪上官團長，准我去參加政工班考試。上官是宦海中打滾的老官僚，當然有見風轉舵的智慧，立刻召見我並慰勉有加，同學一起隨我去參加考試的二十餘人。錄取名單發表之後，我們離開服務團到和平東路台北師範學校，接受為期三個月訓練的時候，上官又發動全團數千人夾道歡送，一個月左右心驚肉跳，朝不保夕，命如飄篷的服務團生活，就此永別了。

政幹一分班和第六軍

政幹班的全名是政治幹部第一分班，簡稱一分班，經國先生是班主任，胡偉克副之。實際負責班務的是班附江海東先生，王慶芳先生是教務組長，盧天鵬少將是總隊長，郁珍上校是我們第三大隊長，舒政是中隊長，王棟才是班長。課程方面都是精神講話，時局分析和共產黨必敗的理論。李煥、王昇、江國棟及一些當時名人俊彥，如吳俊才、鄭彥棻等，都是講師，做統一思想的工作。

教務組長王慶芳先生，在長師教過書，對我有比較深一層的了解，所以在一分班結訓之後，還未分發工作之前，王先生曾帶我分別拜會經國先生身邊幾位重要幹部。王慶芳先生與江國棟先生有深交，特別為我介紹認識江國棟先生，這是我第一次見到國棟先生。結業之後，我被分派到第六軍。

第六軍是衛戍部隊，駐圓山忠烈祠。軍長是蘇時、副軍長王啟瑞、參謀長陳寶華、軍政治部主任是徐汝楫中校、甯俊興上校副之，都是在雲南二〇七師的老長官。徐主任問我希望在那個單位工作？我表示希望在一個工作單純的單位，因為幾個月來精神太疲勞了，徐主任說：「二〇七師有衛生隊，工作單純，你先去呆一段時間吧！」

衛生隊長是上尉醫官，還有兩位中、少尉醫官、士官、看護兵和伙夫加在一起，也沒有一個連大。因為駐在林口湖子公司和工兵營住在一起，就等於工兵營的一個單位。師部在林口國小，師長是周中峰上校，周師長是在東北時接替張越群升旅長後的六一九團團長，政治部主任是原二〇七師六二〇團督導員張榮春上校，都是熟人，葛慶柱是科長。

在衛生隊幾個月，相當愉快，衛生隊沒有什麼藥品，只能作些抹抹紅藥水，吃些消炎片和一些簡單的包紮工作，老百姓求診，就派個士官去看看，求診者也常有些回饋。我們都用煮針的酒精煮火鍋吃，其樂也融融。

離開衛生隊，調職警衛營，再調情報隊

好景不常，第六軍政治部主任徐汝楫他調，軍主任一職由王慶芳先生繼任。王先生一看我在衛生隊，立刻調我到警衛營，住在忠烈祠右側一排營房內。軍長蘇時也由軍官團團長艾靉接任。艾中將講門面，愛漂亮，注重場面，尤其重視軍官的外表。那時，我二十幾歲，身體強壯，精神好，他一再找我，商議調充連長，又說副營長兼連長。我志不在軍旅，我找王主任求救，王主任很快把我調到內湖情報隊指導員。

情報隊組織龐大，隊長是中校，少校、中、上尉一大堆，好像軍官無處去，都派到情報隊來，隊員五、六百人，分駐在外。新竹以北，比較重要的地方，都建有情報所。這些情報人員整天在外面遊蕩，惹事生非，常做些不法的勾當。我到職之後，彼此都不認識，實際上也無法認識，更談不上如何相處了，兩個月的工作，做得極不順心，政治工作，聊備一格而已。

四十年初夏，軍部舉辦情報大演習，並通令全軍各單位，指明某月某日起一週內為情報演習週，嚴防情報人員竊取軍資，並訂出賞格。結果得大獎的是竊走了參謀長的公事包，其次是軍政治部公文箱都被偷走了。有被抓到的，抵死不許承認，招認者回到隊上，會受到更嚴重的處分，這些講究竊取之道的情報隊員，分住在各地的情報所中，乏人約束，幹些非法之事，自在意料之中，政治工作推展困難，也就不言可喻了。

腿上長瘤，住院求診

在我右大腿內側發現長了一個小瘤，日漸長大，狀如小棗，行動漸感不便，就住進了中華路一七四號第六軍野戰醫院，醫院的設備是相當簡單的。院長是長春大學醫學院畢業的姜言行中校，醫官中，中、上尉和少校的為數不少，差不多都是戰鬥醫科出身，稍有些醫藥常識，經過一段時期的觀察、磨練，在缺乏醫官的情況下，就慢慢地由看護兵、士官、尉官，一路升上來。也有一些國防醫學院畢業派來實習的，如後來在榮民總醫院做到X光部主任的張遵先生。

姜言行院長高高的個子，足蹬長筒大馬靴，帥氣十足，也很精幹。他的同學上尉田醫官，就完全是兩個樣子。田醫官黑黑壯壯的，整天拉著臉像討債似的，講話也極不中聽，病人由他照顧，小病也會變成大病。另一個行伍出身的戰鬥醫生賈文化先生，醫術如何，不敢批評，但為人和善，整天笑臉迎人，對病人安慰鼓勵，兼而有之，使病患感到快樂，樂意與之接近。所以賈醫官由行伍升到少校，田大醫官仍然是三條槓槓，多年未能升級。

在北投駐防三六三師的士兵，肚子痛，到醫院求診，檢查的結果是盲腸炎，當然由正牌醫學院出身的醫官操刀。盲腸炎本是小手術，但士兵手術之後，疼痛如故，又經診斷，是一卷膠布縫在肚子裡，可憐的士兵就這樣莫名其妙結束了生命。人命關天，傳揚出去，那還了得，結果由院長出面，在真北平請了一桌客，道歉了事。第六軍編散之後，野戰醫院也跟著結束了。若干年後，我去公園路公保處看病，赫然發現醫師的名牌上還高掛著這位醫師的大名，令人驚歎！

言歸正傳，我腿上的瘤紅潤剔透，像個成熟的小蕃茄，好像一碰就會破的樣子，負責操刀的是游滄洲中尉醫官。游醫官也不是正規醫學院畢業的，刀開得多了，不乏臨床經驗，他要為我局部麻醉，我認為瘤成熟到這種樣子，就不必了。我平躺在大木床上，雙手抓住床頭的橫木，就動起手術來。醫官劃破腫瘤時是不太痛的，但清除裡面的膿水，就忍受不住了，我一張嘴，游醫官立刻把毛巾塞在我嘴裡，痛得我出了一身冷汗，我用力抓住床頭，忍痛咬緊毛巾。手術完畢，床墊全濕，游醫官伸出大姆指說：「讚！」

腸炎，鬼門關走一遭

肉瘤切除之後，很快就平復了，但是我的腸炎，野戰醫院却無藥可治。醫院把我送到廣州街第一總院，也無藥可治。結果又送到鶯歌五十六後方醫院，五十六後方醫院的病房分十二等，以病情的輕重，從第一病房到十二病房依順序排列。

我進去醫院就被送到十二病房，我神智清楚，也沒有什麼恐懼，只知道十二病房的病人，病情是比較嚴重一些。我的肚子脹得像小鼓，大便排不出來，同學去看我，都無計可施。醫生說金黴素有效，但一顆要九十八元，有價無市，有錢也買不到。

說到這裡，我應該提提馬明兄。他不止一次的去看我，每次看我的病況，都是眼淚汪汪無限難過，同學看到我粗壯的體形竟變成和螳螂一樣，除了肚子以外，四肢已瘦得失去了人形，憂心的表情，使我更感悽楚。但我的頭腦還是清楚的，馬明兄決定為我募款買藥，但同學都在服務團，一清二白從那裡去找幾百元以為購藥之資呢？如果硬找數十位同學湊出幾百元來，這個包袱太重了，我承受不起這救命的人情債，也是我一生永遠償還不了，所以我堅決拒絕。

郭元甫兄也常常跑去看我，他蹲在床邊發誓的說：「我不管用什麼方法，一定要給你弄來幾顆金黴素來！」不久，他真的送來了四、五顆金黴素，在醫官的監視下，我一口吞下，生死存亡，都不在我預料之中了。

中午，服下了四、五顆金黴素之後，我就倒在床上，幾小時之後，肚子開始不舒服，時間越久，肚子越痛，趕快到厠所，一條硬便下來之後，接著嘟！嘟！嘟！把多日積存的廢物像土石流一樣，統統排泄出來，其數量之多，看了驚人。

之後，肚子立刻縮了回去，精神也立刻振作起來，醫官也立刻把我從十二病房轉到六病房，又轉到四病房。至此我才知道，十二病房再升一步，就是十三病房，也就是太平間。一進太平間，天下就太平了。現在想起來，真是不寒而慄！郭元甫兄從鬼門關硬生生的把我拉回來，逃過一劫，時至今日，起碼多活了五十幾年。

三國演義，開講

腸炎雖然由金黴素特效藥治癒之後，但身體瘦弱需要在醫院較長時期的療養，食慾大增，食量驚人，精神體力，日漸增強，閒居無聊，就在病房裡閒聊三國故事。因為二十六年「七七事變」之後，學校都停辦了，無書可讀，又無事可幹，在家閒居就找小說閱讀，什麼《大五義》、《小五義》、《三俠劍》、《水滸傳》、《羅通掃北》、《三國演義》、《龍鳳再配再生緣》及《隋唐演義》等等，都一遍遍地看，大小五義等等只看熱鬧，文字不美，看過也就算了。《三國》、《水滸》，我確實下過相當工夫。兩書不但文字優美，敘事詳明，系統井然，如長江大河一樣，波濤起伏，氣勢壯闊，委婉處千嬌百媚，誘人深入，會使你閉目遐思。關鍵處，聲雄力壯，筆力千鈞，會激起你的豪情。所以我對《三國》、《水滸》二書，翻來覆去，不知看過多少遍。

有人說，三國人物都是單名，如關羽、張飛、曹操、劉備等等，我會重看一遍把複名的都記下來。如諸葛亮的岳父黃承彥，助桃園弟兄起義的張世平等等都是複名。有人問：諸葛亮、周瑜、劉備和曹操的年齡誰大？我也會再看一遍，把誰長誰幾歲記下來。有人質問。周瑜比諸葛亮年長，為何京戲中周瑜是小生，諸葛亮反而有鬍子呢？我就解答不出來了。

其中好文章或優美的形容語句，我都會用心地多讀幾遍或背得爛熟，如〈隆中對〉，〈舌戰群儒〉、〈出師表〉、〈罵死王朗〉、〈張松獻地圖〉等等精采絕倫的篇章，我都讀了又讀，記了又記，所以在病房閒聊的時候，大家都聽得津津有味。後來有病號弄來一本破破爛爛的《三國演義》，我就按著順序，一天一回的講起來，彼此相傳，聽眾越來越多，後來連醫官都準時來報到。

每天晚飯之後開講，病房本來就是國小的教室，一個大病房都被聽眾擠得滿滿的。有人送水，有人遞煙，我講得口沫橫飛，蓋得不亦樂乎，聽眾尿急，就在門口走廊上小便起來，這樣糊里糊塗地講了兩個多月，被院長發現走廊上臭氣難聞，查問結果，大發雷霆之怒，詢問我的病情，下令出院。

《三國》講得越來越順利，內容也越來越精彩，聽眾那裡捨得我出院呢？醫官急著問我：「還有什麼病？」「沒有了。」我說。檢查一下，發現我有痔瘡，醫官不由分說，就七手八腳地給開了，這樣當然就不能出院了，《三國》還可以繼續講下去。院長追問，也無可奈何！

痔瘡本來三、五天就可以出院了，但我的傷口始終不能痊癒，原來醫官每天幫我換藥時，再重新把傷口扒一扒，天天扒，傷口如何能痊癒呢？我問醫官，他們的答覆極簡單：「諸葛亮還沒有死嗎？」講到諸葛亮病逝五丈原，不幾天，我就被命令出院了。

調野戰醫院服務

病好出院之後，我又回到內湖情報隊來。政治部主任王慶芳先生已調總政治部第一處長，繼任者是陸軍總部派來王緒上校。當時在大陸大專院校肄業的學生，教育部分批分發到性質相近的大學繼續學業。我分發到台北和平東路師範學院，（當時尚未改大）而國防部不准，於是我就決定申請退役了。

當時軍方需要年輕力壯的知識青年，要求退役，殊非易事。我特別晉見王昇將軍，他不贊成我離開軍隊，而且鼓勵我在軍中是有前途的。大學不大學，沒有什麼重要，並表示他會幫助我在軍中發展。

申請退役之事因為不得要領，又去求見江國棟先生。江先生湖南大學畢業，而且是湖南大學學生中的領袖人物，他對我的心境有深切地了解。他不但同意我的想法，而且也表示願意助我一臂之力，達成心願。他說：「沒有完成大學學業，是人生的一大遺憾。有志青年不一定非留在軍中不可！」並懇切地表示：「會找王主任想想辦法。」

王緒主任對我很客氣，他表示：像我這樣的身體，申請退役是不可能的。只有一個辦法，調你到野戰醫院去，讓醫官從中設法，能不能成功，八仙過海，就看你的本事了。王主任還表示，野戰醫院政工室沒有主任（指導員）缺，你願意不願意屈就幹事呢？我目的是退役，那會在意位階的高低。

在此之前，王緒主任幾次找我商議，希望我留在軍中，等報升批准下來之後，立刻去當團主任，何必降一級當幹事呢？我復學的心意堅定，當然不會接受王主任的好意。想不到，我到女師附小教書一兩年之後，竟然接到國防部的通知，去領取「任官令」。以我當時的身體狀況與參謀總長周至柔的批示，不太相符，為防意外，領取「任官令」的事就放棄了。

當時野戰醫院院長姜言行已他調，繼任者是廣東人葉剛中校，政工室主任喬中和經常住內湖、中華路野戰醫院政工室和葉院長的住所，是在一排房子裡。中間有大門，通到政工室後面的大廚房。各兩大間，外面是辦公室，內間是臥室，政工室還有一位幹事，是湖南人萬邦，整天病懨懨的，面色蠟黃，呈貧血之狀，但聲音宏亮，有表現慾。彼此沒有工作上的衝突，相處得也很愉快。

我在野戰醫院主要的業務，是負責聯絡、領取和分配衛戍部隊的電影勞軍票。第六軍有三個師：二〇七師、三六三師和三三九師，中華路的憲兵票，也由我領取。軍人的待遇很低，二等兵是七塊半、一等兵是九塊、上等兵十二塊、下士兵是二十四元、上士三十元。少尉五十四元、中尉六十六元、上尉七十八元、少校九十元、上校一百三十二元，再扣掉黨費和理髮費，生活真是很苦。

當時曾發生一個小插曲，是我在警衛營的時候，士兵晚上貼條子，表示願意當長官的兒子，因為官長生下子女，就是上士待遇，可領三十元津貼。軍長艾靉大為震怒，下令徹查，我說明無效，只有報告軍政治部主任，才得到不予追究的結案，可見當時軍人生活的苦狀。

那時各電影院星期六下午和星期天，都有勞軍票，以舒緩軍人精神上的苦悶，是非常需要的。那時西門町成都路，通稱：「電影街」。有大世界、美都麗、國際和新世界四家，萬國還是以後才蓋起來的。電影票由我領取、分配，當然有機會留下幾張一時不易買到的，送作人情。因此我與醫官都處得很愉快。因為經常與各戲院有來往，人熟了，不管任何時候，我都可以推門就進去看免費電影。有時自己無聊而影片又好，我曾一天連趕四家戲院。

人，以和為貴，人和是寶。在野戰醫院服務期間，實在幹得愉快極了，以前為我動手術的游滄洲醫官，攜家帶眷，生活相當清苦，還要花錢租房子，有空就倒在我床上長吁短歎，說人生乏味。後來我為他找到一間不收租金的小房子，稍解他燃眉之急。二十多年前忽然在《台灣時報》上看到社長游滄洲的名字，打聽之下，果然是他。葉剛告訴我，退役之後，考取了醫師執照，在高雄自開診所，生活大有改善。後來與南霸天王玉雲扯上關係，就幹起《台灣時報》掛名的社長來。

人和真是大可貴了，人和不但是萬事興，也是萬事通。我在野戰醫院上上下下一片人和聲中，在大家通力合作之下，四十一年底，我就以「老弱殘廢，不堪服務」八個大字，奉參謀總長周至柔上將之命退役了。軍中發給我三個月的主副食和三個月的薪餉，還有一些用品。

就在此時，軍長艾靉也換成徐汝誠，王緒主任也發表出任連江縣長。野戰醫院也結束了，整個的第六軍也變成了歷史名詞，艾靉軍長把名噪一時的第六軍帶往衰敗之途，徐汝誠軍長之來，就是奉命來結束第六軍的生命。

王緒縣長墜海而死

第六軍正式結束之後，原第六軍的人員，都改編到其他單位去。而退役的，可以在原地長期居住下去。我住的兩大間，還有後面的大廚房，是中華路長沙街口的黃金地段。葉院長的房子和我的一樣大，但沒有廚房。廚房是全院人員和病患所共用的，有三十坪大。萬邦也離開到官兵輔導會去了。我一個人住偌大的房子，空洞無聊，適王緒縣長由馬祖返台，告訴我即將結婚，覓屋不易，希望我能幫他注意。那時我已去公園路女師附小教書，學校有宿舍、伙食團，而我又無法拋棄中華路的房子，兩地雖相距不遠，走路也需要二十多分鐘，終歸不便，王縣長又覓屋無著，我就慨然相讓。王縣長大喜過望，為了表示謝意，送我兩個小條子（註七），我一口拒絕。王並拜託我找工人負責監修一下，我就這樣自以為是的無條件的讓給王縣長了。

葉剛院長一再告訴我決不可讓，公家房屋可以永久住下去，轉讓別人，也可以談談條件。若干年後，葉院長的住處以兩戶三樓的房子為條件轉讓給別人了。

王緒縣長婚後生了一個孩子，在第二個孩子即將臨盆之前，王縣長由馬祖回台灣途中，乘陳紹寬駕駛的藍天鵝水陸兩用飛機掉到海裏犧牲了。後事如何，也就無人提及了，王太太和孩子，也不知搬到何處去了。

省交響樂團演奏會

在野戰醫院服務期間，台灣省交響樂團，就住在政工室大廚房的後面，緊臨著長沙街口。交響樂團有名的小提琴手是司徒興城先生，號稱台灣第一把小提琴手，聲譽之隆，如日中天。向他拜師學藝的女孩子絡繹於途，從政工室的窗前經過，都是些年輕貌美，婀娜多姿的妙齡女郎。

司徒偶有小恙，也常找我幫忙，派看護兵去看看就是了。他知道我有勞軍票，我也會偶而送他兩張。四十一年秋冬之交，交響樂團在中山堂舉辦了一次大規模的演奏會，陣容之大，為歷年所僅見。司徒特地送我一張前三排中間位置的入場券。我當然如期前往，台上各種樂器都亮出來了，把中山堂偌大的舞台擺得滿滿的。光小提琴就有一百餘把，規模之大，堪稱空前。

前面兩排都是達官貴人的位置，我的正前面的第一排，就是裝甲兵旅長蔣緯國的坐位，監察院長于右任拄著拐杖蹣跚而來，一屁股就坐上去了。蔣緯國將軍隨後到來，一位少校隨從恭敬地告訴于院長這是蔣旅長的位置，于右老把頭一揚：什麼旅長。蔣緯國隨後走來，口稱于伯伯您老坐，就在一旁去坐了。于右老倚老賣老，蔣旅長恭敬如儀，也是官場一景。

憑心而論，我對音樂不僅是缺乏素養，簡直到了白痴的程度，唱歌我沒有興趣，僅此一科，六年的小學教育，我就無法超越表哥的名次。無論老師用什麼方法鼓勵，我就是不開金口，直到今天，五線譜都不認識。承蒙司徒先生的厚愛，把最好的位置留給我，其實是讓我活活受了兩、三個小時的酷刑。弄得我腰疼腿酸，哈欠連連，又得強打精神，表示全神貫注，心領神會的樣子。其實我的精神早就不知道跑到那裡去了。兩、三個小時演奏會結束之後，掌聲雷動，我如從大夢中驚醒，魂兮歸來，阿彌陀佛，總算得到解脫，回到住處，倒頭便睡，一覺醒來，不知東方之既白。

天亮了，早飯之後，問題又來了，司徒興城先生高興地踱到我辦公室來，一開口就說：「昨天演奏得如何？」，「太好了。」我說。司徒又接著問：「你是行家，樂團演奏得再好，也會有破綻，請不客氣指教！」行家？真是活見鬼，天下還有像我這樣低級的行家？請批評指教，我會說什麼呢？只能說太好了，真是天衣無縫！不管我怎麼說好，司徒總是認為我客氣，一再要求指教，我萬般無奈才說：「一百多把小提琴，動作一致，整齊極了」，司徒忽然不講話了，笑容也收斂了，最後應付了幾句，就起身而去。此後我與他人談起，得到的回答：「你真是土，最丟人的話都說出來了，演奏會也不是軍隊下操！」

土！我當然承認，司徒先生再也不送我票了，謝謝！我因「土」而得福，免得再受洋罪。但我喜歡聽鄧麗君的歌，這又是為什麼呢？

二、側身教育界

到女師附小教書

從軍中退役之後，心情好輕鬆，從此可以海闊天空的任我遨遊了。接下來的，就是工作問題。有一些退役的阿兵哥們，都各顯神通的投靠親友而去，有些無處可去，就搬到火車站前七洋行大樓去住。有人三個月的資遣費吃光用完之後，工作仍然沒有頭緒，四處碰壁，生活發生了問題，萬般無奈，就買了一大包安眠藥吃了，穿好衣服，躺在床上靜候著生命的結束，豈知一覺醒來，精神依舊，一查，原來是麵粉製成的。

他認為上帝還要他留在世上，又打起精神四處求職，結果仍然沒有著落，在萬念俱灰之下，又買了一條繩子，他想：如果繩子也要留他，就決心不走絕路了，豈知繩子並非贗品，他一條寶貴的生命，就因為繩子貨真價實而結束了生命。

我的命運還算不錯，公園路女師附小正好缺少一位在輔導部出版組，編學生刊物《童聲》學報的老師。原長白師院同學來台後的應屆畢業生集中在台中沙鹿，經教育部的考試之後分發，周繼文、嚴思毅都由方院長介紹到附小來，高長明沒有畢業，也用代用的方式在附小工作。附小出版組有出缺，經周繼文一介紹，高長明一幫腔，就ＯＫ了。

編小報，雖然沒有大不了的學問，但編、寫的經驗是缺少不了的。在中學時期，我在班上就編過壁報。到長師，從一年級起，我們青年軍的同學就合力創辦過《我們的話》，半月一期的大型壁報，後來又更名為《正風壁報》。主要是討論一些學校應興革的怪現象，正風的宗旨是「正者，正也；風者，風也。正風者，正風也，正不正之風者也。」這個宗旨，四年來從未變動，半個月一期，也從未間斷，即在遷徙途中，一安定下來，也照常出刊。

我可以大言不慚地說，《正風》對學校是有貢獻的。對同學一些偏差的行為和不正確的言論，有些激濁揚清的作用。對學校的播遷，也會壯壯聲威。尤其在左傾分子胡鬧地使學校頻臨難以維持下去的時候，《正風社》發揮了持亂扶傾偉大的安定力量，因為編壁報，也用心讀過幾本有關編輯新聞的書籍。內行，不敢當；常識總不太貧乏，編編學生報，也自認可以勝任愉快，游刃有餘的。

附小校長白子祥先生，是河北省河間府人。河間出過些有名的人物，例如：竇爾敦是鼎鼎有名的。他不但講信修睦，一言九鼎，決不會講話不算數，黃天霸拜山的一幕，表現得真是氣壯山河，真不愧是江湖上的大英雄。另外，清末民初，袁世凱北洋軍中龍、虎、狗三大戰將之一的馮國璋，還當過一段大總統，也是河間府人。再者，連續劇中的鐵齒銀牙的紀曉嵐，慈禧老佛爺跟前，權傾朝野，紅滿天下的小李子，都是河間府的土產。河間離北京近，一人進宮，互相援引，在太監圈中，就形成了河間幫。

但白校長與這些人物都沒有關係，但却有竇爾敦的豪俠之氣。附小有出缺，白校長本來不想再聘請河北人的，因為在附小教職員中，有人稱附小是「河北同鄉會」、「山東會館」。他請周繼文介紹，一方面，周是江西老表，又在湖南國師讀書，想不到竟把我介紹來，一談之下，又是河北人，白校長哈哈大笑：「真是有緣。」

白校長問我是那一縣人？我說是廣宗。白校長搖搖頭說：「河北省十府，一百三十二縣，二直轄市，那有廣宗？」我告訴校長：「地理一科，恐非校長所長。」廣宗不僅是河北一縣，而且是老古縣。《三國演義》開宗明義第一回：「話說天公將軍張角與中郎將盧植大戰於廣宗。」廣宗位於南宮之南，鉅鹿、平鄉之東與威縣為鄰，接近山東臨清。秦始皇東遊泰山，封禪之後，返京途中，死在沙丘，沙丘就是廣宗。廣宗是秦始皇死後，李斯命名的，表示「天下一家」意思。幾個大村莊南塘嚥、北塘斷、就是秦始皇到南塘快嚥氣了，到北塘就斷氣了。縣志上是南塘疃、北塘疃，當地人都叫白了：南疃疃、北疃疃。我還告訴白校長，廣宗縣還出過一位曠世絕代的大美人：曹叡的媽媽、曹丕的太太、曹子建朝思暮想的甄氏夫人。

附小——皇家子弟學校

從四十二年二月起，我就成了附小的黑牌教師。因為真正退伍令還沒有發下來，沒有退伍令，不能申請身份證，就不能申報戶口，當然也就不能呈報教育廳了。黑牌教師幹了半年，除了由學校暫墊伙食外，沒有薪水，學校分配我住在二樓一間相當寬敞的小閣樓上，李仲章、施巨源都與我同住過。在師範學院復學的王梁甫、冷碩毅晚上都在地板上打地鋪。

半年後，退伍令發下來，才有身分證，也報了戶口。地址是台北市城中區文賓里二十九號，就是附小的地址。解決了身份證的問題，另一個問題又來了，大學肄業不算數，教育廳只認畢業證書，我到教育廳，就是現在的監察院去問，答覆是：「非要畢業證書不可。」

我有四十一年教育行政人員普考的及格證書，主管人員說：「可以當校長，不能當教員。」「那就派我當校長吧！」我說。官員以沒有機會作答。怎麼辦呢？只有請方院長出具證明畢業證書，入學時已呈教育部了。但報部的畢業證書，在台灣必須有該校畢業的出具證明，結果我找到安文俊是滄州師範畢業的出具證明，再由杜學知老師找建中校長賀翊新，以當時的河北省教育廳長身份證明，報上去後，就核准了。學校補了我幾個月的薪水，立刻添置行頭，改頭換面，才像一個教員，生活也才慢慢地步入正軌。

事情已經過去五十多年了，我毫不臉紅的說，在附小幾年，我把出版組建立了一個不錯的規模，為《童聲》學報開拓了一個正確的方向，引導不少學生對投稿發生了興趣。《童聲》學報半個月一期，不但師生每人一張，也分寄到各個小學和文化機構，也曾獲得《中央日報》的獎勵。可惜人存政舉，人去政息，我離開之後，《童聲》學報就慢慢步上衰微之途，經常不能按時出刊，後來竟演變成每年學生畢業時出一次了。

女師附小在當時，相當於皇家子弟學校，政府的達官貴人或社會領袖的子弟，都設法到附小讀書，也就是說附小的學生家長，很少是平民百姓和勞苦大眾的，即使住在附近的居民，家長為了孩子的自尊心也棄附小而就讀其他學校。

附小的學生都是漂漂亮亮，活潑天真，服裝整潔的小天使，天真可愛又文質兼具，且彬彬有禮，和這些孩子整天相處在一起，會使自己也跟著年輕活潑起來，天真無邪的面孔、活潑可愛的舉動、幼稚純真的語言，會使你有今年何年，今夕何夕之感。

我沒有擔任級任導師，除了負責主編《童聲》學報之外，還擔任高年級的幾班歷史課，接觸面廣，而無法把全部精神注入在一個班級之中，直到今天我還記得許多活潑可愛學生的名字，如沈大川、黃任中、谷正綱先生的四個子女以及徐君達、蔣孝武等等。女生也記得很多，現在都是六十歲以上的老年人了。

教小學趣事多，學校與家長之間相處得和氣融融。譬如說，負責接送馬星野兒子馬少野和黃少谷兒子黃任中的三輪車夫，與負責監護老師發生不愉快，馬、黃兩位家長都會親來學校向老師致歉，態度謙和，讓老師不知所以。師生之間，一片祥和，從無糾葛。谷正綱的兒子谷家泰，活潑好動，話多詼諧，很有人緣，級任老師李仲章在連絡簿寫道：「家泰在學，愛耍小花臉，希注意及之。」谷正綱回信：「家泰在家並無此現象，希望老師教他唱黑頭。」類此多有，頗堪玩味，谷正綱是好官，子女樸實，毫無紈袴子弟之氣，所帶便當，都屬中下，實在難得。

社會，害了黃任中

提起黃任中，我有不得已於言者，黃與沈昌煥的兒子沈大川同班，完全是兩個不同的形貌。沈拘謹而黃開放，五、六年級的時候，黃已經長得很壯碩了，沈與黃雖然常在一起，沈總是含笑而話少，黃則話多而愛胡扯。我每期編印《童聲》學報，校對、搬運、分配，黃任中都是我不可或缺的大助手，他健壯、率直、慷慨，我非常喜歡他，他也喜歡有空找我談天。

他的級任老師是郭師禹，一位循規蹈距的老先生，黃少谷對郭老師信任有加。四十三年黃任中小學畢業，考上建中，黃少谷設法讓郭老師跟到建中，仍然當黃任中的導師，可見少谷先生對郭老師寄託之重，與對黃任中期望之殷。黃任中也確實應該是個好孩子，蔚為國家棟樑之材，輪廓已現。

但為什麼留學回來，就變了樣子呢？是家教不好？是教育失敗還是本性惡劣？我曾仔細地思索這個問題，黃任中本性之善良、純厚與高度的正義感，表現在年輕的孩子中並不多見的。從小受良好教育，談不上教育失敗，黃是家中獨子，又是少谷先生的晚生兒，溺愛之情在所難免，但社會上的浮誇風氣與競慕豪奢，才是這個不為金錢縈心的青壯年輕人，堅守不住本性，迷失了方向，逐漸步入歧途的原因吧！社會教育之為禍大矣哉！

細數官宦子弟與豪富之家的後裔，能刻苦努力奮發上進的，又有幾人呢？黃任中固然是德性不固，但社會風氣畢竟是太壞了。不知愁滋味的年輕人，能結交善良、刻苦創出偉大事業，確實不易。金錢、權勢都是掏空有為青年良知的兇手。一個年紀輕輕，血氣方剛的青年，思想觀念尚未定型，對社會形形色色的誘惑，是不容易抗拒的。何況又有金錢與權勢助威，小人競進，正人遠去，在這種情形之下，不亂方寸，站穩腳步，吹牛可以，真正做到的，恐怕就沒有幾人了。黃任中感情豐富，很念舊，在附小教過他童軍的周老師，退休之後，生活比較清苦，他知道後馬上把周老師請去，在他的事業機構任職，並且交代人事部門，工作不可太重，待遇不可太低。黃任中擔任一個機構的總裁，還能想著小學老師，不是很感人嗎？

以後他的花邊新聞不斷，沒有人規勸他，也沒有人約束他，他的三個姐姐也慢慢地疏離他，黃任中就一步步走上失敗又名裂之途，令人感嘆！

黃任中如果生在一個尋常的百姓之家，沒有金錢、權勢讓他為所欲為，我可以肯定的說，他一定是個好孩子、好國民，也可能成為國家棟樑之材。

蔣孝武、孝勇兄弟

經國先生的兒子蔣孝武、孝勇也是附小的學生。有一天蔣夫人宋美齡女士一手拉著孝武，一手拉著孝勇，到附小來找白校長。校長一見夫人，當然鞠躬如儀，夫人說：「我這倆個孫子可以來附小讀書嗎？」校長的答覆任何人都會想得到，當然是「歡迎」。於是蔣氏兄弟都成了附小的學生。無巧不成書，適我在場，一件有趣的事就發生了。

那時台北市小學是學區制，不住在這個學區是不能進來讀書的，台北市的教育局長是吳石山，對學區制的執行是三令五申。我在雲南入伍當兵的老營長周仲達先生，在東北的時候，是少將總隊長，來台之後，沒有什麼職務，住在士林山上一間不小的的廟裡，就是現在銘傳大學的校址。

周有一個女兒到了讀小學的年齡，三番兩次找我設法到附小讀書，士林屬陽明山行政特區，小學生無法到台北來讀書，我也請校長幫忙，礙於法令是無法呈報的。蔣孝武、孝勇之來，我趁機請校長在「兩蔣」後面加上周姓學生的名子，不准也就算了。孝武、孝勇住在長安東路，也不是附小學區，校長笑一下，就報上去了，當然很快就批准下來。老營長的女兒，也混水摸魚進了附小就讀。兵曰：「乘勢」，可能就是這個意思吧！循規蹈矩按照正規的手續辦事，往往費事而不易成功，機會湊巧，順勢而為，反可輕鬆而達到目的。

孝武讀五年級，大孩子了，能和同學打鬧在一起，功課中上。孝勇讀一年級，像個洋娃娃，非常可愛。他的級任孫老師，常把孝勇抱在大腿上，喜歡得不得了，孝武和同班的徐君達很好，也常來輔導部投稿，老師問孝武長大了要不要選總統，他表示不知道，要不要選附小市長？他說徐君達比我好，我要為徐君達助選，問他們兩人以後當了總統，對老師做何安排？他們兩人晃頭晃腦嘀咕了很久表示，盧老師當《中央日報》社長和新聞局長，輔導部李主任當考試院長，張老師、王老都有恰如其分的安排，輪到教務主任，兩人卻為難了，私下商議之後說，到總統府吃飯吧！引起哄堂大笑。

徐君達競選市長的時候，蔣孝武化裝遊行，到處拉票，小孩子天真無邪，充分表露了友誼的真情，純潔而可愛，孝武畢業到建中讀了一年，轉到成功中學，由於老師的特別照顧，好像失去了小孩子的純真。

有一次我在中山北路看到警察把一堆學生帶到警局，一番訓斥之後聲言要關起來，學生都嚇呆了，其中一個人要求打電話，並指著牆上的照片。一問之下才知道是蔣孝武，馬上送回去。聽說經國先生知道後，跑到警局大發雷霆，不幾天報紙公布，該局長就調到台東卑南鄉去了。

天下父母都愛子女，方式不同而已。有的想辦法為子女積存大量的財富，使子子孫孫享受榮華富貴；有的希望把子女培養成獨立自主、刻苦耐勞的習性，知恥奮進不向惡劣的環境低頭的精神；有的把子女引導到官宦之路，以顯親揚名。尺有所長，寸有所短，物各有其用，也應盡其所用，不應有高低貧賤之分。「富貴不過三代」有其至高的哲理。人人都懂，都能體悟，但進而防腐其子孫不走上不歸路的，少之又少。

總結起來就是「私」字當頭，有私，真理、正義都不見了。人都好逸惡勞，有錢有勢當然不會涉險犯難，做些沒有把握的工作，因為錢和權勢可以解決所有的問題，當然也就不會勞神苦思以求解決之道了。因為錢、勢萬能，就只求錢、勢的集中，公理，正義就無暇顧及了，離開了公理正義，就離開了社會大眾，就成了高空的氣球，升得越高，離地越遠，毀滅之日越近。寫到這裡，我憶起一位建中的學生來，可以代表富家子弟思想之一斑。

財富，坑殺了多少可愛的青年

應該是三十多年前的事了。建中新錄取的一年級新生三十幾班，其中以聯考成績前五十五名的編為十五班，這也是全國最優秀的前五十五名。學校派我當導師，校長希望我一直帶到畢業，因為其中有一位是校長同鄉兼好友的兒子，而且是獨子，父母當然把所有的希望都寄託在他身上。校長說：「不聽話，可以打，但不可太重，更不可有傷。」因為全班都是好學生又加上校長叮嚀，當然也會多加關照。

該生眉目清秀，英俊挺拔，堂堂儀表，善良而有禮貌，成績也一直保持正常。該生父母都是社會上有聲望之士，也有高尚的職業。母親是某大醫院的主治醫生，父親是手握經濟大權的召集委員，各有各的名牌汽車，在當時是不多見的。

每學期開始，該生的父親必會親來舍下，送一盒高級水果，殷殷致意。學期結束也會在博愛路美而廉宴請任課老師，表示慰勉。委員並一再表示對兒子的期待，一定會全力的栽培，如果考上大學，就是在月球上，他也有能力把孩子送去，期望之殷，表露無遺。由此也可見其權勢和財力。

該生也確實值得培植。他謙和有禮，知所進退。有一次見他坐轎車上學，我告訴他，不可以。他立刻改乘公車。他的校服是自己訂做的，比同學的高級，我告訴他不可特殊，他立刻改穿校方規定的制服。對我的指導，並無不悅之色，誠誠懇懇接受指導。這種可愛的學生，是沒有老師不喜歡的。

班上學生都是各國中頂尖的高手，集中在一起，互爭雄長，秩序井然，一片祥和，從無雜音，我這個導師當得輕鬆而愉快，班上的事務，從不費心，班級幹部各盡職守做得好好的。

一位教歷史的熊姓女老師，期考之後把考卷往我桌子上一丟說：「你說你這班學生我怎麼教，全班都是一百分，連我講的有關故事，都寫得原原本本的。沒有辦法，只有雞蛋裡挑骨頭，多一撇，少一點或字寫得不清楚，統統算錯，這樣全班都沒有九十分以下的。他們都當我兒子，吃稀飯也甘心。」

學生實在可愛，上課寫黑板，他們會說，別寫了，我們都記下來了。上課你可盡情發揮，全班寂然，如一人對空講話，講到可笑處，也哈哈一聲就完了，決不像一般學生笑得東倒西歪不可收場。學生功課好，秩序好，能力也好，春假旅遊，班長會把事情辦得妥妥當當，事後再通知導師，旅遊地點、包車費用、交通路線、同學分組遊玩，甚至把老師吃的點心都準備好，真是令人安心，「育天下之英才而教育之，一樂也」，真是太貼切了。

值得回憶的趣事實在太多了，不能細表。再說這位學生讀到高三，發現他不太一樣了，精神恍惚，上課盯著天花板出神，叫他一聲，如夢初醒，我找他單獨問話，則一再地道歉，表示對不起老師，三番兩次申斥，他都滿面羞愧，聲聲對不起老師，表示悔過。這樣的好學生，只有鼓勵，無法加以懲處。校長還說我心太軟。

有一次訓導處把青年救國團的通知轉到我手上，指名他與北一女的教官打架，井水不犯河水，建中學生為什麼與北一女的教官有瓜葛呢？我大聲地訓斥他，他始終態度謙和的要求找時間向老師請教，放學後，他留下來很誠懇地問我，「老師，你能不能告訴我，讀書究竟是為了什麼？」高三學生提出這種問題，真是笑話，我很不高興的說：「大則為國家，小則為自己。」想不到他竟勸我，不要生氣，他說為國家，我無此妄想；為了自己，我可以告訴老師，父母只有我一個孩子，在中山北路我家有四棟樓房，都租給外國人。接著介紹他父母的職業，都是高收入者，他表示躺著吃一輩子也用不完。人生的路很長，讀不讀書都差不多。最後他坦承認識一位北一女的學生，彼此很談得來，因為接送的關係才和教官發生衝突。他最後道出實情：書真是讀不下去了，一翻開書本，都是女學生的名字。他誠實地道出心聲，就證明這個可愛的學生不可挽救了。

大學聯考，他只考了一個上午，就沒有去了。全班五十七名學生（又轉進兩位），只有他一人落榜，另一位考上東海，是因為他父親在東海教書的關係。五十多人中，電機系七位，機械系十七位，其他都進了化學系和化工系，成績之優異，令人欣慰。其中有一位盧姓學生考上化學系第一名，家長打電話要請客，我表示不必了，家長說：「我兒子考上第一志願第一名，太高興了，老師你不要讓我不高興！」結果把全部任課老師請到重慶南路口「開發飯店」，觥籌交錯，盡歡而散。我帶著酒意回來，告訴兒子請客的情形，兒子說：「爸！我不會讓你花這個錢！」

金錢是幸福之源，也是萬惡之首，多少優異可愛前途似錦的青年，都被它腐蝕、掏空、毀滅了。那位全班唯獨他一個人未考上大學的學生，第二年就由國防部名義保送出國了。聽說在美國書沒有讀，生意也做不好，台灣的財產也都歸零，真是可歎。

將軍之子，各有千秋

青年學生的可塑性是不可忽視的，所謂：「染蒼則蒼，染黃則黃」。在家，長輩的言行舉止，對年紀輕輕孩子的感染力非常之大。在學習過程中，各級老師的行為作風以及對其指導和糾正，對學生心性也有極大的影響。政府官員動輒批評教育失敗，我認為身居高位的領導人物的私心和貪婪，才是社會風氣敗壞的主因。家庭教育，學校教育和社會教育，應該是一脈相承的，在我教書近四十年的經歷中，親身體驗到的，可以舉幾個例子說明。

(一)在勵行中學教書的時候，那時永和鎮有四、五萬人口，剛從擁有三萬人口的中和鄉獨立出來。永和人口急遽增加的原因是：永和與台北市的政治中心距離最近，大批從大陸來的軍、公、教人員及嚮往自由的人們都聚集在永和。又因為當初永和地勢較低，從安樂路口以下直到新店溪一大片土地，都是儲水的隰地，是不准住人的，所以土地便宜，吸引人們購買。另外，因為政府沒有相關的法令、辦法，加以管理，永和就這樣沒有章法地亂建起來了。導致永和的街道、巷弄、都是歪七扭八的大小寬窄不一，完全沒有規劃，完全不像首府的衛星城鎮。經過幾十年的翻修、改建、拓寬，到今天，永和才具有衛星城鎮的規模，人口近三十萬，是各鄉鎮中最繁榮的地區。

勵行中學在竹林路，顧名思義就可以知道該地區是一片竹林。韓校長有眼光，意料到永和必有發展，用很少的代價，購置土地，而創辦勵行中學。永和居住的人口結構，根據當時的鎮長林溪水先生分析，來台一千多位國大代表中，住永和的就有五百多位，監察委員近三十位，有將軍頭銜及新聞從業人員，少說也有兩千餘戶。在勵行後面居住的就有好幾位省主席，如劉茂恩、萬耀煌、楊森等等。居民的文化水準為一般鄉鎮所不及，警界高級官員私下表示，永和是管不了、也惹不起的政治垃圾堆。

永和的快速發展，也帶動了勵行的壯大。四、五年之後，勵行就發展成中、永和地區一所頗具規模二、三千人的最高學府了。

四十三年選舉總統副總統，政府在住永和的國大代表的施壓下，沿新店溪築起一道堤防，中正橋一拓再拓，交通更加方便，人口增加快速，勵行學生的來源，更不虞匱乏。而且大陸籍的學生佔絕對多數，學生見多識廣，活潑好動，我當導師的班上，就有一位四星上將的兒子，神氣十足，耍大牌，嚴重影響班上的秩序，不繳作業，欺負同學，再三勸導無效，並揚言老師不敢處罰他。

我一直考慮，如果連初中學生都管不了，還能做什麼呢？實在不配當導師，何況班上還有一大堆將軍的兒子呢！於是我下定決心非制服他不可。規定如果三次不繳交作業，要處以二十大板。該生三次未交作業的某一個星期六，我就先打該生左手，又打屁股。

在兩天之後的早晨，我在班上看早自習，校長走進教室對我說：「今天不要上課，出去玩一天吧！」這是什麼意思呢？十幾分鐘之後，校長又轉回來說：「出去走走吧！」我問明底細，才知道前天被打的學生家長在校長辦公室要見我。我想：跑了和尚跑不了廟，逃避不如面對，想到這裡，我的精神就來了，喘了口大氣，就直接到校長室去。

門口兩位校級軍官，看我到來未加攔阻，走進到校長室，一位在照片上常看到的老先生，坐在沙潑上，表情嚴肅地和校長談話，我昂然而入並自我介紹，「我是XXX的導師，有話我們直接談吧！」因為心中有氣，語氣頗欠溫和。

這位上將級將軍，究非凡品，立刻起立改容：「你是盧老師，今天特來拜訪。」等我坐定之後，他說：「老師打得對」，又接著說：「星期六晚上他一直寫作業，第二天上午，他仍然安靜地在家讀書，這是過去從來沒有的事。過去問他，拉拉他的手，天下父母心，手都紅腫了，老師能糾正他的惰性，特來致謝。」一場使校長擔心的糾紛，就這樣圓滿的結束了。

幾天之後，參謀特地送我兩支派克五一鋼筆，事情至此並未結束。該生怨氣未消，揚言聯考之後找我決鬥，我鄭重地告訴他：「只要你說明時間、地點，老師一定赴約。」

聯考完畢之後，正值暑假，我穿著拖鞋在辦公室下棋，該生來了，我立刻說：「等等，我換上鞋跟你出去！」該生滿臉堆著笑容：「老師，你誤會了，今天特來謝謝你，如果老師不重重處罰我，如何考取世新專校呢？今天是來報告好消息。」一場戾氣化為祥和。

(二)是我最欣賞的方姓學生，他長得英俊瀟灑，文章寫得清順明白又富有靈性，每次作文，我總是請老師傳閱。英文老師也誇獎他的英文程度。但是他對理科是毫無興趣，他的志願是當記者，到世界各地去採訪新聞。他希望報考的志願是新聞系、英文系和國文系。但是他的中將爸爸不准他讀文史，非讀理工不可，因此父子鬧得很僵。該生母親特地請我去勸說，當我說明方生的興趣及專長之後，表示讀文史沒有什麼不好，這位方將軍就鄭重的表示：「這是我的家務事，希望老師不要管！」

結果這位前途似錦的學生，拒絕考試，每以交白卷了事，可惜之至。

(三)在高雄的時候，一位軍校校長的兒子讀初中二年級，該生長得眉清目秀，一副聰明像，常以父親是中將校長自傲傲人。他時常違反校規，影響班上秩序，導師無法管束。我把他叫到辦公室，嚴厲地訓斥他：「你爸爸是中將校長，社會上崇拜你爸爸，你是飯桶，沒有人崇拜你，你有志氣應該好好地讀書，將來當上將、當部長、當總統。你不知羞恥，還耀武揚威，不守規矩，今天要打你兩大板。」他接受處罰，沒有哭，也沒有悔恨之意，只呆呆地看著我，我擺擺手，他鞠躬而退。

第二天，他陪著媽媽來學校，她說：「昨天孩子回去之後，說被校長處罰」，並說：「爸爸當中將，人崇拜的是爸爸，不是我，我應該要好好讀書，以後當上將才對」。她兒子還說：「這些話怎麼從來沒有聽過呢？」自此之後，該生一反常態，努力讀書，畢業考上頗負盛名的屏東省中。

可見青年學生能明辨是非，知錯能改的。如果家長和老師能循循善誘，多方引導，必然很多學生可以改變氣質，步上正路的。

問題是出了校門步入社會之後，大官顯貴領導的社會風氣是個大染缸，能保持清潔的固有，但德性不固，隨波逐流的，可能更多。政治領導人物，能無責任嗎？

小人物的狂想曲

有空的時候，我常常一個人坐下來靜靜地想。大官之所成為大官，必然有其聰明才智與過人之處。富人之所以成為富人，也必然有其過人的毅力與艱辛的一面。他們在奮鬥途中所找到的終身伴侶，也必然有一般人所不及之處。這一對天作之合夫妻，所生出來的子女，會是無能之輩嗎？會是頭腦不靈光的人嗎？會是靠社會供養的寄生蟲嗎？會是讓人擺佈的阿斗嗎？皆非也！問題是：天賦的聰明不用了，任何困難，有人代為解決，財源滾滾任情揮霍，生活得太愉快了。父母把自己前途安排得妥妥當當，平平坦坦，自己可以任意飆、盡情狂，想到那裡，做到那裡，招手即來，揮手即去，整天生活在歡樂之中，與貧窮大眾脫了節，對自己與國家的未來，一片茫然。這樣的一批富貴子弟，繼承父母之業，進而治理國家，社會將變成什麼樣子，人心如水，可載可覆，等到人心散離，變亂四起，英雄挺身而出，高喊革命的時候，不能用武力推翻的政府，人民也會用選票逼著政黨輪替了。

人的私心，是沛然莫之能禦的。當大權在握的時候，明知如此會引起眾怒仍悍然為之；明知此一政策是欠妥當的，為遂私慾，仍然硬挺到底；明知如此會破壞成規，影響人心，為表示威權而無所顧惜；明知這樣會喪失國格，陷國家於萬劫不復之地，但為了保住自己地位，也就不顧一切的蠻幹到底。權力如同吸毒，使人上癮，去之為難。私慾，會使一位才氣縱橫可以造福社會的偉大領袖，變成禍國殃民的罪魁禍首

權力和私慾，必須受些約束，把權力和私慾限在一定的範圍之內，不可使其逾越泛濫，是非常必要的。我細心地閱讀國父孫中山先生的三民主義，尤其是民生主義，理論是絕對的真理，是抑止權力與私慾的不二法門。在人們生活合理的規範下，公平嚴格的設置各種制衡的機制，使其權力受到約制。在人性的要求下，訂定各種節制私慾不能使其漫無限制膨脹的規定。民生主義中的「平均地權，節制資本」的辦法，都是合乎人性、溫和改革的藍圖，以期達到均富的目的。

子女不可以全盤繼承父母留下來的財產，是均富的必要手段，也會使不勞而獲者無法肆意揮霍。使努力工作的人去享受，使生活節儉的人去致富，人人奮進，淳樸的社會就自然形成，國家也就富強康樂了。

四十一年我在中華路第六軍野戰醫院服務的時候，上面發下來一本小冊子「費邊主義」，我細心地閱讀，與國父的民生主義的理論，如出一轍。書中敘述英國的一個實例：一對老年夫妻去世了，留下來一百萬英鎊的財產，在遠方工作的兒子，請假回來料理後事，喪事處理完畢之後，清算結果，繼承的遺產只有四萬英鎊，他提出申請，法院告訴他，子女沒有繼承父母財產的權力，你生在一個富有之家，已經佔了很多便宜，吃得好，穿得好，又受到良好的教育，如生在一個貧窮的家庭，還有財產可以繼承嗎？這四萬英鎊是你辛苦的酬勞，是小費。

這個故事說明英國政府根本不承認有繼承權的，也說明了國家沒有大富，也就沒有大貧。有本領致富的父母，當然可以盡情享受，到了兒子就成了小富，到了孫子，就變成一般的平民了。國父的民生主義是不是脫胎於這個理論，我不知道。但國父在倫敦大英圖書館，苦讀過幾年書，是有案可查的。民生主義是三民主義的精華，都是抑富濟貧，大量製造中產階級的辦法。中產階級越多，社會越安定，這是永恒不變的真理，不可懷疑的普世價值。但是一旦當了官，手握領導國家大權的時候，這個金科玉律，都丟到腦後去了。

三十八年我在湖南國立師範學院讀書的時候，一位教授講演，題目是：「孫中山是最大的自私主義者」，因為題目新鮮有震撼性，特去聆聽。教授舉出許多例證，說明孫中山先生是最自私的人。他說國父一心要把國家治理強大，使人民永遠安居樂業，而且著有三民主義，五權憲法成為建國的典範，使國人永遠懷念他、崇拜他，永遠霸佔著國父的大位，不是自私是什麼？

私心，是社會進步的動力，去私是完全不可能的。都沒有私心，這個社會就平淡無奇了無生趣了。私心應當受到適度的節制，如貧者恒貧，富者恒富，富可連城，貧無立椎，必然形成人類的災禍，把私心局限在適當的範圍之內，使它在堤防之內流動，就是思想工程師偉大的任務了。

說到這裡，我該敘述一下師範大學文學院長沙學浚先生在一次公開講演的大意。沙先生是我國的地理專家，英國倫敦大學的地理博士。學有專精，相當自負，他對國父的三民主義，認為是鼓動群眾、號召革命的文宣口號，尤其對國父的實業計劃，是嗤之以鼻的。他認為孫大砲，整天奔走革命，為了號召群眾推翻滿清，那有時間讀書。實業計劃，頂多是在空閒的時候，打開地圖從南到北，從東到西，沒有學理的隨便畫畫而已。中國高山大河，山川阻隔，廣袤萬里，港灣處處，水深浪湧，誰有能力去細心勘察。等他在倫敦大英圖書館讀有關中國地理，參閱各種資料的時候，才赫然發現處處都有國父的筆迹，他又找到國父英文原著的實業計劃，互相印證，國父計劃中各種建設，鐵路、公路、軍港、錬鋼廠、紡織廠、兵工廠、運輸中心以及粵江、黃河的整治，完全脫胎於英國勘察的資料，而且圖書館有國父苦讀的完整記錄。至此，沙學浚才感動得五體投地，也立志要實踐國父的偉大計劃。回國後立刻加入國民黨，要躬親力行國父的建國主張，以利國富民。

白去，柳來，附小變色

話再回到附小。白子祥校長在四十四年，辭職赴加拿大之後，繼任者是女師教員柳子德女士。時劉先雲任教育廳長，因為同是湖北人，就把柳子德由花蓮師範調來女師，又立刻接任附小校長。這就是一朝天子一朝臣，朝中有人好做官的具體例證。

柳校長接任後，就有不少老師離職。柳校長立刻請來花蓮師範畢業的學生來填補空缺。柳校長愛護花師的學生，在情理之中，但對這些教師提供不應該有的補貼，就令人匪夷所思了。

譬如說從五、六年級學生的輔導費中以及從全校的教職員工的福利社中，提供若干作為花師學生的補貼，這種做法，不合常理也不合法的。五、六年級的學生輔導費是任課老師加課應該有的酬勞；福利社是全校教職員工的福利，柳校長就這樣不畏人言地蠻幹，魄力十足。五、六年級十幾個班，女老師居多，雖心懷不滿卻不敢言。大家都知道柳校長的後台是教育廳長，廳長對教師雖然沒有生殺予奪之權，但支持校長不合理措施，甚至不予續任老師，都是有充分權力的。

在這種情形之下老師都噤若寒蟬，背後牢騷滿腹，當面不敢有任何不滿的表示。我沒有擔任五、六年級級任，輔導費與我無關，但總認為柳校長的做法，是有失公平的。福利社的盈餘，為全校教職員工所有，校長不應該任意支配，柳校長如此做法，太沒有法理。我的錯誤是未能遵守「規過於私室，揚善於公眾」的古訓，不應該在校務會議上公開提出質問，使柳校長下不了台，弄得不歡而散。

其實柳校長對我不錯，我預支薪水，校長不加思索地立刻批准，並告訴主計人員分期扣還。在岡山省中教書的夏國華老師，製作了一套衛生掛圖，定價不菲，寄來一套要我向學校推銷，柳校長也不加考慮地批准購買。有時晚上我獨自在辦公室看書，校長也會來坐坐聊天，她對我沒有惡意，但我對她的處事作風，頗不以為然，因此柳校長與我就對立起來了。

因為柳校長和老師相處得不愉快，校長怕老師串連，就運用校長的權力，規定了很多不合時宜的規定。柳校長作賊心虛，處處提防同事背後議論，自由和諧的環境，慢慢形成個小鐵幕，而且情勢越來越僵。

有一天教育廳長通知我到教育廳一談，閒話之幾句之後，劉先雲廳長竟板起臉來帶有訓誡的口吻說：「為什麼附小一百多位教職員，只有你一人不服從校長的規定？」廳長話還沒有說完，我就霍然而起，厲聲道：「校長不是皇帝，柳子德種種不法，你廳長不加處理，反指我不服從，你認為台灣沒有人管你嗎？我現在就去告你，告不成，我去總統府喊冤！」臨走我撂下一句：「我不告你，就不是人！」

劉先雲是何等人物，立刻起立改容，請我坐下。我在氣頭上，那會理會這些，一溜煙地走了，還沒有走出教育廳大門，第一科長金延生把我攔住，為我消氣，說了許多規勸我的話，談了很久，忽然尹樂耕律師進來，尹先生的太太在附小教書，弟弟尹樂任在建中任教，把我又拉又勸到他夏門街家中，善言相勸：「馬上就復學了，鬧下去還有時間讀書嗎？」老弟長、老弟短，把我一腔怒火全打消了。

劉先雲和張其昀

劉先雲這個人，社會上對他的風評不錯，他幹練有為，頭腦靈活，在湖北當過縣長，政聲不惡。最可貴的是他清廉的操守和守時的觀念。在陽明山革命實踐研究院當教學組長，早到晚歸，認真負責，頗獲研究院主任張其昀的賞識。張出任教育部長，就力請劉先雲出任教育廳長，劉堅辭，聲稱縣長敢當，民政廳長也敢當，唯獨教育廳長不敢當，因學歷不足服眾故也。但張其昀非請他不可，認為學歷不足，可以設法。因此就以江西某私立大學的學歷出任教育廳長。咸以某大學在台沒有校友，命令發布以後，這所大學的校友五、六人，立刻召開校友會，劉廳長不敢不去，結果劉廳長啞吧吃黃蓮，當場硬生生被要挾走兩個教育單位。這就是台灣官場現形記，也是張其昀沒有法紀的一章。

我們沒有理由不承認，學人批評時政，引經據典，說理堂皇，一旦執政手握大權，就目無法紀，胡整亂來。看看那些踐踏法律，破壞成規，強辯硬拗，那一個不是高級知識份子？

張其昀是浙江寧波人，在浙江是紅透半邊天的學人。浙大圖書館有他進出的完整紀錄，是令人尊敬的高級知識份子，聲望之隆，人人皆知，也極得老總統的信任。張其昀一八〇以上的身高，軀幹修偉，器宇軒昂，儀表風度，少有人能出其右者。

在他出任中央黨部秘書長和教育部長的時候，大權在握，國家的法令和典章制度，他都視如無物。據說，教育部一年的預算，幾個月都弄光了。沒錢，找財政部嚴家淦部長，不給，就請總統下手令。所以幾年的部長作下來，把整個國家的財政弄得大亂，所以行政院長陳誠非撤換他不可，但整個學界無人可與之頡頏，結果找到了清華大學校長梅貽琦，但梅校長一心辦清華，沒有當部長的興趣，陳院長就責成秘書長陳雪屏三請五請，梅才允諾以清華大學校長的身分兼教育部長，若以教育部長兼清華就免談了。大部份時間仍以辦清華為主，任用浦薛鳳為政務次長，代行部務，張其昀才黯然下台。

張其昀在任秘書長和部長期間，所有報紙，都天天刊載張其昀一稿數投的文章，那時胡一貫常在新生報上寫文章，在〈談讀書〉一文中，批評張其昀的文章有三多：一是字多，二是篇章多，三是內容差不多。用字犀利，傳為美談。雷震辦的〈自由中國〉，從無張其昀的大作，但期期都有批評張的文章，如「張其昀的真空管」、「張其昀原子迷」等等，都對張大張撻伐，不留餘地。

法令規章都被張其昀踩在腳下，不值一顧，除總統之外，誰也奈何不了他。誠如不倒翁許水德所言：「法院是國民黨開的。」鄭彥棻秘書長也說：「法律是管人，不能管我。」有異曲同工之妙，政府高官如是者多矣。在一黨長期執政之下，很自然地會出現自大心態和權力的傲慢。所以政黨輪替是需要的，而且要常常輪替，執政一久，就難免出現自大、驕傲、行事乖張而不知檢討，一意孤行，民眾不滿和反抗的情緒，就培養出來了。

張其昀唯一遵守成規是未准劉先雲廳長所請，取消教授每週上課時數的限制。劉廳長認為，教授和公務員一樣，每天應工作八小時，超過八小時才可以拿鐘點費，和公務員拿加班費一樣。張其昀終究是名教授，未准其所請，不然又多一件今古奇聞了。

汪漁洋的見解

在附小與柳子德校長鬧得不愉快之後，我搜集了很多學校非法的資料，一狀告到監察院。時馬明兄在監察院工作，帶我去拜訪監委汪漁洋先生。我拿出證據，提出很多事證，譬如說：「我買的鏡框十四元，學校認為不錯，就決定全校幾十班教室及辦公室懸掛的國父和總統鏡框全部換新。一個店鋪，一個老闆，相隔不到三天，一個鏡框是六十六元，與我買的價格相差四倍之多，這不是明顯的貪污嗎？」汪先生笑笑說：「對！貪污有據，但不購成犯罪，何以故？」汪說：「前幾天太太要我去巷口小店買奶瓶，因為佣人買了一個不夠用，再買兩個，我買的比佣人買的一個貴二元。如果太太告我貪汙，真憑實據，貪汙罪會成立嗎？這是能力問題，不能據此就認定是貪汙，是行政疏失，頂多記過了事，而且被處罰是負責的當事人，與校長無關。用人不當，犯不了什麼大罪。」

經汪先生分析，使我這缺乏法律素養的人，無言以對，校長許多非法措施，都有了護身符，何況又有教育廳長這個強大的後盾，使一些品德不良的主管，可以橫行無忌了。

與柳子德言歸於好

在附小服務期間，因為待遇低，附小的地理位置太方便，朋友來來往往地太頻繁，始終是月光一族而難有積蓄，也因此養成了求知不花錢的習慣。很多人的演講，我都盡可能地去聽。

台大法學院和聯合國中國同志會，是演講次數較多、水準較高的地方，又不收門票，當然我「有講必到」，不但利用了空餘的時間，也增長了許多可貴的知識，增廣了不少見聞。印象最深刻的、受影響最大的，是聯合國中國同志會請由西德返國的史微之先生的一次講演，對我有重大的啟發，也深深影響我的處事和為人。

史微之先生的講題是：「德國（西德）復興之父艾德諾」，通篇講詞，都是說明艾德諾在大戰之後，民窮財盡，物資奇缺的情形下，如何地治理德國。艾氏不是從道德層面教導國人如何勤儉治家，而是建立各種制度，利用種種的科學方法，嚴格限制國人不浪費，也不能浪費。用科技之術，把德國人管理成要浪費也沒有辦法浪費。譬如說水電，用之即來，不用就斷。盆子放在水龍頭下面，水會自動流出來，水龍頭沒有開關，水流到適當的程度，會自然停止。電也是一樣，在辦公桌前一坐，燈就亮了，離開座位把門一關，燈就自然關閉。有錢想浪費也不可能，他們的觀念是：水、電都是國家的資源，少用一度電，國家就多一分生產，增加一分出口，就多賺進一些外滙。全國的人都不浪費，積少成多，數量是很可觀的。

艾德諾領導全民克勤克儉，不浪費，增加生產，大量賺取外匯，使德國在戰敗之餘，很快地復興起來。艾德諾的正確領導是主要關鍵，勤儉、不浪費是主要原因。

我深然其說，也盡可能地使自己實踐力行。不需要的水電，我都會隨時關閉，日久成習，公私皆然。在附小住了四年多，我都有意無意地關掉不需要的水電，沒有什麼可記述的，但是看在柳子德校長的眼裏，對我的觀感就有了一百八十度的轉變。我畢業之後，柳校長找我說：「我們以前都是誤會，我多次看到你做了許多對學校有益的事。」她說：「在就寢之前，我習慣性在校內轉一圈，也多次看到你關掉所有的水龍頭和不需要電燈，由此說明你是愛學校的。」我要搬到勵行的時候，柳校長真情地挽留我繼續住下去。

日久見人心，一意孤行的柳子德，也有真情的一面。人沒有十全十美的，多發揮一些光明面，多表現出一些愛心，社會就更美好了。節儉的習慣是需要養成的，我贊成勤儉治家和勤儉治國的口號；我反對鼓勵青年消費和無止境的刷卡政策。

三、師大復學

復學一波三折

復學的事一波三折。四十一年從鶯歌五十六後方醫院回到部隊之後，暑期教育部就把大陸來台、大學肄業的學生，經過審查，分發了一批到各大學去。我分發到師範學院國文系，因為當時還沒有辦理退役，尚具有軍人身分，無法辦理入學。因此，我才決心辦理退役。

承軍政治部主任王緒上校幫忙，調職到野戰醫院，半年之後，我就獲准退役了。從四十二年起，我就到女師附小教書。四十五年，教育部第二次分發，我才有幸重返師範學院就讀。

復學的手續，必須經過身體檢查，因為復學的人很多，都聚在師範學院大禮堂外面，等著唱名登車照X光，大家聚在一起，說說笑笑，等到唱我名字的時候，葉玉坤就登車代我照了一張。結果照片重複，學校認定是我作弊，院長劉真決定取消我的入學資格，也等於被退學了。我向國文系主任潘重規先生說明原委，潘主任表示：他向院長說效果不大，講不成就不好再找人了。他建議去請梁實秋主任出面，院長會准的。李叔佩老師（李四端的父親）給我出點子，照X光是要對身分證看照片的，有人代替，是檢查單位的疏忽，錯不在你，如果梁主任講了不准，可以去告學校。

梁實秋主任是一位和藹可親的長者，很容易接近。他聽了我的訴說之後，說：「你在此等一等，我去看看。」不久，梁先生就回來了，告訴我：「片子上有ＴＢ，院長要你休學一年，明年復學也好。」因此，只有等到四十五年師範學院改成師範大學再復學了。

在師大，梁先生是一言九鼎的。師院改大的首任校長，本來就是梁實秋先生，梁反而大力向政府推薦劉真出任，所以師大校長等於是梁先生讓給劉真的，所以劉真校長對梁先生極盡恭謹之能事。

師院改成大學之後，梁主任是文學院長，田培林是教育學院長，陳可忠是理學院長，杜元載是教務長，國文系主任潘重規先生去職，主任一職就由程發軔先生繼任，我復學進入國文系四年級。

改大，當然是一件大事，是值得高興的。師大安徽幫醞釀要為劉真校長在校園內建立一座銅像，以表彰其豐功偉業，垂之久遠。但英語系的代表持不同意見，認為陳副總統還沒有銅像，建校長銅像的事，似乎不必。雲雞一唱，全體響應，潑了主謀者一頭冷水，銅像建不成了，反對的代表成了眾矢之的，也成了待罪羔羊。

幾個人用心找某個人的錯誤，總是不難的，結果英語系的代表就由小過累積，訓導處要出布告處分了，三年級畢業在即，如被退學，豈非前功盡棄。學生只有向梁主任哭訴，梁主任向學生保證：「不會的，如果屬實，你走我也走。」

但不久，學生又告訴梁主任，訓導處馬上要貼布告了，梁先生一急，立刻去找劉校長，梁先生只對校長說了一句話：「校長，你還年輕，好好地修養修養吧！」說完，轉身就走。劉校長立刻到訓導處，把已經寫的布告拿起來撕個粉碎。

事情就這樣結束嗎？沒有。聽說梁先生不上課了，台大校長錢思亮立刻到梁府，敦請梁先生到台大教書。能請到梁先生授課，是台大夢寐以求的事，因為以往台大英文系的課表，必須等到梁先生在師範學院的課排出之後，才可以安排，以免時間衝突，讓台大鬧空城計。

台大聽說梁先生不在師大上課了，錢校長豈有不趁機敦請之理。錢校長並表示台大決定興建一座「實秋樓」，為梁先生的住所。劉真聽到這個消息，心想那還了得，如果梁先生真的走了，師範大學等於塌了半個天，幾經思量，只有把英語系四個年級的學生統統集合起來，憂心忡忡地說：「如果梁先生走了，師院英語系立刻停辦，從今以後，也不再辦了，要梁先生留下來，只有你們去懇求！」

全系都恐慌起來了，學生集體到雲鶴街梁先生的住所，要求梁先生不要走，梁先生沉默不語，女學生就放聲大哭起來。結果師母也哭了，她向大家保證說，如果「梁老師非走不可，我就和他沒完。」此一風波才以喜劇收場。

梁先生光風霽月　人人敬仰

梁先生在師大師生心目中，地位之隆崇，如皓月當空，光被四野。不但劉真校長在集會時經常推崇，他說：「沒有梁老師，就沒有師大。」凡是梁先生認可的事，沒有人會提出相反的意見。校內有任何難以解決的，梁先生經常是最後意見的決定者。教授也經常閒話一句：「這是梁先生的意思。」爭論立解。田培林院長應該是意見較多、也比較堅持的，但他的結論往往是：「這件事我與梁先生談過，或我與梁先生的意見相同。」梁先生在師大的地位，就是「梁子曰」，只要梁子「曰」了，師生都無異議地遵從。

梁先生的心情是愉悅的，思慮是澄明的，心胸是開朗的，對人是坦誠的，沒有私見，一視同仁。四十六年我師大畢業的時候，河北省籍的教授們，發起聚餐表示歡送，李叔佩老師認為我與梁先生較熟，去請請梁院長。結果梁先生如期而至，他致辭說：「同鄉會、同學會，平時聯絡感情則可，如果拉幫結派、運用在政治上，就是亂源。」心胸之坦蕩無私，可見一斑。

梁先生不僅在台灣是有名的學人，在全中國也是響噹噹的人物。那時美駐華大使藍欽與梁先生堪稱莫逆，師大需要大使館幫忙的事，梁先生寫個便條就解決了。

梁先生是研究莎士比亞的權威學者，他的散文極優美雋永，《雅舍小品》讓人百看不厭。梁先生年屆六十五歲就堅持退休，他退休後的工作更為忙碌，他立下宏願：要把一生研究的莎士比亞作個結束，要用中文寫一部英國文學史，也要用英文寫一部中國文學史。工作之艱巨，可想而知。因為他孜孜矻矻地努力工作，雖至垂暮之年，仍勉力為之，《莎士比亞全集》是完成了，梁先生曾為文記述其事，中文的英國文學史也結束了；而用英文寫的中國文學史，還沒有完成，梁先生就以八十五歲高齡離開了人間，這真是學界的一大不幸，師生如失指南，已退休的前師大校長劉白如，負責料理一切身後事宜，真是智星隕落，天地同悲。

教書教到梁先生這種程度，夫復何言？

食宿問題困擾寄讀學生

前幾批分發到師範學院寄讀的同學，食、宿問題非常嚴重。這些流浪到台灣的學生，本來就身無長物，兩手空空，謀事不易，期盼完成學業之後，能某得一職安身立命的工作。但師院不允許寄讀學生住宿舍，也不准參加學生的伙食團。食、宿問題不能解決，當然增加求知的難度。

學生推派代表請求院長設法，三番兩次的請求之後，院長有些不耐煩了，竟脫口說出：「你們不是我的學生。」復學，是政府的決策，劉院長是無法拒絕的，雖然他心理百般不願，但他的能力範圍可及之處，如食、宿問題，應該是可以解決的。

學生在沒有辦法之下，只有推派代表到教育部面謁程天放部長。程部長畢竟是位讀書人，當過教育廳長，也出任過駐德大使，眼界寬廣，思想開放，見過大世面，不是小鼻子、小眼睛的人，他聽了學生的陳述之後表示，師範生本來就享有公費，食宿問題學校應該負責，教育部會馬上通知劉院長設法解決。

不幾天，劉院長召集所有的復學同學，大談為同學的食宿問題辛苦奔走以及院方如何突破重重困難設法解決同學所遭遇的問題等等。其然乎？其豈然乎？大家都心照不宣了。

我們揆諸院長的用心，也可能有其心理上的因素。「六四學潮」（三十八年）過去未久，傷痕已漸趨平復，正是師範學院療傷止痛，齊步向前的時候，突然湧進大批五湖四海的流亡學生，南腔北調，習俗各異，擔心吹皺師院平靜的一池春水，引來許多不可測的麻煩；還是劉院長的內心深處有：「非我族類，其心必異」的想法，茍非如此，胡為乎而然也。

反觀長師，在遷徙途中，沿途接納了不少申請寄讀的學生，到廣州之後，教育部更把大批流亡學生，一股腦的分發到長師來，包括二十四個省市、數十所大學的學生，院長方蔚東先生，一視同仁，無分軒輊，使寄讀的學生，從無客居之感，其胸襟風度是值得欽敬的。到台灣之後，學校停辦了，校友會幾十年來巍然長存，而且每年院長親身蒞會者，與時俱盛，泰半都是寄讀或最晚入學的校友。院長百歲誕辰前來祝壽者，以及院長去世學生趕來致祭與執紼者，數十百人。中南部或寄身海外的校友到台北來，總是抽出時間去陽明山墓地為院長除草、祭拜，方院長的人格感召有如此者。

凡事量力而為，不求倖進

再回溯到四十一年，獲准退役還沒有找到工作的時候，杜學知老師的朋友郄澤生先生，在石油公司任主任秘書兼總務處長，希望我去公司工作，月薪七百元，在當時待遇是相當不錯了。

我考慮石油公司是科技單位，非我能力所能勝任。在讀中學的時候，從來未見過儀器，更不要談操作了。老師都是空口說白話，聽過也就忘了。物理還有邏輯推理，還能聽懂一些，化學像天書，不去實際操作、實驗，是沒有辦法了解的。如果去石油公司，除了跑跑腿，辦些雜務之外，還能做些什麼呢？因此就決定到女師附小去當待遇微薄的小學教員了，生活雖然清苦一些，但勝任愉快，精神上是很愉悅的。

四十五年師大復學之後，王慶芳老師找我說：「總政治部決定在花蓮設一處退役士兵訓練班，使退役的士兵學一技之長，以服務社會，需要一位實際負責的班附。主任開出的條件是：「北方人，熟悉南方的，最好在青年軍中物色。」王先生認為我很合適，就和江國棟、王昇二位先生聯名推薦。

江、王兩位要找我談談，王昇將軍給我分析，去訓練班是有前途的，退除役的官兵會越來越多，訓練班必然是越擴充越大，何況主任是教育長經國先生，胡偉克副之，實際負責的就是班附，前途是很寬廣的。說到復學，王先生認為大學畢不畢業沒有關係，一份有前途的工作最重要。王先生的話確實有其道理，但江國棟先生的看法和我的想法較為契合。

他認為大學未畢業，是人生的一大遺憾，他同意讀書的重要，一切等到大學畢業再說。幾年之後，「士兵訓練班」已擴編為「退除役官兵輔導委員會」，搬到台北市館前街大樓辦公了，成為政府的重要部會之一。也無怪乎總政治副主任甯俊興中將取笑說：「如當年去花蓮當班附，現在當不了秘書長，至少處長一職是跑不了的。」我沒有欽羨之意，力小任重，尸位厚祿，非我所願，何況我本性坦率，直話直說，並不太適合官場的性格，教教書，在教育的道路上，徐圖進展，確是我所期盼的。

我缺乏宗才怡的膽識，不會有四兩本事去做一斤重的工作，也不會乘勢而上，謀求非自已喜愛的位置，合則留，不合則去，委屈自己非其所願，靦顏求進更非所長，用不正當的手段，更非自己所能為也。

相書，是經驗之學，不可以江湖視之

我不迷信，從不批八字、算命運。但是我對看相，不敢說是情有獨鍾，但並不排斥。相貌端正，舉止溫文，言語有味，行動有節，應該是正人一派；鬼鬼祟祟，賊頭賊腦，眼神不正，精神恍惚，你能認為他是正人君子嗎？一位有善心的人，呈現出來的，使人看了愉悅；一位居心叵測的人，使人心生警惕。范蠡一見句踐「長頸鳥喙，鷹視狼步，可以共患難，不可共安樂；可與履危，不可與安。」所以滅吳之後，范蠡就帶著西施跑了。文種自以為功高，結果遭到殺戮。王莽「鴟目虎吻，豺狼之聲，能食人，亦當為人所食。」曹操說司馬懿：「鷹視狼顧，久必食人。」結果曹家天下，終覆亡於司馬家之手。毛澤東批評他的方面大員，「獐頭鼠目，腦後見腮，定非君子。」以後果然造反。

自命不凡的人，走路、講話都能呈現出來。一臉橫肉，滿眼凶光，行為粗暴，言語衝撞，你能相信他是善心人士嗎？講話閃爍，扭捏作態，眼神不正，欲語還休，決非堅毅楨幹之士。「齒若編貝」，牙齒好，是健康的象徵。「柔若無骨」，決非貧寒之相。「手硬如石，手曲如柴，手胖如腫者」，多為苦命與勞動階級。「胸中正，則眸子瞭焉，胸中不正，則眸子眊焉。聽其言，觀其眸子，人焉瘦哉。」求職謀事，主官希望面談，原因就在於此。歷世較久，閱人較多，都對看相有些認識，擇人也有其心得。老總統重面相，陳誠看走路，是人盡皆知的，面隨心生，心隨相變，是確信不疑的真理。有福或苦命，長壽或短命，命運坎坷或順遂，相貌上都會呈現出來。

三十五年我在吉林磐石縣政府工作的時候，因尚未脫離軍職，領兩份薪餉，荷包滿滿，又不會花錢，就跑到吉林市河南街聲名赫赫的李半仙相命館去。李半仙西裝革履，文質彬彬，態度謙和，像個大學教授，訂價三千元，是縣政府一個多月的薪水。他把我請進書房，好像走進了書庫，一排排的都是相書，他把五、六本相書，攤開擺在大書桌上，看什麼地方，就翻到什麼地方。看眼睛，就翻到眼睛的地方；看鼻子，亦然。

他第一句就說，我從小失去母親。婚姻方面，早婚是保不住的，適合晚婚，最好在三十五歲以後再結婚。因為與女人的妥協性太低，最好到江、浙、福建一帶去找身材修長的。這些都應驗了。

其中，最令我心折的，他認為在小便上，應該有一顆黑痣才對，不然配合不起來。我表示：二十多年，從未發現。李半仙說：「脫掉看看，如果沒有，相書有問題，你可以砸館，我李半仙也從此洗手不幹了。」他大話一說，也激起我的好奇，真的褪下褲子，他翻來覆去結果，在根部真的翻出了黑痣，你能說李半仙沒有點本事嗎？他批評我的鼻子，應該有廳、處長的機會，可惜都是擦身而過，他指著我的鼻樑說：這都是肉填起來的，不然好機會就不會一閃而過了。

李半仙與我論相，足足有三個小時之久，好像我以後的幾十年中奔波、勞碌、死裡逃生，都在我面相上規劃好一樣。在台北我也請名震一時的楊鴻圖看過相，都沒有逾越李半仙的論相範圍，可見看相這一門學問，是我國幾千年來相人的經驗談，累積下來的大學問，不可以江湖視之。

奉祀官孔德成教授的禮記

師大的最後一年，每週有兩個小時的「禮記」課，是由奉祀官孔德成教授擔任的。同學中沒有人選讀，系主任程發軔先生勸同學一定要有幾個人選讀，因為奉祀官的課，是上面交待下來的。程主任說，這是多餘的，不是必修和畢業沒有影響，結果只有五個人選了孔老師的課。

但五人必須有一人代表上課，以免孔先生面子掛不住。我被推為代表，我是抱著聽聽也好的心理，也認識一下孔夫子七十六代孫，世襲的奉祀官，究竟有什麼異人之處。

以前我見過孔先生，是在祭孔大典上，主祭者是教育部長程天放先生。程先生長袍馬褂，莊嚴肅穆，而孔先生則穿著西裝，叨著煙斗，有點不倫不類，未免太欠莊重了。

開學之後，我一人獨坐台下，而孔先生高踞講台，就目中無人地滔滔講起來。聲若洪鐘，緩慢而高亢，即使在大禮堂聽眾數百人，也會聽得清楚的。有時也會發幾頁講義，孔先生都是照本宣科，枯燥而乏味。

這堂課是每週兩小時，兩個星期來一次，一次講四個小時，中途很少休息，可見孔先生的身體是相當健朗的。就這樣，一個學期就糊里糊塗地結束了。學期考試，孔先生交下一張紙條說：「就是這個題目，寫好送到系辦公室就好了」。說完，揚長而去。

四位從未聽孔先生課的同學，等我把考卷寫完，再拿去傳抄，最後一位把考卷收齊，再送到系辦公室交卷了事。結果成績公佈出來，其他四人都是高分，唯獨我五十五分不及格，我立刻去找系主任，程先生拉開抽屜，拿出一個大信封指著說：「考卷還沒有寄去，孔先生的成績就寄來了，年年如此，所以學生都不願選他的課。」程主任把孔先生台中市光復街的地址抄給我，要我寫信去問問他。

不幾天孔先生就回信了，叫我準時在辦公室等他。我如期前往，孔先生說：「成績是小女兒打的，我沒有看就寄來了。」「小妹在那裏讀書？」我問。「小學四年級。」孔先生帶我去註冊組，那時註冊組主任是李序僧，孔先生給我加了四十分，變成了九十五分，真是荒唐。

四、勵行教書

韓克敬校長的處事與待人

師大畢業之後，被分發到新竹縣。那時新竹縣政府還在新竹市內，新竹市還沒有從新竹縣獨立出來。教育科有一位劉時鎰同學，看到我的名子，特別把我分到新竹市一中，開學之前，我就準備走馬上任了。這時板橋藝專校長賀翊新轉任建中，找我去建中教書，還沒有上課，勵行中學校長韓克敬先生，也要我去勵行，詳細情形前面已經說過了，不再重複。

勵行是私人創辦的學校，我很用心地觀察韓校長的用人行政，在任何場合，我也會留心看他的一言一行。尤其在用人方面，精簡得不能再精簡，全校高、初中四、五十班，還有夜間部，從校長到職員，只有十八位。除了教員兼主任、組長，真正全職職員不超過十位。每個人的工作都很忙，譬如說註冊組除組長外，最少有兩位幹事，校長只用一位，把自己份內以外的工作，用兼職兼薪的方式去分擔。也就是說，一位可以兼兩個人的工作，也可以得到如兼課一樣的報酬。校長的信念是：「人少，問題就少，待遇好，毛病就少。」職員如果願意辛苦一點的，也可以到夜間部兼課、兼差。

那個時候，公立學校的教員月薪是五百多元，另有二十六公斤的米條一張。私立學校的待遇都不一樣。在勵行一位幹事可以拿到比公立學校教員還高的待遇。人事安定，各自兢兢業業，安心工作，問題也就少了。全校風平浪靜，一片祥和，任何團體在這樣的氣氛下，成績會很容易展現出來。

勵行在創辦之初，是華路藍縷，倍多辛酸。三、五年之後，勵行就粗具規模，教室逐年興建，運動場選手馳騁，生氣勃勃，日新月異，遠景是燦爛可觀的。不但勵行的體育表現全國知名，屢屢囊括全省運動會的大部分錦標，升學方面也進步神速。初中升高中，高中升大學或專科，大有凌越省立板中之勢，除台北市幾所有名的高中之外，勵行中學是地區學生競進的首選。韓校長的正確領導之功，是不可抹滅的。

勵行中學所以進步神速，除了人事安定，團結合作之外，校長辦學精神和用人處事方針，是足堪學習與稱頌的。他絕不允許任何混水摸魚或敷衍塞責，更不允許文過飾非，不講實話。任何人只要為學校付出真誠的努力，校長也不會虧欠於你。反之，校長對不認真負責的，是缺少一些寬容精神的。譬如說，遲到或早退的，他會立刻由秘書寫張紙條放在你桌子上：「老師，私立學校創辦困難，希望不要遲到早退。」常使老師不好意思。人性各有不同，有人受到尊重，會更知自愛；也有人受到尊重反而自大起來，不知自我約束了。人有惰性，需要鞭策，勵行在校長督導之下，生氣盎然，進步之快，令人刮目相看。

韓校長生活節儉，經過抗戰大時代中磨練出來的人，率多如此。他使用的便條，都是廢考卷裁成，他的說法是能省即省，不可浪費。但是老師為學校做些份外的工作，他也決不會虧欠於你，我可以舉一個切身的例子。

四十八、九年吧，教育廳要在全省初中三年級舉行一次理化考試，以求常模做為修訂課本的參考。每個地區選擇一所省中，一所縣中和一所私中，私中勵行入選，縣中是淡水初中和板橋省中，分別由不同的學校派人監考，考卷由教育廳統一制定，每班五十人，勵行派人去淡水監考。但氣象台報告，有強烈颱風來襲（八七水災），學校派不出人來，因為無人願意丟下家庭去冒風險。

最後，校長找我，我單身一人無所牽掛，我慨然應允，給學校解決了一個大難題。校長特別交給我一塊油布：「無論如何考卷不能淋濕，五十份考卷一張也不能少。」並再三叮嚀，關係重大，大意不得。監考完畢，我把五十份考卷用油布包紮好，冒著大颱風回到學校交差了事，校長才放下心來。

幾天之後，出納常雨成通知我領出差費，為數甚多。常先生說：「雨傘壞了，學校賠你，全身淋濕冒颱風之險，校長多批幾天。」我只領一天的出差費，其餘退回說：「特別的犒賞我不要。」

暑假開學之後，高三畢業班每週有三小時理化輔導課，任課老師沒有時間輔導，竟把這一班排給我。使我一驚非小，如果不是教務處弄錯了，是什麼意思呢？我找校長說明我無法勝任的原因。校長告訴我，已經研究好了，上理化輔導課時，告訴學生把問題記下來，上理化課時，李老師會有詳細的解答。因為輔導費比鐘點費高出甚多，有老師不平，質問校長，得到回答極乾脆：「颱風天派去淡水監考誰肯去，我要獎勵真正為學校出力的人。」

在勵行我一口氣呆了六年。第三年，校長找我，說學校的人事可能需要調整，學校規模大了，學生人數多了，希望我能接訓導主任的工作。我告訴校長：「薛主任是開國功臣，這樣不太好。」校長表示：「勵行在創辦之初，老薛是不可缺的助手，他可以站在中正橋頭，把去台北報考的學生拉回來，你們是做不到的。現在學校發展起來了，學生以考上勵行為榮，老薛就不太合適了。」又說：「你考慮得對，只要勵行在，老薛一份薪水是少不了的。」由此可見，韓校長的為人，不是鳥盡弓藏，兔死狗烹的人物，他的考慮是有道理的。可是我另有所圖，不便與校長明講，有負校長厚望，只有以不能勝任為詞謝絕了。

北方人，尤其是河北人最喜愛的食物，就是水餃，韓校長更嗜之成癖。校長夫人郭春瀛女士常常取笑他，有病不去看，連吃幾天水餃就好了。校長也自認水餃治百病。我對水餃也非常喜愛，只要有水餃，山珍海味我是不屑一顧的。

我單身住在學校，和校長的大兒子韓宗棠住一間宿舍。老師住校的除了教官、職員和工友之外，只有我和體育主任崔蔭二人。校長不喜歡聊天，把全副精神都放在發展學校的事務上，不像我雲天霧地的喜歡擺龍門陣。教務方面，他始終認為不得其人，希望我為學校多做些事，教務主任一職，學校始終呈報我的名字，直到我辭職的離職書上，還是教務主任職務。

校長知人善任，使各得其所

在此可以舉兩個例子說明。四十八年我介紹一位同學的太太于老師由私立育達商職轉來勵行教書。見過面之後，校長表示歡迎，但拖到開學的前一週，還沒有接到聘書。同學一催，我也急了，就深夜跑到校長家去，我涵養不夠，不高興全寫在臉上，對校長遲遲不發聘書表示不滿。校長對我的態度也不高興了就說：「好了，叫張秘書馬上寫聘書交給你好了。」

開學時，校長站在校門口向每位來校的老師打招呼，于老師的山東脾氣，把臉一扭就走開了。校長回頭對我說：「于老師一定是位好老師，不然怎麼會不理我呢？」果然，校長對于老師的教學非常滿意。學期結束之後，于老師因為生產提出辭呈。校長把我找去，正經八百地說：「于老師要辭職，我不准，你給我請回來！」一轉身拿出兩百元：「生孩子是重要的大事，去買兩隻雞送去，代表我祝福她。」校長不是很有人情味嗎？

再說一位是馬延庠老師。馬老師已經是五十歲以上的人了，教數學，一口山東土話，使學生聽之唯難。馬老師是一位大好人，教書不成，改任教學組長，排出的課表，引起極大的反感。馬組長會一個個的去溝通，「老弟，大哥笨嘛！原諒哥哥一點吧！」一場可能引起的風暴，終歸平靜。校長用人，能使各得其所，展其所長。政通人和，是韓校長知人善任的最好例證。

最令人敬佩，也是影響我最大的，是校長尊師重道、正派辦學的精神，和聯合報創辦人王惕吾先生主張的正派辦報一樣。他把全副精神擺在如何「把勵行辦好？」他最推崇、最仰慕的是張伯苓先生把南開從小學辦到大學的精神，他認為從南開拿到高中畢業證書的，可以到全國各大學免試登記入學是最大的榮耀！每當講到這些，校長在眉宇之間，就展現出自信的豪氣！他是有志步張伯苓先生後塵的，可惜他壯志未酬，正當大展雄圖之時犧牲了，能不令人感歎？每念及此，我總會沉默歎惋良久，老天，何如此之不佑良人也。

勵行有校刊出版，主編是一位能言善道、善於察言觀色的國文老師，他強拉我作他的副手。因為我住在學校，常在夜深人靜的時候，還在辦公室裡處理校刊的事務，校長也不止一次走過來看看。但主編先生却在校長面前大談編印校刊的辛苦，學期結束之後，主編先生就辭職他去了。主編是掛名，學校對校刊的補助費，都進了他的私囊。另一位數學老師，強迫學生補習，校長也果斷地解決了。

在韓校長的領導下，勵行是弊絕風清，全體教職員工，都站在自己的崗位上努力，不作非份之想。所謂：「善善惡惡」，善者不能用，惡者不能去，這個團體就成了一潭混水，永無清澈之一日，必然會日漸混濁，終不免消失的命運。勵行的壯大和沒落，甚至消失得無影無踪，就決定在領導人的賢愚了。

韓校長的雄心：要把勵行建設成一片乾淨土

韓校長的性格是積極速效和嫉惡如仇的。他對社會上腐敗的風氣深惡痛絕。他切身力行把勵行建設成一片乾淨土，他絕不准紅包、送禮等劣風在勵行流行。新進來的老師有的準備一份禮物，表示對校長的謝意，校長在開學的校務會議上，會嚴詞地批判這種風氣。他說：「老師是校長禮聘來的。校長給老師送禮是尊師，老師給校長送禮，就是行賄了。退回去，不禮貌；收下，又於心不安，如老師另有高就，幾年不見回來看看，帶點禮物，我會很高興的。這是感情，現任老師給我送禮，意思就完全不一樣了。」

現在台灣社會流行的紅包文化，是一門高深的學問，講究多方而不露痕跡。心領神會而各求所需。行賄者，認為：為所當為。受賄者，以為受之無愧。人人習以為常，而社會不以為非。公平失衡，真理不在，欺騙狡詐之術，橫流於島內；明搶暗偷之行，充滿於鄰里。家家設防，人人憂心。政府不關心民間疾苦，治安單位，無視於社會的動亂。正義泯滅，綱常盡失。震驚國際的殺人兇犯楊雙五被逮捕回國，不但安然無恙，而結婚宴客，席開兩百桌，官蓋雲集，極一時之盛，這給社會是什麼示範？政府沒有責任嗎？問題出在那裡？不值得深思嗎？

曾國藩在〈原才〉一文說：「風俗之厚薄奚自乎，係乎一二人心之所嚮而已。」在上位的身體力行，倡導節約，注重廉恥；在下位的，必然聞風景從，相互砥礪，移風易俗，並非高不可攀的難事。居高位者，顧盼自雄，把在野時高唱的一些道德規範，攻擊執政黨的皇皇讜論，都丟到腦後去了。社會之動亂，國勢之不振，皆私心私慾為害之故也。

一等教員——胡一飛

劉真校長用威脅學生的手段，留住了梁實秋先生的一幕，讓我留下的印象至深，也非常有效。師大畢業後，我在勵行中學教書，英文老師胡一飛與教務處弄得不愉快，堅決辭職不幹了。校長責成教務處，一定要把胡老師請回來。教務處主任不敢去，請我幫忙，我怕去而無效，就採用劉真校長的做法，把班上胡老師最喜歡的學生集合起來，告訴學生非把胡老師留住不可，留不住，餓著肚子也不准回家。學生對胡老師有感情，也明白我的意思，結果也是學生的眼淚，感動了胡太太，化解了一場紛爭。

當初我任初中二年級某班的導師，胡老師教英文，何良教理化。暑假全校都不上課，只有我這一班義務補習六個禮拜。胡老師尤其熱心，平時每週的班會、自習課或早自習時間，統統為胡老師霸佔教英文，課本教完，選文來教，把學生逼得透不過氣來，但是學生，尤其是學生家長都對他感激莫名。

六個禮拜的暑假輔導結束之後，家長過意不去，借了監察院兩部交通車，學生和家長一起到金山去玩，每位家長攜帶一個菜，要求老師攜眷參加。胡老師高興得不得了，高歌痛飲，喝的爛醉如泥，學生合力把他抬回家，師生相處非常融洽。

不料，暑假過後，升上初三，教務處竟把胡老師調到別班去了，胡老師焉得不氣？把課本摔到教務主任桌子上就不幹了。風波就由此而起。

胡老師當過老總統的英文秘書，因為與上海警察局長毛森交厚，到台灣之後，毛森在香港搞第三勢力，與胡仍有往來，因此老總統一怒，英文秘書就被卡掉了。胡可能有點黑勢力，我和他逛西門町，很多飯館、戲院、理髮廳都不收錢。胡與黑社會有沒有關係，我不知道，但他卻有一些旁門左道的玩藝。他衣著隨便，也別具一格，一大把年紀，花花綠綠的衣服照穿不誤，像個洋人，他也瀟灑自然。當過官，沒有官架子，有點吊兒郎當的大少爺味道。

胡一飛老師是熱心、認真、負責的。我這一班學生畢業後的升學考試，絕大部分進了台北市的省中，少數考上了板橋省立中學，勵行沒有留下一個。校長用開玩笑的語氣說：「這一班的任課老師，合力把學生都趕跑了。」因為升學率提高，對下學期的招生，發生了良好的廣告作用，校長說：「過去是找學生，現在是選學生了。」

勵行發生變故之後，我去了南部，三年後回來，又在建中和一飛兄當同事了。出納組常跟胡老師吵架，因為他的薪水常是幾個月不領，出納組不願意為他負保管責任。胡常開玩笑把教員分成三等：不靠薪水生活是第一等，不專靠薪水生活是第二等，完全靠薪水生活是第三等。說罷，環顧同事說，「你們都是三等教員嘛！」說完，哈哈大笑。

把教書當成娛樂，視作消遣，的確是人生一樂。一飛兄早就移民美國了，三十年前一飛兄還來台灣玩了幾天，也特地到我家坐了很久，大聊一起教書的情況，趣味盎然。一飛兄比我大上二十歲，經過這麼多年，一飛兄可能不在人間了。

崔蔭摧毀了韓校長一生心血

五十一年元月，考完學期考試就放寒假的最後一堂考試，勵行發生了巨大變故，韓校長犧牲了，這是一個重大而無法彌補的損失。像韓校長那樣認真負責的性格，公平合理的處事態度，知人善任和心無旁騖的辦學精神，以及他規劃的遠大目標，假以時日，必然會有輝煌的成果出現，擴而廣之，也必然會對社會風氣產生巨大匡正作用而影響匪淺。

可惜韓校長太任性、太剛直，凡事直道而行而不能迂迴前進，個性太強，不能接受勸告，他總認為堅持下去，會有峰迴路轉的一天，因而鑄成彌天大錯，使他一手創辦的勵行中學毀於一旦，可惜！可嘆！

崔蔭是個粗人，熱心肯幹，吃苦耐勞而又不畏風險。在「七七」盧溝橋事變之後，他放棄了北平師範大學的學業，投入李立柏領導的華北地下工作，和日本的漢奸偽組織以及共產黨劉少奇領導的華北地下黨，展開尖銳的你死我活的鬥爭，崔蔭勇敢堅毅，不畏生死，不無微功。他擔任平、津、保（北平、天津和保定）三角地區除奸團行動組長，他執法嚴峻，在此地區之內，惡性重大的漢奸走狗們，只要上面交代下來名單，他必能在限期之內，一一除掉。對漢奸偽組織發生相當大的震憾作用。平、津、保地區的漢奸走狗們，不敢過分囂張，起碼還保持著最低限度的人性。崔大殺手與有功焉。

在勵行創辦之初，崔蔭任體育主任，把高、初中編成四個男女籃球隊和田徑隊，不分寒暑，他都親身督導，苦練不輟。在縣運會、省運會，勵行都出盡風頭，傑出的表現有口皆碑。勵行中學的聲譽遠播，全國知名，崔蔭的辛苦是不能泯滅的。

他視體育猶如生命，他在勵行的薪水，都用到體育方面去了。學校沒有錢興建籃球場，他自掏腰包建了兩座，學校以後都以高利息還給他。學生用的球鞋、球襪，成打地堆在體育室任學生穿用。他對學生的愛護，猶如子弟，無一復加。訓練時間一到，遲到的學生不管男女，就是一巴掌，學生對他畏之如虎，敬之如父，不然崔蔭死後，就不會有飛躍的羚羊紀政和電視名主持人李景光等一大堆學生，為他披麻帶孝了。

在崔蔭眼裡，體育就是生命，那個時候新店文山中學有高中部，錢星橋是訓導主任兼籃球教練，傅達仁是隊長，經常來勵行賽球。不管何時，只要球隊一來，崔蔭就把哨子一吹，全校停課看球，因此和各處室人員經常發生口角。校長當然也不能容忍這種行為。時間一久，齟齬日深，也漸漸形成了崔與學校的對立。

任何人都看得出來，情勢這樣發展下去，崔蔭早晚會出事的。因為他太熱愛體育了，體育至上，他認為學校的一切應該配合體育，教務處、訓導處都對他莫可奈何，積怨日深，勢同水火。

五十年的省運會，勵行的表現輝煌，囊括了十一項冠軍，還有一個總冠軍，錦旗、銀盾在大操場展出，敲鑼打鼓，觀眾如潮。就在此時，崔蔭提出辭呈，意思很明白，就是將校長一軍，看看校長如何處置？校長也是直性子，竟然立刻批准，並請李道明先生代體育主任，崔蔭忿怒，自在情理之中。自此以後，崔蔭日常言行就失去了準頭，喝酒、謾罵、行為失去常規，烽火似要點燃，只要一點小火星，就會爆發出不可預測的後果來。

崔蔭單身一人，仍然住在學校，進進出出，隨時都可能發生事端。與校長有深交的同事規勸校長：創業維艱，不能以如旭日東升的勵行與之對抗，退一步天地自寬，總得設法熄滅即將燃起的火種。但校長總認為崔蔭不會做出太莽撞的事來，結果就在五十一年一月學期考試的最後一天出事了。事後，飛躍的羚羊紀政曾問他：「你槍殺了七人，為什麼看到盧毅君、魯西生兩位老師卻沒有開槍？」崔蔭說：「盧、魯二位老師是好人。」紀政又問：「不是你們也吵過架嗎？」崔答道：「吵架是為公事，不是為私人。」可見得崔蔭是公私分明，不是殺紅了眼就亂來的。這件案子不但朝野震動，外國報紙也大篇幅刊載。

結果崔蔭被判了三個死刑，時任保安副司令的李立柏曾發表談話說：「如果崔蔭判一個死刑，他會呈請總統予以特赦，因為崔蔭在鋤奸方面是有功勞的，判了三個死刑，他就愛莫能助了。」

張厲生支解了勵行

勵行的不幸事件，給社會一個重大啟示，也予人與人之間說明了如何相處之道。凡事不知檢束，不為已甚而走上極端，步上絕路，使自己或對方都沒有下台或轉圜的餘地，都會招致不可測的後果。崔蔭如果了解自己的身份，稍顧大體，就不會一步一步地走上絕路；韓校長如能珍惜創業維艱和體諒對方的處境，也就可以找到台階。結果，雙方都不退讓，反而快步向前，兩個槓子頭撞在一起，不迸出火花才怪。前途似錦的勵行，就這樣完了。

勵行中學是韓克敬校長一個人獨資創辦的，董事長及董事先生，都沒有給勵行任何捐助或出過大力。董事都是掛名，是報教育廳必備的手續。董事長請同鄉中最有地位的行政院副院長張厲生擔任，官大好辦事，董事都是張厲生下面的一些小嘍囉。

但勵行出事之後，掛名的董事就變成實質的董事了。過去從無發言權的人，也開始發言了。過去從不進勵行校門的，現在都把勵行當成私產。中華路的致美樓，變成了董事會的私用廚房，整天飲宴不斷，酒醉飯飽之後，簽字「商談校務」拍拍屁股就走了，勵行付帳付得手軟。不僅如此，董事家裡的佣人費用，都由學校支付，學校發生不幸，七死三傷，花費不貲，加上這十多位董事的巧取豪奪合力挖掘，金山也會被挖空的。何況董事長張厲生先生，要勵行每月奉獻三萬元以應所需，勵行就這樣被羅掘一空，勉強苟延殘喘了一段時期，就被張厲生這位大官把勵行這個黃金地段，轉售給太平洋百貨公司，勵行這個原本蒸蒸日上的私立中學，被張厲生支解得屍骨無存。

如果校長夫人郭春瀛女士還在，董事會是不敢這樣毫無忌憚的亂來。韓夫人精明能幹，頭腦、口才，均屬一流，非一般婦女可比，董事們總得聽聽她的意見。另外，會計主任韓茂棠是韓校長的親侄子，年齡比校長不小，學校創辦的來龍去脈及學校經費的運用、收支，他比誰都清楚，可惜茂棠先生也在此不幸事件中犧牲了。因為茂棠先生自認與崔蔭交情深厚，崔蔭是不會對口口聲聲叫「韓大哥」的他下毒手才力阻崔蔭行兇，結果反而先校長而犧牲了。

如果茂棠先生在，董事會也會有所顧慮，聽聽他的意見，不敢任意胡來。可惜校長、校長夫人以及會計主任三人同遭不幸，校長的四個孩子，老大宗棠大學還沒有畢業，老二、老三都在勵行讀書，一個高中，一個初中，最小的小虎子還在唸小學，孩子根本沒有能力把學校接下來，董事會就請宋志斌接任校長。

宋志斌先生是一位好好先生，考慮太多，凡事猶疑不決。他是北師大教育系行政組畢業的，標準的校長資格，也是我們方院長在北師大教書時的學生。宋校長是河北任縣人，與我同屬順德府，他一接任，就要我當總務主任，我堅不接任，理由是：不能勝任。我力薦同班畢業的張鳳鳴兄擔任

學校遭受到如此重大的變故之後，人心浮動，第一要義就是安定人心，使學校正式上課，大家振作起來，早日掃除不幸的陰影。但宋校長反而經常把七死三傷的悲劇掛在嘴上，任何事情都推拖敷衍，不加處理，一點小事，他總是一再重提「不能讓七死三傷的悲劇重演」。人善人欺，馬善人騎，學校的秩序就由鬆懈而蕩然了。學生行為放肆，老師也不認真上課，完全失去了過去生氣勃勃的現象，我至感惋惜，屢次向校長提出建議，他總是說良心過得去就好了，不要太認真，免得「悲劇重演」。他誠懇地希望我幫幫他，當個主任，自忖像宋校長這種處事性格，我寧可為英雄牽馬，不願為懦夫提燈。我就決定離開工作六年的勵行了。

五、辦學的理想

辦學——我的人生大夢

我來勵行的主要目的是因為勵行是私立中學，而且建校的時間很短，卻成績斐然。韓校長艱辛的創校過程我不清楚，但是可想像得知。韓校長孜孜矻矻的治學精神，我是很留心的觀察，而且牢記在心。人生應該有夢，也應該向著自己的理想，摸索著前進，如果美夢可以實現，就是一生的志業，如無法實現，也使一生了無遺憾。

我在退伍之後去附小教書，曾和王慶芳老師談過我的想法。王先生也帶我和江國棟先生作過長談。當時反攻大陸喊得震天價響：「一年準備，兩年反攻，三年掃蕩，五年成功。」軍民也似乎有此信心。但關起門來說，反攻大陸是緣木求魚、不大可能的。大陸完全丟掉了，退到這個蕞爾小島上，物資缺乏，人不滿千萬，喊喊口號，用以提振士氣是需要的，真正實行反攻，除非國際間發生大變化，台灣獨立進行是困難重重的。

在台灣，我們是少數，政治、經濟都會慢慢轉移給台灣人，甚至連槍桿子也不例外，為了在台灣有尊嚴地生活下去，應該建立一番事業，造福地方、融入台灣社會，是非常必要的。王、江兩位先生深然其說，進一步說到我的想法，他們都樂意鼎力促成。

江先生建議我請教詹純鑑先生。詹先生曾任省黨部書記長多年，現在是中央黨部第五組主任，社會面廣，會有助力。青年軍聯誼會負責人伍汝祥兄，陪我多次去見詹先生，他對我的想法也深表贊同。詹先生與陽明山管理局長周象賢先生有舊，多次研究，在不違背法令的原則下，管理局同意把石牌山坡下一塊約三萬坪平地，先讓我租用一部份，如果辦學成功，連山算在一起共五十二甲，可以用獎勵的方式撥予學校使用。於是就正式定名為「私立陽明中學」。也就是現在陽明大學的全部。

在勵行六年，除了教書之外，全力為創辦私立陽明中學奔走，也因此對韓校長的好意，多有違命。在勵行發生不幸之後，我的理想也幾近破滅。原因是有了校地之後，幫忙我的長官們認為成功有望，多方請人協助，聲勢擴散，知者日多，甚至兵工出動就開始整地了。消息傳到經國先生那裏，他查問究竟，就大發雷霆，認為如此下去，會留下話柄。「盧某人有志教育，就找個學校好了。」蔣先生的說法沒有錯，驚師動眾，會落人閒話的，經國先生一怒，我的夢就破碎了。

時任省訓團教育長的潘振球先生，是支持我辦學最力、費心最多的一位。潘教育長出面和教育廳長劉真（字白如）諮商，劉廳長就指名我去嘉義新港有二十八班的初級中學，但現任校長是鄧傳楷先生推薦的，更換校長應該有鄧先生的同意。鄧先生也是我創辦私立陽明中學的發起人之一，潘先生一提，問題就解決了。天下無巧不成書，就在新港中學底定之時，艾弘毅老師就大力推介我去高雄縣私立樂育中學，出任創校校長。

我的夙願

在此我可以略述我的夙願。河北省的教育相當普及，每個村莊都有小學，有的還有私塾，小學只有四個年級，五、六年級是高小，是另外設立的。六個年級合在一起叫「中心國民學校」。只有縣城或重要的市鎮才有。高小以上是簡易師範，統稱「簡師」。高小畢業之後再讀兩年，就可以當小學老師，就是地方上的頭面人物。一般人讀一、兩年書能認識文書、記個流水帳就可以了。

二十六年我高小畢業，又升學就讀河谷廟私立初級中學，全村只有我一人去讀。私立初中是平鄉縣公安局長時汝南和財政科長時鳳西兄弟創辦的。時汝南是北京大學肄業，人長得極瀟灑。他感到冀南教育太落後，才借河谷廟偌大的廟宇，創辦了私立中學，在臨近的幾個縣，也算是最高學府了。

時盧溝橋事變已經發生了，宋哲元的二十九軍與日軍打得很激烈，老百姓愛國心切，都想辦法找份報紙叫我站在高處宣讀，唸到我軍大勝，殺死了很多日本兵，老百姓都高興地拍手叫好。唸到我軍失利處，老百姓也會扼腕歎惜，報紙上密密麻麻的字，我都認識，受到很多讚揚，也是我最得意、最有學問的時候。另一方面，我感受到國人識字是多麼重要，長大之後非辦個學校不可。以我盧家的財力，辦一小規模的學校是沒有問題的，我也丈量過村北一塊長方形的土地，是最適合辦學校的地址，私下也有些規劃。前面曾談及，以我爺爺的為人，是絕對不可能讓我實現意願的。

興辦學校，一生從事教育工作，是我從小的心願。我也從來沒有想過在仕途上求發展，更沒有想過在官場上耀武揚威或顯親揚名。胡日初縣長派我在教育科工作，就是他了解我的興趣，也是我選擇樂育而放棄新港中學的主要原因。公立學校總是有很多的法令規章，有些硬梆梆的沒有變通的餘地，不能依據自己的想法權宜行事。如勵行中學一個四、五十班的學校，職員精簡到只有十幾位，在公立學校這是不可能的。負責盡職極受學生愛戴的老師，私立學校可用兼職兼薪的方法，使老師在生活上無虞匱乏而長期任教。公立學校在種種的規章之下，像一潭死水，優劣不分，善惡同等，優良者無法使之安心工作；不稱職者，又無法另請新人，學校缺乏朝氣，大家得過且過，表現績效，就戛戛乎其難矣。革新，難免不得罪人，創新，也難免有些風險，我之捨公立而就私中，勢之必然也。

先讀教育，又轉國文系

在此我應該敘述一下師大畢業之後，立志創辦私立學校的心路歷程。三十五年進入國立長白師範學院之初，是讀教育系，認為教育系就是未來辦教育的，辦教育就是當校長。讀了一年，所學的都是原理原則的大理論，我感到太空洞。在實際應用上，也未必能完全適用。我就決定降級轉入國文系。因為國家不識字的人太多了，推行識字運動，應該是辦教育的首要任務。由識字才能知道自己國家的歷史、文化，比學一些空空洞洞的理論實用多了。

讀國文系之後，對古老而且是必修的學科如甲骨文、《禮記》、《尚書》之類，是只求概括地了解，不求深入地探討，而對於中國文字的源流及文化思想的遞嬗，是比較有興趣而用心的。我了解自己的想法著重在實用方面，不是整天埋首書案，數黑論黃，深入鑽研學問的人物，為一字之辨，千篇累牘，為一句之奇，窮究累月，我認為這些都是浪費生命，無益於國家社會的。國家需要的是掃除文盲，人人識字，進而了解自己國家的歷史文化，才能喚醒民眾愛國愛家；教育普及，才能培育出傑出的棟樑之材。國富而民強，康樂的社會就自然出現了。

我的思想有一貫的體系，重在實用，不求深入。所以我在師大畢業之後，教我訓詁學的林尹老師，鼓勵我考研究所，並且把他的兒子轉來勵行我任導師的班上，又傳話給我，愛護之情，令人感動。但我無意研究高深的學問，越深入，越古老；越古老，離現實越遠，與社會越脫節。實際上只要有大學學歷，就可以腳踏實地的為社會効力一番了。

江國棟主任的真知與灼見

因此師大畢業到勵行教書之後，生活安定下來，就請教王慶芳老師。王先生在長師教過一短時期的書，對我較有了解。王先生就帶著我去拜訪江國棟先生，王昇、李煥、甯俊興、潘振球和詹純鑑諸先生，介紹我的為人和辦學的想法，又有青年軍聯誼會負責人伍汝祥兄的協助，（汝祥兄也是青年從軍的，退伍後在上海同濟大學復學。）他幫我奔走、解說、出力甚多。其中詹純鑑先生與陽明山管理局長周象賢先生多方協商撥地建校一幕，尤感人肺腑。甯俊興中將和建中賀翊新校長，分別替我寫了不少介紹信，指導我拜訪當時的一些知名人士，如台北市資深議員賴張珠玉女士和住在北投的社會聞人許丙先生（就是現在新象許博允的爺爺）。

潘廳長也為我介紹黃珍吾將軍、趙聚鈺秘書長和盧啟華先生。盧先生是台北市教育局長，與我談得很投機，他以宗兄相稱，也多次找我去他衡陽街住處聊興學的種種。

三十四年我在雲南二〇七師當小幹事的時候，潘廳長是政治部第二科科長，甯俊興先生是工兵營訓導員，因與胡日初先生友善，對我的認識也較多。潘先生不但鼎力相助，也為我在幼獅書店大請其客，希望結合眾力，玉成其事。甯先生更是有求必應，多方鼓勵，又出資宴客，使我感念。嘉興夏令營結束之後，甯先生又親自到撫順看在長師復學的青年軍同學。台北政幹一分班結業之後，也是甯先生指名要我回第六軍的，老長官的熱心真誠，使我永難忘記，其中印象最深刻，是江國棟先生，應該一記。

江國棟中將，是湖南長沙人，性格直率，該講的就講，而且言之有物，見解獨到，沒有言不由衷、敷衍那一套，與北方人性格極為相近。有一次請教結束之後正要離去，王昇化行先生來了，又坐下來閒聊，王將軍是一片善意告訴我：「在學校少講話為好，我在幹校八年，每次開會起立發言或批評學校的，查查名冊，十之八九都是青年軍的朋友。」江主任接著說：「青年從軍與軍校畢業的，動機不同，從軍的學生是準備犧牲的，看不慣就批評；軍校畢業的學生目的是要當官的，講話就小心謹慎，甚至設法迎合上級。」江主任畫龍點睛，道出「動機」的不同，言行就完全不同了。

我記不清楚是張鐵君或蔣君章，曾發表過一篇大文，大意是「抗戰末期的十萬知識青年從軍運動，是中華民族五千年來有血有淚，最具愛國熱忱的知識青年大結合，是中華兒女最精華的一批，可惜政府未能善加培植，使這一股偉大的愛國力量，消散於無形。」又說：「如果把這一批品質精純的愛國力量，有計劃加以培訓、精選運用，必然會使國家面目一新，決不會如現在這個樣子。」他舉出東漢末年和滿清末年，出現了許多精英，形成三國鼎立，和推翻滿清建立民國，以及奮起抗戰、他最後的結論是：「政府沒有明確的政策，又有一些怕青年軍人起來，代替自己的既得利益，阻礙政府進用賢才之路。」確為的論。

真誠相對，賺我熱淚

四十二年我剛退伍到附小教書之後，王慶芳老師帶我去江主任府上，王昇將軍也在座。他們告訴我：總政治部要在花蓮辦一個訓練班，給部隊退下來的士兵，學習一技之長，以謀職求生。教育長（經國先生）希望找一個北方人對南方熟悉的青年軍同志，去負實際責任，他三人聯名推薦我去花蓮。等教育長召見，王將軍說：「教育長是主任，胡偉克是副主任，你是班附，負實際責任，這是很好的機會。」我表示：「目前最重要是復學，在大學末畢業之前不方便去花蓮工作。」王說：「大學畢不畢業有什麼關係，這個機會難得。」江主任贊成我的想法，他表示，大學不畢業，是一輩子遺憾，那就考慮別人吧！

我當然知道，這是一個絕佳的機會，如果我有大學畢業文憑，我會死心塌地去追隨經國先生。同時我也想到：如果不計一切去了花蓮，有兩種結果：好的方面，我會扶搖直上，平步青雲，在仕途上有所發展；反之，以我不善揣摩上意的直率性格，沒有察言觀色的機智，也缺乏圓融、靈巧的口才，也極可能在不愉快中拂袖而去。台灣是看重文憑的社會，沒有畢業證書，任你有諸葛亮的通天本領，恐怕只有一生躬耕壠畝了。

五十二年八月十四日，有事請教江主任，他住在坡心，就是現在和平東路二段教育大學對面不遠的地方。一進門就發現高朋滿座，都是重慶幹校的長官們。江主任立刻把我拉到後面書房裡，忽然聽到江海東高聲大叫：「國棟恭喜呀！生日快樂。」我才知道今天是主任的生日，而且是四十晉七，我立刻起身拱手說：「恭喜主任！今天是主任的生日。」「過什麼生日，大家聚聚而已。」主任說。我起身告辭時，最後撂下一句：「國難當頭，一切從簡為好。」等我告別江府，在回去的路上，回想到自己的無知、膚淺，潑主任一頭冷水的話，一路上譴責自己，回到學校倒在床上，輾轉難以入睡。

江主任對我的協助很多，又真誠待我，在生日當天一片恭喜聲中，我竟說出如此不得體的話，真使我慚愧無地，我痛責自己的愚蠢，如此地不識大體，我越想越難過，痛恨自己真誠得太可怕了。

五十三年底，我在樂育已經工作一年多了，忽然甯俊興先生來樂育說：「江主任下午六時在高雄陸軍招待所請客，希望見見面。」主任請客一定是將星雲集，我布衣入侍，有欠妥當。拖到八點才到，宴會還沒有結束，彭副官帶我到主任休息的房間等待。宴會結束，主任面帶酒意地回來，閒話幾句之後，主任正容地告訴我：「毅君，你還記得去年我生日的時候你講的話嗎？」我立刻站起來滿面羞愧地告訴主任，「我實在莽撞，對不起主任，我好慚愧。」江主任正經八百說：「不是，那是肺腑之言，我也常想，我無求於你，你有需要我的幫忙，你能在那種場合說出那樣的話，是至誠之言，交朋友，就要交你這種人。」江主任並伸出手來緊緊地握著我說：「有什麼事，儘管來找我，我需要像你這樣的朋友。」江主任的誠懇態度，使我感動的熱淚盈眶。

後來，我辭掉樂育中學回到台北，靜待潘教育廳長的消息，江主任知道之後，曾多次找潘廳長，其熱心實在感人。潘廳長告訴我：「不要再去找國棟了。」其實江主任的為人，元氣淋漓，認真而坦率，他認為該說的就說，不是請求他就會說項的。

我一生認識三個湖南人，劉鍾山教官、胡日初縣長和江國棟主任，沒有虛假，都是至誠感人的，對我的了解與協助，真是令我銘感肺腑，而不嫌我粗魯、莽撞、不加修飾的直言而真誠待我，永生難忘。

英年早逝，聞者同悲

我回到建中不久，就知道江主任身體欠佳，又聽說患了不治之症。政府原有意讓主任轉入政界，一展其所長。主任是湖南大學治政系高材生，在學期間，也是眾所仰望的學生領袖。本來就應該在仕途上求發展，因戰亂之故未從所願。主任在幹校結業之後，一直追隨經國先生，從事軍中政治工作，與王化行（王昇）將軍成為經國先生在軍事方面，不可或缺的得力助手。主任在海總政治部主任期間，我曾兩度隨主任於星期六下午六時在鐵路餐廳會合之後，乘夜車天明到達左營，然後彭副官送我到四海一家休息之後，自去高雄訪友。主任兩地奔波，事繁任重，缺乏休息，更少運動，調陸總之後，工作更加繁重，以致患上惡疾——癌症。

患病後，江主任不得已轉調聯戰部主任，雖稍卸仔肩，談笑如常，但精神氣色，已顯然大不如前。雖多方診治，發現醫藥罔效之後，改為中醫治療，希望能有奇蹟出現。為了安心靜養，不被打擾，就易地療養，我曾多次設法探望，均不得其門而入。建中校長崔德禮與江主任是幹校研究部同學，應該是知道的。他也遵囑不便見告，直到主任去世，我始終未能登門探望。

直到五十八年七月六日在市立第一殯儀館景行廳公祭的時候，冠蓋雲集，長官、部屬聞風而至者，何止數千百人。我站在主任靈堂之前，注視著主任敦厚剛毅，栩栩如生的照片，感慨萬千！胸懷大志有識人之才，容人之量，又有治事之能的江國棟中將，正應大展雄才，使國家振衰起敝的時候，竟英年而逝，離開人間，天乎？命乎？而今已乎？然又曷其亟也。

江夫人王雁雪女士，是北平幼兒教育專家張雪門先生的高足，與主任結褵之後，就一變而為專職的家庭主婦了。江夫人曾告訴我：「主任易地靜心養病時，想念朋友，又怕見朋友，因為心情不好，又無力與朋友多談，寂寞無助，常叨唸著朋友的名字說：『誰誰怎麼不來看我呢？』」真是慚愧，主任有靈應該諒解我，非不來也，是不得其門而入也，苟能來之，豈有不探望主任之理乎？

江主任離開這個世界已經快四十年了，留給我們的是永恆的懷念。

六、辦學的實踐

鳳山私立樂育中學

樂育中學是鳳山陸軍官校一批教授合力創辦的。位於鳳山市東郊的後庄，前臨高雄到屏東的公路，後有後庄火車站，交通尚稱方便。劉述先老師是樂育中學掛名董事，因劉老師當過潮州和岡山省中校長多年，成績卓著，在地方和教育廳都有廣大的人脈，掛名當個董事，對創校、立案方便之處甚多。經艾老師的推薦，劉老師加以介紹，董事會就同意了我的校長聘任案。

當時我曾仔細考慮過，為了工作穩定，前途無風少浪，平平坦坦地在教育路上發展下去，去新港當公立中學校長是正確的。但為了自己的夢想，像韓克敬校長一樣，遵循自己的理念，心無旁鶩地努力下去，創造出來的成果，恐怕就不是公立學校所能望其項背了。有此一念，總認為，人總應該為自己的理想奮鬥一番，努力在人，成事在天，自己不努力嘗試，天也不會幫助你的，我基於此一想法，就毫不猶疑到樂育去了。

合資興學，各懷鬼胎

我去樂育是抱著滿腔熱忱去的。韓校長能把勵行辦得有聲有色，不幾年就全國知名，固然是勵行得地理之便，人文薈萃，學生來源不虞匱乏，師資延聘比較方便。但我總認為精神和誠意重於一切，只要全神貫注，腳踏實地，一點一點朝既定的方向前進，總是會有成果的。事後，我靜心檢討，我犯了兩點根本上的錯誤。一是對軍校這些合資創校的董事們一無認識，只根據以往對教授的崇仰理念，就冒然前去是不智的。二是對合資經營事業的人性貪婪缺乏了解。

先說第一點。我一向對教授有些崇敬的心理，總認為能在大學裡教書，都是學富五車、胸懷大志的人物，是真理的闡揚者、是道德的實踐者、是政治的導引者。從政者應該多研究，遵從學者的理論去富國利民，為天地立心，為生民立命。教授們能合資創辦學校，一定有方向，有目標，去實踐自己的理想。我追隨他們，耳濡目染，一定能學習很多。

第二是我錯估了合資經營的困難。勵行是韓校長一人獨資創辦的，他的理想、目標和向前推動的過程，不受任何阻撓，所以勵行沒有幾年就辦得有模有樣了。樂育則不同，十幾位董事都是投資人，都對學校有發言權。他們對學校的關心，猶如老年得子，愛護得無微不至，視學校為他們一生希望之所寄，關心過度，學校的事務就無法推動了。學校必須請專任老師，可是董事們各霸佔著幾個鐘點不放，還把親友塞進來，越發增加學校行政運作上的困難。一些雞零狗碎根本和董事會毫不相干的事，也常常和學校發生意見上的齟齬，弄得不愉快。一年之後，在學期終了的檢討會上，我寫了一份檢討報告，把現在的情況和學校未來的遠景，作一有系統的說明，並列出招生的班級、人數、收支和發展的方向，凡兩千餘言，分送給每一位董事，主要的用意是學校事務，董事們不必過問，聘請老師，校長自會斟酌課程的需要，董事們不必費心，董事應該站在協助學校的立場，為學校解決困難，董事先生來學校兼課，不能影響老師的聘用和課程的調配。我持的理由堂堂皇皇，他們都啞口無言，關於兼課和聘請老師的問題，也無人提出異議，但逐項進行表決的時候，我的提議完全被否決了，我非常氣忿，會未開完，就離席而去。

事後，董事長陳和鈞先生請我去他府上吃炸醬麵，心平氣和為我解說：「校長，你講的道理都是對的，沒有人站出來反對，但理論是理論，事實是事實。校長你有沒有想到，董事們都是六十左右的人了，從抗戰、勦匪到現在，沒有過過幾天好日子，每位董事湊幾個錢，都是太太從牙縫中擠出來的，辦個學校，他們想的是什麼？還不是為了改善目前的生活嗎？你講未來，他們沒有未來，甚至沒有明天，什麼時候走，都不知道了。你的大道理，堂堂皇皇，沒有人反對，但一表決你就輸了，校長你明白嗎？」董事長又給我扣上一頂高帽子，他們都知道你是一位好校長，全力為學校，但事實就是這樣，扭轉不過來的。董事長這一席話，是肺腑之言，我如夢初醒，我明白地表示以後和董事會配合。從此我就萌生下台之念了。

理念不同，方枘圓鑿實難契合

放棄新港，選擇樂育，對我來說，是一項犧牲、一項試煉，也是一個理想的破碎。人各有志，興學的理念各有不同，樂育的董事們基於自己的理念，在有生之年，改善自己的生活，是無可厚非的。韓校長創辦勵行，也為了實現他的理想：像張伯苓辦南開的精神。南開的校訓是：「允公允能」。勵行的校訓是：「誠樸拙嚴」。南開重在服務，勵行重在修身，就是規規矩矩地做人，誠誠懇懇地辦事，樸樸實實地不投機取巧。

在勵行幾年，我受到感染至深。韓校長對投機取巧、花言巧語、不腳踏實地做事的人，是缺少容人之量的。他最不能原諒的，是巧言令色地欺騙他；他最厭惡是言過其實地胡吹亂捧。反之，直來直往不修辭藻地頂撞他，反而能容忍和接受。我擔任導師的班上，有老師用不正當的手段逼迫學生去他家補習，造成學生及家長的不滿。我察明屬實，直接報告校長，言辭上頗多不禮貌之處，與校長弄得極不愉快。但學期結束之後，那位老師就由專任變成兼任，不久就辭職他去。我擔任導師的任課老師，教務處都會問問我的意見，可見校長並沒有為我的直言而有所不滿。

有時，我和訓導主任處罰學生的方式有不同的意見，主任喜歡讓學生罰跪，我堅決反對。我認為男孩子膝上有黃金，應該培養學生的志氣，不可動輒罰跪、矮人一截。僵持不下，最後由校長裁決，以「尊重導師意見」結束。類此種種，都有深意存焉。

在樂育我也多有採用韓校長辦勵行的精神和處事方法，與董事先生們在意見上如方枘圓鑿，格格不入，也慢慢地形成無法磨合之勢，雙方都無法改變處事的基本態度，統合無望，最後的辦法，只有分道揚鑣之一途。

這些事實，我分別和支持我的長官及老師說明過，前文已有敘述。賀校長有長者之風，深通世故的，早半年就寄來了建中聘書，吳仕漢校長也表示希望我到北商工作，後路安排好了，心裡有了底，就正式提出辭呈，請董事會早做安排，創校夢醒，就決定金盆洗手，退出這是非之地，打道北返了。

辭掉樂育是適時的，我自詡為高明之舉。我離開之後，新任校長完全聽命於董事會。校長退出戰場，戰場就成了董事會的內鬥場所，內鬥日烈，無法融合。學校變成董事們爭食大餅的地方，於是拉幫結派，妥協無門，戰火越燒越大，冰炭難容，一年之後，就拱手讓人。

書生，只能論政，不能從政，尤其不宜主持一個局面。毫無邊際地高談闊論即可，實際參與行政工作，就一無是處了。我對教授、學人，素有崇仰之心，尤其是在北平親炙到那些風度翩翩、溫文儒雅的教授們，議論闊發，引經據典，親切而自然的風範，真是高山仰止，景慕非常。到了樂育之後，親體到董事們的行徑，的確讓我的觀念，有了不少的修正。

樂育三年，重返建中

五十四年，在樂育已經快兩年了，使我感到處處捉襟見肘，力不從心。自己的想法無法施展出來，董事會的董事們，對學校太關心了，關心到細微的小節都有意見，也就是說把學校當成了私產，整天與董事們無聊的周旋，真是浪費生命，我決定不繼續下去了。

我把學校的實際情況和想法，先與潘振球廳長、江國棟主任、賀翊新校長商議。廳長要我做滿三年，屆時會有安排。江主任表示，等他和廳長談後再說，賀校長也為此事，拜訪過潘廳長，廳長都表示肯定。廳長夫人朱老師（我在附小時，潘夫人也在女師教書）也告訴我：「廳長常把你的事，放在心上。廳長說他在二〇七師當科長的時候，你就當幹事，是應該找個校長給你的。」潘夫人並說廳長太忙，沒有時間多想，有機會偏遠地方也可以去，以後再想辦法調回來。

事情就這樣延宕到五十五年春，賀校長先寄來建中聘書，吳仕漢校長也希望我到北商工作，我的心安定下來，就向董事會表明辭意。學期結束之前，廳長告訴我，新職發表之後，就直接赴任，不要搬來搬去，太麻煩了。但到了八月中旬之後，樂育新校長都見過了，我的任命仍無消息，我就直接搬到台北。

因為工作未定，就暫住在女師附小，總務主任劉寶鼎兄把他的房子讓出來給我內人和兒子住，我就和封中堯兄住在一起，第二天內人就搬到師大她二妹家去住了，所有家當都堆在福利社外面寬大的空廊上。我除了往見廳長外，也向賀校長、江主任說明等候廳長的消息。

八月底，廳長找我說：「新職有困難，因為薛主任秘書堅持由成功中學夜間部白主任接任，光祖給我幫忙很多，你就來教育廳吧！」我認為去霧峰非我所願，遂請教賀校長，因為建中班級多，臨時排出了兩班國文課給我，我就安心在建中教書了。

回到建中之後，潘廳長介紹我去台南新營糖廠設立的南光中學去當校長。南光中學成立有年，設有高中、初中部，規模不小，環境單純，沒有樂育「婆婆」太多，意見龐雜。在南光只要按部就班推行校務就可以了，學校的一切開支，完全由糖廠支應，不勞費心。我因為剛回到台北，不想再作更張，潘廳長就另推介郭行坊去了。

一年之後，郭行坊考取了國中校長，回高雄出掌七賢國中，南光董事會又想起往事，希望我重新考慮，再作馮婦。我因為在建中的教書工作已穩定下來，想到搬來搬去的麻煩，更想到未來孩子就學的環境，台北畢竟有許多方便是外地無法企及的地方，就決定安安穩穩地在建中待下去了。

七、選舉的怪現象

林番王與李國俊

寫到這裡，我忽然想起林番王和王民寧來。林番王是基隆市平凡到不能再平凡的一位小門面的照相館老闆，不但名不見經傳，連隔壁的鄰居都只知道他是林老闆，而不知道他的大名林番王。但是基隆市長的選舉，他竟一舉擊敗了國民黨提名的基隆市黨部主任委員李國俊，而榮登市長寶座，令人驚訝地伸長舌頭，久久無法收回，其中原因聽我道來。

我在勵行教書的時候，忽然基隆市衛生局秘書王宗仁先生來訪。王先生原是我們長白師院的職員，平時沒有往來。來台後也從無連絡，他忽然來訪，使我感到突兀。他拉我到竹林路僻靜處，促膝長談。他表示，他決定出馬競選基隆市長，與國民黨提名的市黨部主委李國俊對抗，他分析基隆市民對李國俊的印象極為惡劣，李專橫跋扈，與民爭利，無惡不作，基隆市民對之無一好感，基隆市黨部委員集體到中央黨部請願，指李國俊主委的種種不法，基隆市民是不會支持他的。王宗仁還說，只要基隆市沒有汙點的任何人出來，都會打敗李國俊，何況基隆市民一大部分都是山東人，有山東同鄉會的大力支持，加上在衛生局工作多年，人脈不錯，同時他沒有汙點，競選市長打敗李國後有絕對的把握。王又接著表示，市黨部委員三次集體到中央黨部請願，都被第一組主任上官業佑罵回去了：「黨作出決定，必須服從。」

黨，像一顆樹，生長在泥土中，接受泥土的滋養，慢慢地茁壯、長大、開花結果，受到人民的喜愛和欣賞。樹離開了營養，不但開花結果無望，也會慢慢失去營養枯萎而死。上官所說的「黨意」，係何所指？基隆市黨部委員會的意見又是什麼呢？顯然黨意是由上而下，或是上官個人霸佔了黨意，強迫黨員或市民必須服從支持黨提名的候選人，黨這種惡霸作風，大失民望，市黨部揚言要杯葛李國俊競選。所以王宗仁肯定地說，他出來競選，打敗李國俊有十足的把握。最後，王先生道出他的心聲，如果競選成功，當選市長，教育局長一職，希望我能幫忙。這個突然的邀約，使我感到好奇，這種鏡花水月的許諾也引起我對基隆市選情的注意。

黨好像吃了秤錘鐵了心，非舉全黨之力支持李國俊不可。現任市長謝貫一與有關人員，群策群力把王宗仁請到陽明山勸導、說服，使王錯過了登記日期，讓李國俊代表國民黨與沒沒無聞、連鄰居都不認識的林番王對決。李國俊竟敗得一塌糊塗，就連市黨部眷區票櫃，除了李國俊夫婦和女兒三張票外，統統是林番王的。林老闆一夕之間，就登上了市長寶座，成了台灣名人！這種奇恥大辱，專橫霸道主導大選的黨霸應該切腹自殺，以謝國人！起碼應該鞠躬下台了。結果，沒有，因為這都是老百姓的錯。

李國俊在三十八年政府撤退到廣州時，是廣州市警察局長，作風惡劣，為廣州市民所不喜，但卻能得到最高當局的賞識，「基隆翻船」，也證明民主價值有可貴之處。

王民寧與高玉樹

林番王不費吹灰之力擊敗李國俊，登上基隆市長寶座之前，王民寧才與高玉樹競選台北市長失敗，這算是基隆市長選舉的前車之鑑吧。但是黨認為，不足為訓，照樣把黨的大帽子扣在黨員和老百姓頭上。選舉的結果，黨員和老百姓為了保障自己的權益，沒有聽從黨的指示，摒棄黨指定的候選人。台北市選舉的結果，王民寧的得票數，竟然沒有台北市的黨員多，也就是說，黨員不服從黨的指示，用選票表示了他們的抗拒，老百姓也不願接受黨領導，用選票表示了他們的意見。但黨的領導人，並沒有因此反省，反而責怪黨組織的努力不夠，黨幹部沒有盡心輔導。領導人思想的僵化，黨幹部的奴隸成性，就注定了黨的前途。

王民寧與高玉樹角逐台北市長的時候，我還在中華路一七四號野戰醫院工作，從中華路一直到鄭州街，都是從大陸撤退到台灣來的軍民同胞，自行搭建低矮僅能容身的住處，做些小生意營生，人數之眾，有四、五萬之多，也就是說這些是擁護政府的鐵票區。羅斯福路，長安東路等許多寬大的路面，也多類似情形。王寧民被國民黨提名競選台北市長之後，中華路響起了一片歡呼之聲，以山東為主的各省同鄉會，推派代表表示擁護之忱，並請對他們這些違建戶多加關照云云。代表三次登門求見，皆被王民寧拒之門外，不予接見。

高玉樹得到消息，立刻派車把代表們接到家中，殷殷款待，並保證如果當選市長，一定保障大家應有的權益；如不當選，也會站在台北市民的立場，為大家講話。經代表們廣為宣傳之後，四、五萬張選票，就一面倒地投向了高玉樹。王民寧失敗得灰頭土臉，高層也大發雷霆，但於事無補，一向籍籍無名的高玉樹，竟一躍而登上了台北市長寶座，擔任首都的市長重任，台北市第一次落入黨外人士之手，失敗的教訓，應該是椎心之痛，值得痛切反省，結果基隆市選舉之敗，又如出一轍，這證明國民黨相習成風，積重難返。民心如水，能載能覆，領航的人，要了解水性，順應民心，不可要水服從指揮，不然巨浪滔滔造成許多海難，就可以由人所控制了。

台北市長選舉之敗，接著又是基隆市選舉失敗，但國民黨一仍舊貫，沒有改革，自尊自大，不察輿情，不聽諫言，更不會去探求民隱。經國先生去世之後，黨失去了領導中心，國民黨過去堅持的政策路線，日漸鬆動，官商結合，貧富拉大，經濟萎縮，民粹盛行，社會道德最基本的廉恥觀念，不被重視，非法詐騙的行為，日漸昌盛。尤其自政黨輪替以後，是非黑白，完全顛倒，學法的不守法，執法的隨意曲解，使人民無所依恃，民心浮動，秩序蕩然，一切失去道理與紀律的規範，國家前途，更不堪聞問矣。

註七：小條子是小金條之意

一分班畢業留影（39年8月），本人二排左三，
三排左四：王慶芳，後排右二：喬兆坤，右一：王梁甫

鶯歌 56 後方醫院病癒之後留影（40年）

腸炎脫離險境之時

服務野戰醫院（41年）

腸炎病癒後一年（41年）

台北女師附小教書（43年）

童聲

歡迎我們的生力軍

發行人：女師附小
主　編：童聲報社
社址：臺北市公園路
第七十八期
電話：二一七二四
印刷：國語日報社
零售：每期五角
訂閱：全學期三元

主編的《童聲報》

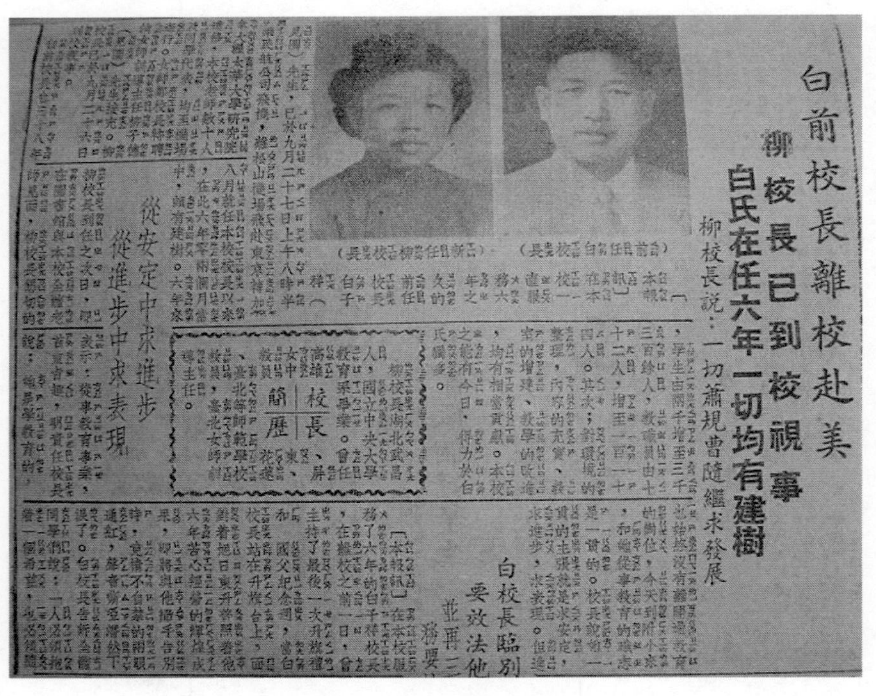

白前校長離校赴美

柳校長已到校視事

白氏在任六年一切均有建樹

柳校長說：一切蕭規曹隨繼求發展

（前任校長白校長）

（新任校長柳校長）

從安定中求進步

從進步中求表現

校長簡歷

白校長臨別

要效法他

《童聲報》報導有關白子祥校長離職的消息

在台北王開照相館留影
（44年12月）

師大畢業學士照（46年）

台大學生李昊

結婚照攝於（53年11月）

第八章

我身歷的建中五位校長

初到建國中學

初到建中，月薪是一千兩百元，單月發單薪，雙月發雙薪。孩子接連出生，日用增加，生活是清苦的。第二年，私立學校有了專任機會，生活才有了改善，以後專科學校也有了兼課，生活穩定下來，就沒有非分之想了。

憑心而論，我能擠身於建中這樣聲譽卓著的學校教書，是很光榮的。面對全國最優秀的青年學生，「育天下英才而教育之，一樂也」的樂趣，反而使我感到緊張。我決不是一位叫座的老師，但我確是稱職、盡職，也頗知努力、無愧於心的高中教員。每一篇課文，我都會把文章的歷史背景研究清楚，凡文章中涉及的部份或每一典故，我都會原原本本講解明白，學生不會認為我是學富五車的飽學之士，但起碼教過的學生，不會怨我誤了他們的青春。求知如渴的學生，逼著你非努力不可，「教學相長」，真是太貼切了。

賀翊新校長是奠基者

建中是好學校，是全國初中畢業生夢寐以求的學府。因為考上建中，就等於考上了國立大學，不但學生引以為榮，家族和鄰里也都會感到榮耀。建中校長在社會上的地位是相當崇高的。四十六年我應聘建中，未上課又轉到勵行中學，九年之後再回來。一年之後，賀校長就退休了。賀校長兩度出任建中校長，凡十數年之久，給建中建立了相當堅實的基礎。網羅了不少名師，更擦亮了建中的招牌，把學生培育成如校訓所揭櫫的「勤樸誠勇」，平平實實，沒有張揚和紈袴之氣；誠誠懇懇，沒有傲慢和自得之行；切切實實地讀書，規規矩矩地學習。建中之所以能執全國高級中學牛耳，數十年而不墜者，賀校長奠定的根基，是社會公認的。為國家培植了無數的人才，賀校長是奠基者，是建中前途的規劃師，確為定評。

賀校長是北京大學畢業的，他在北平主持的大同中學，頗負時譽。抗戰之後，賀校長出任河北省流亡到河南的教育廳長，勝利後，轉任河北議會議長，和梅貽琦、錢思亮、陳雪屏及胡適等一幫學界人士，走得比較近。他之所以接任建中校長，就是當時的教育廳長陳雪屏從香港把他請過來的。

賀校長是北大派，講自由民主，他不反對學生對老師有反對意見，他認為學生對不稱職的老師表示意見，是人情之常，是理所當然的。初、高中學生是青春發育最旺盛的時候，也是思想漸臻成熟、求知慾最強烈的時期，學生如飢如渴的求知慾是耽擱不得的，所以賀校長對老師的延聘非常慎重。

在建中，剛畢業或年紀輕的老師，少之又少。誠如入學新生在週記上所表示的：「在初中都是年輕漂亮的女老師，像花蝴蝶一樣，活潑有生氣。建中都是一些暮氣沉沉的老頭子和一看就掃興的老太婆。」

「學生第一」和「尊師重道」，是賀校長辦學的根本方針。他把學生讀書的黃金歲月，看得很重，對老師也極盡尊重之能事。在賀校長兩任的任期內，沒有發生過解聘和停聘老師的事，但學生拒絕聽課，老師自動請辭，卻時有所聞。老師有遲到習慣的，他不贊成教務處設法告知老師，卻要教務處準時代老師看自習，使其自知遲到不當。與勵行中學韓克敬校長立即糾正，是有寬、嚴之分的。孰優孰劣，因人而異。我的體驗是，對年長者，要寬；對年輕者，要嚴。因為年輕人往往以寬厚可欺也。建中除了盡可能設法讓老師安心教書之外，沒有任何要求。

老師有遲遲不改作業的，教務處會指導學生把作業送到老師家去，或去家中幫老師把作業帶回來。指導學生把老師逼得非努力不可。我初、高中都是抗戰期間在大後方讀的，大學四年也沒有安安定定地讀書，一直在流亡之中，斷斷續續的讀了四所學校，片片斷斷聽得所知不少，對有系統學問的鑽研則所知有限，但為了面子，為了養家糊口，只有努力再努力，因為我必須負起教書和養家的責任。

賀校長能把一些碩學鴻儒請來建中任教頗為不易。例如畢無方先生，是南京中央大學的教授，是師大國文系潘重規主任的老師，潘主任幾次請他去師大教書，他總以「與賀校長玩得很好」為辭而婉拒。一進建中的大紅樓右首柱子上泐石紀念的題字：

赫赫黌宇，髦士三千
薰陶入座，恐後爭先
大而化之，賀公是瞻
金石貞固，永記年年

落款是「畢無方」題。

另外，駱茗𥁋先生是教育部長張其昀和政大中文系主任戴運軌的老師，也安心在建中教書，而無他去之想。名師如林，都在建中專任不忍辭職，怕校長不悅而只在大學兼課。

賀校長退休了，大部分老師都感到離情依依，心有不捨；但也有一部份老師如掙脫了枷鎖，「你走了，我也走了。」立刻走了幾十人。譬如在數學界頗負盛名的王文思先生，就轉任法商學院教授。王洪文先生就任台大地理系主任，盧世森任師大理化系教授，高士林任政工幹校教授，政大去了好幾位，一起離開的共有三、四十人之多，都到大學和專科學校去了，一時精華盡失，元氣當然有傷，但在優秀的學生嚴格要求和督促之下，新進的老師也不敢隨便應付，建中的聲譽還能維持不墜。

賀校長是一位雍容大度、剛毅木訥、堅守原則、尊重制度的人。在師院未改大之前，理化系一位畢業生，成績優異，不願留校，希望來建中教書，劉真院長自認是教育界的晚輩不便推薦，又不願使學生失望，乃請省主席周至柔將該畢業生派往建中。賀校長把派令送還中央黨部，請唐縱秘書長轉交周主席，說明在聘任未改為派任之前，賀校長尊重制度不方便接收，周主席也就不再過問了。

黃杰當省主席，有意更動建中校長，總統只在黃主席陪同參觀歷史博物館時，路過建中隨便問了一句：「建中還是賀校長嗎？」黃主席也不再提此事了。

賀校長退休之後，退休金不足以維持生活，正中書局特聘為總編纂，待遇不菲，高出校長待遇甚多。自此之後，政府才注意逐年改善退休人員的生活。校長退休，沒有住處，家長會在天母為賀校長購置了一棟房屋，環境清幽，房舍寬敞，還有一個不太小的院子。賀校長赴美之後，房屋為學校所有，今夕何夕，就無人過問了。

崔德禮校長是過橋者

賀校長退休之後，繼任者是板橋國立華僑中學校長崔德禮先生。崔先生是四川人，成都華西協和大學畢業。三十三年投入重慶復興關中央幹部學校研究部，蔣公號召知識青年從軍運動，崔校長出任青年軍二〇一師中校督導員。

崔校長心胸寬大，能容納異議，口齒伶俐，親切自然，容易接近，有四川人愛擺龍門陣的癖好，擺起四川怪傑劉師亮獨自經營雜誌，專批評四川軍閥劉湘的趣事，興致盎然。崔校長講得有趣，聽者聽得入神。

崔校長說：「劉師亮最崇拜的歷史人物是諸葛亮，所以他命名『師亮』，是要以諸葛亮為師。」歷史上崇拜諸葛亮的人太多了，如左宗棠平定大西北，底定新疆，自封「小亮」；又如白崇禧是軍事天才，算無遺策，屢建奇功，人稱「小諸葛」。歷史上稱小諸葛的還有很多，「效亮」、「次亮」、「學亮」等多矣，均以諸葛亮的處世、為人作學習標竿。諸葛亮是軍事家、政治家、文學家、外交家、科學家，他表現最亮眼的，應該是政治方面的成就。

翻翻《三國志》或《三國演義》，諸葛亮與法正關於治理四川的一段對話，真是金科玉律、百世不易的千古名言。法正認為諸葛亮擬定的治國條例，刑法太重，宜寬刑省法，以慰民望。諸葛孔明說：「君知其一，不知其二。秦用法暴虐，萬民皆怨，故高祖以寬仁得之，今劉璋闇弱，德政不譽，威刑不肅，君臣之道，漸以陵替，寵之以位，位極則殘，順之以恩，恩竭則慢，所以致弊，實由於此。吾今威之以法，法行則知恩；限之以爵，爵加則知榮，恩威並濟，上下有節，為治之道，於斯著矣。」結果四川人感恩載德，路不拾遺，人人畏服。

最恨諸葛亮的陳壽所寫《三國志》以曹魏為正統，視蜀漢為偏安，隱善揚惡，但是諸葛亮治理四川的斑斑事實，也不得不憑著良心描述四川百姓在諸葛亮治理時安居樂業情況是「鼓腹而歌」。陳壽的祖父、父親都被諸葛亮懲處，免官和永不錄用。陳壽對其不滿，自在情理之中。

另外，在《三國志》中，竟把諸葛亮最欣賞、最倚重、視為股肱的軍事大將向寵一字不提，就太沒有良心了。諸葛亮〈出師表〉中提到：「將軍向寵性行淑均，暢曉軍事，試用之於昔日，先帝稱之曰：『能』。是以眾議舉寵為督。愚以為營中之事，事無大小，悉以咨之，必能使行陣和睦，優劣得所也。」出師表是最真實的史料，陳壽竟棄而不用，泯滅事實，做為一位史學家是非常不可原諒的。恨諸葛亮的為人為其寫傳，盡量揚惡，而無惡可揚，盡量隱善，而功勳仍如此彰顯。可見諸葛亮的偉大是鐵板上釘釘，不容懷疑的。我常說：「諸葛亮比周公還偉大，如果孔老夫子生在諸葛亮之後，他就不夢周公而夢見諸葛亮了。」

言歸正傳，再說說怪傑劉師亮吧！他辦的季刊，都是獨自一人包辦一切，以揶揄當代的四川人物為多，尤以四川省主席劉湘為取笑對象。茲舉一例，他嘲笑劉主席的海軍，並賦詩一首：

從渝到萬三百里，軍艦航行要七天；
主席警告船夫子，撞破兵艦要賠錢。

劉師亮對劉湘的陸、空軍都有譏諷，精彩無限，是四川人擺龍門陣不可或缺的笑料。劉主席去世之後，他輓以聯云：「劉主席千古，中華民國萬歲。」有人說對不上，他的答覆是：「你認為劉主席對得起中華民國嗎？」

雖然劉師亮一人的季刊都以嘲諷劉主席為對象，劉湘恨他，却不忍殺他；蜀中人愛他，却又不容易接近他。每期雜誌一出，風行蜀中，被搶購一空。劉主席每期也細心閱讀後說：「劉師亮這個龜兒子，又在罵人了。」

四川、湖南、河南、山東都是怪物產地，奇人、奇事、奇聞特多。活潑了社會，也豐富了民族文化，非常有趣。

雖然崔校長沒有賀校長那樣的氣魄，堅持原則。但是崔校長比較重視人情，對校務的處理，大體上總是蕭規曹隨，不會離譜。我自認與崔校長處得不錯，有時候處主任對我的批評有意見，崔校長會說：「不管如何，盧老師決不會與學校對立。」有一次崔校長提著兩瓶白金龍找我去館前街「簡速餐廳」喝酒，臨時又拉著宣力同飲，宣力的專長是鬧酒，談得興起，兩瓶白金龍都解決了。

崔校長常在我有空的時間，找我聊天。有一次，他說教育部中等教育司長王亞權表示，成功中學出了三位教育廳長，建國中學這麼好的學校，連一位校長都沒有，太不公平。王司長希望提幾位人選，由她向台灣省教育廳和台北市教育局推薦，崔校長在台北市推薦李咸林，台灣省就推薦我。

結果，李咸林成功了，出任南港國中校長，台灣省方面則沒有下文。在此期間，教育廳長也由潘振球廳長換成了謝又華，不久又換成許智偉。在謝又華還沒有出任之前，崔校長與我閒聊時，表示他有出任廳長的可能，因為李先生向他保證沒有問題。我問崔校長，「如果我是成功中學校長，與你崔校長角逐廳長職位，同走李先生路線，校長認為誰會功成呢？」崔校長大笑說：「你那有我與李先生的關係？」當然他不知道我與李夫人，以及李夫人妹妹有校友之誼，與李先生也有相當認識。

我告訴崔校長：「就因為我的關係不如你，我成功的機會才大。」崔校長側著頭要我說說理由。我坦誠地告訴崔校長說：「官場上，感情抵不過利害，你當了廳長，可以不經李先生安排，直接見到教育長經國先生，可以和李先生平起平坐。以李先生的為人，久歷宦海，深體其中三昧，他能允許這種情形發生嗎？用我，我會一頭栽在李先生懷裏，廳長和他自己當有什麼不同呢？」崔校長靜靜地注視我良久，徐徐地搖搖頭說：「真沒有想到，你盧毅君還有點政治頭腦！」

結果潘廳長榮調之後，崔校長與省教育廳長擦身而過，繼任者是一位名不見經傳的前成功中學註冊組組長，現任職救國團的謝又華。謝上台之後，廳長的龍交椅還沒有坐熱，又下台而去，繼任者連上帝也拍案驚奇的是曾任成功中學公民教員的許智偉。不僅如此，崔校長連台北市教育局長的位置也交臂飛去。這時，崔校長才從大夢中甦醒，只有退休之後，轉任《中華日報》當董事長了。

崔校長曾經問我：「你來做夜間部主任好不好？」，我以「才不足以勝任」答之。崔校長說：「垮不了，垮了比丟掉大陸的罪還小幾百倍呢！」人事室主任孟慶賢也鼓勵我接下，但我心如死灰，決定金盆洗手退出江湖，不願意去傷這些腦筋了。

我常說，賀校長是全心全力辦教育的，心無雜念。崔校長是過橋的，頂著建中校長的光環，過完橋就扛著重慶幹校的金字招牌，風風光光地當官去也。官場險惡，妒賢嫉能，對人事的安排，往往有出乎人意料之外者。人才往往被壓得抬不起頭來，一些不學無術，專會揣摩上意的無恥小人，也往往會飛黃騰達，出任力不能勝任的顯赫職位。古今通例，於今尤烈。只要你看看宗才怡能平地一聲雷地當上經濟部長，統兵衛國的將軍升降失序的種種，你就可以心平氣和的無怨無尤了。

黃建斌校長是接收者

崔校長走了，繼任者仍然由國立華僑中學校長黃建斌接任。提起此人大有來頭，他是學、政兩棲頗受時人敬重的吳兆棠先生的獨生女的東床快婿，吳兆棠先生與經國先生的友誼，是不太尋常的，可惜接任教育廳長之後不久，就短命而死，臨終之前拜託經國先生，多關照他唯一的親人黃建斌。

經國先生重友誼，何況黃某人也是幹校學生，有師生之情，加上「託孤」之重，經國先生對其關心照顧，也是情理之常。黃建斌這個人，方面大耳，體格魁偉，相貌堂堂，像個方面之才。在幹校與他同期的同學，都風雲際會地幹出了一番事業，弄出一個局面，文武兩界培植了不少人才。黃才在特別的眷顧下，由岡山省中教員擠身華僑中學校長，又由華僑中學一步登天榮登建國中學校長寶座。

黃建斌校長過去的事蹟為何，我完全不知，我所認識他幹校的同學，也多與他沒有交往。但是他一腳踏進建中大門，第一道命令，就是解散教職員工的福利社。建中有日校、夜校、補校，假日還有空中大學面授課程，學生之多為全省之冠，福利社是教職員工一大福利，前幾任校長，都置身事外，不加聞問，分別由教職員工選出代表，組成福利社委員會來全權處理。

但黃校長一跨進建中大門，就把全校教職員工關注的福利委員會給解散了，而且福利社的經理由他指派，來勢洶洶，大有重慶飛來的接收敵偽財產的架勢。五百多位教職員工，在他眼裡，像極了日本人佔領台灣之後，視台灣同胞為次等國民一樣。說的重一點，視為被征服的奴隸，氣焰之盛，一時無兩。

他的第二道命令是寒、暑假高三老師的輔導費，一律以政府規定的鐘點費計算。前幾位校長，以為寒、暑假氣候異常，老師本來可以在家休息，而來學校為學生上輔導課，相當辛苦，應該給予特別的補助。幾位前校長也認為，依規定收的輔導費與學校正常的經費無關，因為建中班級多，學生人數多，收到的金額也多，所有的輔導費收入，除了支付學校水電增加的費用，以及對學校為高三學生上輔導課時來上班的職員和工友，總會增加一些工作予以補助之外，剩餘金額統統按鐘點發給上輔導課的老師，所以輔導課的鐘點費比政府的規定超出甚多。

黃校長一上任，馬上接收了學校的行政大權，改朝換代，規定一新，取消以往的計算方式。凡任課老師上高三寒、暑假的輔導課，輔導費一律依教育部規定的鐘點費支付，而校長、主任則支領每天上午四小時鐘點費，其他統歸學校的雜費開支。

這種以征服者的蠻幹作風夠霸道了吧，但猶小焉者也。黃校長更膽大妄為的是各學校必須採用的國定課本如國文、歷史、地理、公民、三民主義，都是正中書局出版的，全國通用，價格一致，沒有貴賤之分。但把建中與北一女中同年級的書單併在一起，建中的書價比北一女中高出一、二十元之多。有人把兩校書單價目表寄給法院，法院不加傳問，只通知學校把超收的部份退還學生了事。天子腳下，如此大膽，普天之下，除黃建斌之外，恐怕找不出第二位來了。誠如許水德大官人所說：「法院是國民黨開的。」也如司法行政部長鄭彥棻所說：「法律是管人的，不能管我。」天乎？這就是中華民國法律的真正注腳。

黃校長入主建中時，正是蔣經國先生當政，孫運璿出任閣揆。蔣、孫二人都是誠懇樸實、謙和待人，主張勤儉建國，力戒奢侈，主張梅花餐，高唱入雲，號召婚、喪、喜、慶以十桌為限。內政部某司長，娶媳婦宴客超過四十桌，就被免職了。全國勵精圖治，上下一心，一片欣欣向榮景象，社會安定，貧富差距日見縮小，應該是建設台灣的黃金時代。

孫院長躬親理政，提攜幽隱，一時人才輩出，如李國鼎、趙耀東、李大海、楊繼曾、陶聲洋等等皆出掌方面。軍公教的待遇也逐年提高，孫院長倡導節儉，主張公、教人員穿著青年

裝，並每隔一年撥治裝費，開始每人一千五百元。（以後增至兩千五百元）

建中的教職員工五百餘人，由學校招標統一製做青年裝，結果建中做的衣服，不但顏色不好看，老師戲稱為「孝服」，而且布料更差。教地理的徐春華老師以三百元自購的青年裝，比學校好的甚多。另外，承包製做衣服的廠商，在學校老師的大辦公室，面對著眾多老師，毫不客氣的指責建中「處處要錢」！使校譽蒙羞。

我在校務會議上，指著徐老師的青年裝說：「三百元買的為何比學校做的一千五百元的好？校長你知道，廠商在大辦公室公開對建中的批評嗎？如果我不愛建中，一張車票把一千五百元的青年裝送交調查局長翁文維，該是什麼後果，校長你想過嗎？」我說到這裏，黃校長變色而起，怒氣沖沖指著在場的主任說：「我一再地告訴你們，為什麼不按規矩做，弄成今天這個局面，你們要負責向老師交待！」會議在極為尷尬的氣氛下結束。

會後問題並沒有解決，幾位老師還是堅不領取「孝服」。結果由校長親自出馬，一一勸說，最後校長親自打電話到家中跟內人說：「要顧全大局，以政府的規定自己去做，由學校付帳好了。」事已至此，我以規定價格做了一套自己認可的衣服了事。據說林健藩自做的一套，超出規定的價格甚多，學校也只能摸摸鼻子「認了」。

黃校長主持校務會議，更是一絕。他除了操著道地的南京口音，言不及義的訓話之外，討論事項，他只准他愛聽的人發言；他不愛聽的，就請你坐下，不然他會大聲怒斥，使老師下不了台。一位教理化的資深易老師，頂撞他，竟遭到停聘。事情鬧到監察院，易老師贏了，但為了年資問題，易老師拒接聘書，事情就如此糊里糊塗地結束了。

這件事，黃校長雖臉上無光，但給老師的震撼是不小的。黃建斌以後便扛著扁擔橫行起來，無往而不利了。但人心的不平，總有按捺不住的時候，不幸的事就發生了，一位黃姓女職員竟與校長捉對打起架來，黃校長的臉被抓破了，幾天不敢上班。黃校長有後台支撐，在建中作威作福，享盡了威權統治的好處，任滿下台之後，沒有幾年，就嗚呼哀哉了！

黃建斌不但膽大妄為，目無法紀，甚至連一點做人的基本道德都沒有。從他一腳踏進建中伊始，就表現出橫衝直撞、唯我獨尊的架式，做出許多任何人不忍為也不敢為的動作，他看著他的種種不法都如願以償地順利完成，就更加亂幹起來了。在建中擔任過多年的教務主任蘇老先生，年屆六十四歲高齡，被黃建斌毫無預警地停聘了，使蘇老先生突然失去了生活的保障，使全校為之震撼。公文送到教育局，局方認為事態嚴重，派專人請蘇老先生提早辦理退休申請，才使悲劇化為無形。如果蘇主任被黃建斌一刀斬斷了下半輩子的生路，後果是什麼，是任何人都會想到的。

校長固然有聘請教員之權，但權力的運用，也不是毫無節制的，其中必須經過一些不可或缺的過程。在一個機關連續服務數十年，把一生心血貢獻給國家，年屆退休之年，忽然解除了職務，使一生心血化為烏有，是主管權力的濫用？還是制度殺人？冷血的主管可以藉此不合理的制度亂來，但主管機關為什麼不加檢討，以填補這個製造禍亂的漏洞？黃建斌固然是罪不可赦，但政府的怠惰，也是難辭其咎的。

教育界出了這樣一位軍閥式的校長，還得到上級無條件的維護，為顧全友誼，寧失人心，是政府高唱革新中的一大敗筆，也說明了政權更替的必然結局。

黃建斌校長一表人才，頗有達官貴人的模樣。也無怪乎為吳兆棠先生招贅東床。如果他有一些粗淺的學問和為人處世的基本修養，再加上政治上的優越條件，以及吳兆棠先生的陰庇，是可以有一番作為的，可惜他金玉其外狗屎其中，惜哉！

黃建斌校長雖然蠻橫霸道，一意孤行，但如有正人輔佐，他也有神智清明的時候。我就親身經歷過一件事，就說明了這一點。我的大兒子在私立光仁中學讀書的時候，他的同班同學周志明提到：他有一位表兄弟在建中讀書，讀了一年，人就不見了，家長急得到處找人。結果一、兩年之後，找到他在某一工廠做工。找回來之後，申請復學，因為離校已經一、兩年了，沒有辦任何離校手續，學籍已經被註銷，學校無法准其所請。家長到處奔走，苦無結果，周生談及此事，問我是否可以幫幫忙？

此事我也沒有放在心上，在偶然的機會中與教務主任張世祿兄談起，張主任表示，這恐怕要專案呈報了。張主任與校長說明後，就以專案呈報教育部並經核准，該生就順利地復學了。

這說明了一點，主管頭腦不清，需要正人輔佐。但是頭腦不清的人，往往找些頭腦更不清的幹部，作威作福，罔顧法理，所謂「物以類聚」。用人不當，這個團體就往下沉淪了。

我常想：如果我親自與黃校長面談這件事，十之八九會遭到拒絕，因為他頭腦簡單，凡事不加思維，一腦子都是漿糊。

這件事圓滿解決落幕後，還發生一個小插曲。這件事情過了很久，該生的母親遠道從淡水來舍下表示謝意。內人開門之後，雙方都楞住了，「你怎麼在這裡？」「你來找誰？」原來兩位是新竹女中的同班同學，多年不見，音訊全無。今日一見，恍如隔世，當然欣喜非常，天下之巧遇，有如此者。

再舉一例。黃校長到建中之初，曾帶來一位高出地面有限的先生，出任某一處的主任。他在其他縣市養成的習慣，來建中後一仍舊慣。一是盡可能表現自己的權威。二是當面對老師稱讚備至，私下總要些小技倆，令人不悅。一位陸姓老師，孩子讀幼稚園，只有星期三下午四點以後需要去接，希望下午四點之後，不要排課。結果，課表發下來，偏偏把陸老師四點以後的課，排得滿滿的，使陸老師增加了不少困難。類似這種情形甚多，不便細舉。更有甚者，他專門把年紀大的老師的上課教室，排在距離老師辦公室最遠的大樓最高的四樓上，十分鐘的休息時間，使老師疲於奔命。老師提出質問，他却批評老師，「不夠意思？」「意思」是什麼意思呢？這就是我國文字的巧妙，存乎一心的解釋了。

俗語有言：「武大郎玩夜貓子，什麼人玩什麼鳥。」觀其所用之人，就一覽其所餘了。

李大祥校長是待退者

接任黃校長的是成功中學校長李大祥先生，李校長高高的個子，派頭很有點像李登輝。不止一次，在陌生的場合看他走來，都引起大家站起來向他致敬的笑話。他是我身經建中五位校長中，唯一的本省籍校長，李校長是光復後師範學院三十九年第一屆教育系畢業的，先由成淵中學調到成功中學，再由成功中學到建中來的。

他上任不久，適逢立法委員選舉，競爭激烈，拉票拉得很厲害。國民黨台北市黨部主任委員陳金讓先生，他以建中初中校友的身份來和老師開座談會，大談同志愛黨的重要，最後請同志表示意見的時候，我表達了一長串批評言論。我說，從三十二年，我在洛陽入黨算起，至今已有四十年了，黨費繳得不少，對黨的維護也不無微勞。三十七年在北平的時候，我是提著腦袋與左派學生幹架的，有青年部長陳雪屏頒發給我的奬狀可查，但黨對同志卻漠不關心。我舉例說，年邁退休的駱茗翕老師，退休金不足以糊口，年老體衰，又無法工作，請市黨部救助，公文來來往往拖了幾個月，批撥了三百元，能不令同志寒心嗎？選舉時要票，是同志，黨費學校按月扣繳，一文不能少，每月扣我七十多元，台大、師大教授同志，每人十三元，是建中的老師有錢？還是台大、師大的教授不愛黨？選舉了，指定投誰，就得投誰，沒有選擇的自由，我出車禍躺在病院裡，校長、老師、工友都去看我，至今我心存感激，國防部派員慰問，還要出面幫我打官司，因為我兒子在國防醫學院讀書，家屬受到照顧，使我感到溫暖。但是黨員幹了四十年，生、老、病、死，黨部關心過同志嗎？駱老師就是一個活生生的例子。黨如果選拔一些優秀的同志，真心為黨、為市民服務，也好。但被黨提名的，往往都是些黨喜歡而人民不喜歡的人物。我再說個例子，高玉樹一人單槍匹馬競選台北市長，竟然一舉打敗了黨提名的王民寧，王民寧的得票率還沒有台北市的黨員多，這說明了什麼呢？難道這還不值得黨檢討嗎？選舉了，天天來，平時誰見過黨工人員的影子？我說得痛快，說得實際，使陳主委頗為尷尬，還是李校長站起來圓了幾句，會議才草草地結束。

憑心而論，我是三民主義堅定不移的信仰者。尤其對國父民生主義中「均富」的政策，我認為是放之四海而皆準的金科玉律。但是自入社會以來，對黨的種種措施，不但未依國父的計劃次第推行，反而很多地方是背道而馳，疏離之感，就慢慢滋生了。尤其是兩千年三雄競爭總統時，在屏東競選大會上，代表國民黨出馬競選總統的連戰先生，一邊是伍澤元，一邊是羅福助，使我震驚莫名，這張票如何投得下去？

新店市中正國小，把先總統的銅像搬到廁所，各級黨部和政府機關都置若罔聞。中常會的大員們，都是兩位蔣總統悉心培植、提攜的忠誠幹部，黨政軍都有，沒有一位出來發言糾正。甚至百般設法認祖歸宗，自認是蔣家子孫的黨秘書長章孝嚴也悶不吭聲，我氣得火冒三丈，打電話到中央黨部大罵一場。以後國民黨重新登記，我就沒有回歸的勇氣了。

誠如哲學大師牟宗三先生說：兩位蔣總統培植出來的高級幹部，都是想當官的。真是一針見血之論。官和錢是分不開的，誰給官當，就跟著誰走，正氣、人格，云乎哉！

會議上發言之後，李校長認識了我，說我直言無隱。李校長喜杯中物，有空就找我來上兩杯，他常開玩笑的說：「我比你早畢業，在學校是同事，論校友，你就是小老弟了。」他不是攏絡我，他退休之後，還不止一次的打電話邀我去信義路喝酒聊天。

李校長退休沒幾年就過世了，如果我知道他過世的消息，我會去靈堂致祭的，雖無深交，但我認為他是一位誠懇可以親近的正人。

說到酒，我可以閒話幾句。我可以自豪地說，我有酒量，也有酒膽，更可貴的也有酒德。而我的拳划得更是出神入化，說從伊洛瓦底江到黑龍江是少有對手或許有點言過其實，不過凡是飲酒的場合，我是每戰必克，贏的機會多，輸的次數少，即使喝得爛醉如泥，也不會口出狂言，或借酒發瘋。酒後亂來，只是企求減少自己的罪責而已。

台大有些教授們有個酒會組織，酒友皆有封號，臺靜農的酒品、酒量都好，號稱「酒仙」；屈萬里酒量好但好耍賴號稱「酒棍」；孔德成命令式的勸酒號稱「酒霸」；夏德儀煙不離酒，號稱「酒丐」；梅貽琦只喝不鬧，有敬就乾，號稱「酒聖」；至於「酒俠」沈剛伯就自承了。

台大的晚輩，也有一酒黨組織，曾永義自稱是酒黨黨魁，是自封、是竊取，非局外人所能知也。但起碼不是一票一票唱出來的。李白有《飲酒詩》，我稍微更動一下也許會更貼切，詩云：

天若不愛酒，不該有酒仙；
地若不愛酒，不該有酒泉；
天地都愛酒，喝酒不愧天；
清酒比如聖，濁酒如遇賢；
聖賢皆愛酒，何必求神仙；
三杯通大道，一斗歸自然；
但得酒中趣，勿為儒者言。

《傳記文學》創辦人劉紹唐，在祝卜少夫八十大慶時，賦詩一首，詩云：

生死一杯酒，江山萬里情；
故人情永在，風雨任飄零。

酒能愁人，也能使人解脫，三兩知己，對坐小酌，不談政治，不講學問，上下千年，縱橫萬里，葷素不忌，胡說八道，想到就說，說罷就喝，喝到酒意闌珊，迎著微風，踏著夕陽，醺醺然漫步而歸，豈不是人生至樂，我樂而為之。

崔德禮校長，能喝而不嗜酒，擺起龍門陣來，趣味橫生，更能助長酒興。李大梓校長嗜酒而量不宏，傾聽別人亂蓋的時候多，自己發言的時候少，最可惜的是壽命不長。我的朋友多，而愛喝酒者少，我又缺少獨飲習慣。獨喝悶酒，乏味而易醉，所謂：「酒逢知己千杯少，話不投機半句多。」太貼切了。

劉玉春校長是圓融者

劉玉春是我在建中經歷的第五位校長，也是最後一位。他是由松山商職轉任建中的，我和劉校長沒有接觸，但他的朋友很多我都熟識。我知道劉校長在抗戰期間，也是在大後方讀書的流亡學生，來台後在台大寄讀畢業。他的種種，人云亦云，有褒有貶，說法很多，都不是我親身體驗到的，不便妄加判斷。

但是我對他初到建中的種種及處事為人，對同仁謙和平易，我直接感覺到。他是有心把學響維持住，然後慢慢地求進步的。他雖然沒有賀校長那樣泱泱之風，也沒有像崔校長那樣的能言善道和親切的風範，但他起碼沒黃建斌那樣的蠻橫霸氣，把學校當成敵偽財產一樣的目無法紀，任意胡來。人生，如白駒過隙，幾十年一晃就過去了，人與人和和平平地相處，各安其位，各盡其職，井水不犯河水，該是多麼快樂。

任何團體沒有十全十美的，需要改革的地方很多，總要因時制宜，順勢而為。大環境如此，個人的力量總是有限的，我退休之後沒有多久，劉校長也退休了，相處得時間不多，所知有限，只經歷過一件與我有關的事，我認為劉校長是滿隨和的。

在劉校長初來不久，女兒是東吳大學英文系的應屆畢業生，學生希望來建中觀摩一次英文教學，系辦公室致函建中被拒絕了。東吳的老師知道我在建中教書，問女兒可不可以請我幫幫忙，因為已被拒絕的事，不方便出面，只和教務主任閒聊這件事。張主任把此事告訴校長，劉校長知道我女兒也是應屆畢業生，就決定接受來校參觀的要求，並準備了很多資料及豐富的茶點，參觀之前和觀摩之後，都是劉校長親自主持座談，並多溢美之詞，學生與老師交換心得，至為圓滿。劉校長處事圓融，是有助於學校發展的。

我退休之後不久，劉校長也退休了，因為相處的時間有限，了解不深，沒有達到彼此了解的程度，退休後，各奔東西，也就不通音問了。

第九章

兼課軼聞

紅色炸彈

民國五十年左右，軍公教人員的待遇是相當微薄的。有一次省議會議長謝東閔在座談會上幽默的說：「薪水，薪水是用柴燒水的，吃飯不包括在內。」可見攜家帶眷只靠一個人的薪水是相當清苦的。台北是首善之區，來來往往的花費是不能少的，最可怕的是紅帖子，時人稱之「紅色炸彈」，更是生活上的一大威脅。

當時，同學都屆而立之年，紅帖子是無月無之，有兩次使我最揪心的，是一個月之內有十四張帖子，一個月的薪水是打發不了的。另一次是新年之後到農曆年之前，一個多月的時間，收到二十三張喜帖，有的關係太多，非全家出動不可，不但一個月的薪水不夠，連年終獎金都全部投進去了。

這兩次對我的心理影響至深，這就是人生嗎？辛辛苦苦地就是為了應付這些繁文縟節的禮俗嗎？人與人之間的關係，完全以這些去衡量嗎？我非常不贊成這些擾人的禮俗，使人的感情完全以金錢來維繫，身受其害，就決心從自身做起，力求簡化。

我私下訂的原則是：「喜帖能不發，就不發；非發不可，才發。」兒子結婚，我的朋友只請一桌，女兒結婚，只用電話通知了三、五位，簡單樸實，非常愉快。我何嘗不知道藉此有所收益的好處呢？但人不能只為「弄錢」活著，我認為不麻煩人，與友情無傷，以金錢衡量友誼太世俗了。我的理念，同意讚佩者多，切身實行者少。原因無他，金錢之誘人深也。

新埔工專

話又說回來，台北花錢的機會多，用勞力賺錢機會也多。京畿之地，人文薈萃，學校多，私立學校也多。擠身為建國中學的教員，頂著眾所仰望的光環，是私立學校延聘兼課老師的首選。我除了初到建中是位清湯掛麵教員之外，第二學期就有了課可兼。工作是忙些，收入也跟著增加，看到家庭生活穩定，孩子們快樂的成長，用勞力換來的苦中有樂，精神上也是滿愉悅的。

我統計在建中二十四年中，在外兼課的學校有：靜修女中三年，德明商專三年，新埔工專五年，光武工專三年，光啟高中十五年，致理商專十年。現在專科學校都改為學院了。在眾多學校之中，最值得回憶的，是德明商專與新埔工專。

新埔工業專科學校，現在已改為「聖約翰科技學院」了。校長是裕隆公司董事長嚴慶齡夫人吳舜文女士。吳校長是南亞紡織公司的負責人，嚴慶齡去世後接掌裕隆，頗有開展，也是現在一肩挑起裕隆重擔嚴凱泰的母親，在國民大會裡，是有名的國大之花，與唐舜君並稱「女傑」。她自己擁有廣大的事業，當然無法把精神貫注在新埔。

新埔工專校務是由陳主任秘書代行。吳校長不但不支薪，還出資蓋了一座「舜文堂」，在所有私立專科學校中，新埔在聯考排名是名列前茅的。學生素質好，向學心切，一上課就知道了。一個人的素質，處處可以表現出來，成群結隊的學生走在大街上，從後面就可以判斷出一個大概來，言談舉止，優劣立現。新埔學生一般而言，都是循規蹈矩的，對功課也比較認真，常在下課之後，有追根究底的討論，上課時寂靜無聲，專心聽講，氣氛是相當美好的。

在兼課老師的鐘點費方面，是依照教育部的規定再加二分之一。我在新埔五年，一切都很正常，雖然學校位於三芝海邊，離台北較遠，但有校車接送，精神愉快，足以彌補長途乘車之苦。

兼課的老師，相當整齊，似乎看不到酬庸現象。新埔的唯一缺點，就是專任老師太少，兼任老師太多，與教育部的規定不太相符，曾被明令某科停招一年的處分，學校才徵求老師的意願，希望改為專任。

教育部規定不可公、私兩專任的情形下，要老師放棄公立學校就不太可能了，因此一起離去的老師有數十人之多。兼課老師太多，對校務推動是有些困難的，因為兼課是客卿，學校不好多所要求，專任老師適度地增加是有其必要。現在新埔改成學院了，吳校長也早辭去校長了，專心輔助兒子嚴凱泰經營裕隆了。

德明人事專科學校

最值得一提的是位於內湖區北勢湖畔的德明人事專科學校，創辦人是廣東南天王陳濟棠的女兒陳寶馨女士。陳寶馨長住香港，不能常川駐台（註八），董事長一職，就由廣東同鄉總統府秘書長鄭彥棻擔任。

鄭董事長是當官的，是標準的官僚體系中的人物。他把德明命名為人事專科，完全是師法國民黨辦政治大學的理念來辦教育的。政大不辦理、工、農、醫，因為這些科技人員的培植與訓練，花費的金錢和心血太多，同時科技人員只重視科技的研究，政治思想比較淡薄。黨所想的是：要長期保持政權，抓住國家政治、經濟、外交、國防等大權，永得祿位，領導國家走向黨指引的方向。簡單的說，就是培植國家一脈相承的接班人。接班人，是管人的；被管的科技專業人員，政大不辦。

鄭董事長是國民黨的核心人物，有舉足輕重的地位，當然深諳其中三昧，所以把德明定為人事專科學校，也含有為自己培植接班人的意思。雖然不能像政大一樣，企圖掌握全國的人事大權，起碼可以掌控一部份的國家資源，永保自己祿位於不墜。

鄭董事長五短身材，雙目炯炯，聲雄力壯，一口廣東腔改造的國語，聽起來也頗有韻味，他身為總統府秘書長，襄助總統處理國家大政，應是參贊帷幄，苦思獻策，忙碌不堪，但他經常現身在德明校園內，處理校務或到處遊走，對任何教師都口稱「教授」，滿面笑容，和藹可親。有施耐庵筆下「三寸丁穀樹皮」，一樣地容易接近。顯官，果然有一些為一般人所無法企及的風範，令人景慕。

不管鄭董事長如何的精力過人，校務龐雜，終非肩負國家重任的秘書長所可兼代，只有敦請中國青年救國團主任李鍾桂的父親李康五先生出任校長。我擔任三年級兩班國文和財稅科的一班導師。按說應該算專任老師了，卻以一年九個半月的鐘點費計算，導師是義務職，比教育部規定的兼任十一個月少一個半月。講師的鐘點費每小時五十元，而德明是四十八元。鄭董事長經常滿面春風地到教授休息室和老師們聊天，態度誠懇地請老師對學校的興革坦率陳言，直覺上讓人感到大官們究非凡品，也無怪乎有在一人之下、萬人之上的地位。

那時我教書有一段時間了，稍有社會體認，不會率爾進言，何況又是兼課，門面話說幾句，那裡還有建言呢？一位台大研究所剛畢業的年輕人，就直接提出建言：「教育部規定講師鐘點費是五十元，德明卻少兩元，是否可以按教育部規定計算呢？」話僅到此，鄭董事長把臉一沉，右手一擺，高聲說：「你辭職，去幹五十元的吧！」舉座愕然，這樣的大官，在這樣的場合，竟然表現出如此失態，說出如此不得體的話，真是官場現形記精采的一章了！

董事長威力無邊

人事專科，門徑太狹隘，出路不夠廣闊，影響招生。聯招會規定：以志願分發的最低錄取分數為四百分。但德明分不到學生，鄭董事長主張降低為三百分，李校長不敢違反聯招會的規定，請董事長下指示，結果仍然招不到學生。董事長又主張降低為二百分，李校長為清楚責任，再請董事長批示，才有學生登記入學。開學之後，呈報教育部，因違反規定未獲准許，鄭董事長就親自出馬，向教育部施壓，教育部長羅雲平就硬著頭皮批准下來了。

此事過去不久，羅雲平感到部長難為，請辭部長職，鄭董事長力薦出任台中中興大學校長，真是彼此幫忙，大家方便，官場之可怕，有如此者。至於生民百姓、學生前途、破壞成規以及對國家未來的影響，都不在這些大官們的關心之列。

我常常一個人在深思冥想：抗戰勝利之後，政府幾百萬大軍，怎麼不出幾年，就唏哩嘩啦全完了呢？尤其是共軍過了長江以後，國軍的轉進和田徑場上的賽跑一樣，快得令人難以想像。至此，我才豁然明白，像鄭秘書長這樣全心為私的精神，以及「順我者昌，逆我者亡」的處事態度如鄭秘書長者，恐怕不在少數？不然，在偌大的政府之中，鄭的為人為何能屹立不搖呢？

在《傳紀文學》連載的幾篇文章中曾敘述，蔣委員長於民國二十九年授意張治中把東北籍的軍校學生組織起來，以備勝利之後，收復東北，安定社會建設國防之用。張治中就用心地把軍校十二期以前的八期軍校學生組織起來，以為收復東北的骨幹。

民國三十四年，日本突然無條件投降了，政府在一切都沒有準備的情形下，慌了手腳，為了和共產黨爭淪陷區的地盤，沒有辦法深思熟慮的考慮人選，為了爭取時間，就倉卒地派出地區長官，糾集部眾，收復失土。

原本張治中信心滿滿，以為接收東北的大任，非他莫屬，但經張群秘書長公布人事命令：上海市長錢大鈞、台灣省主席陳儀、東北行轅主任態式輝、司令長官杜聿明，西北行轅主任張治中、外交部長魏道明。結果，張治中被派往新疆當地方長官去了，不但原先規劃的九省主席全部換人，八期的軍校學生組織，也無聲無息地煙消雲散了。使東北的接收大業，發生了諸多不便，終至棄守，也伏下了國共和平談判，以張治中為首的代表團，集體投向共產黨的原因。

張岳軍的私心自用，矇上弄權，害盡了大陸蒼生。尤以公布外交部長一職，咸以魏道明年邁力衰，開會常常打瞌睡，重要的外交談判，不足以勝任。張秘書長反而幽默一句：「談談睡睡也比談談打打好。」但他始終不離蔣公左右，而且受到高度尊重，有此哼哈二將，分侍領袖身旁，欲求吏治清明，政風和暢，真是痴人說夢了。

學生自由，趣聞也多

我在德明就擔任三年級的國文，一班財稅科，一班人事科，還兼財稅科的導師。學生多是官宦和大財團的子弟，尤以財稅科為然。四十年前，社會經濟還不太繁榮，私人有轎車的不多，學生開車上學的少之又少，但德明學生卻顯得比較富有，每逢註冊和考試，轎車之多，途為之塞。平時上課，教室總是稀稀落落的，真正上課而認真聽課的不多，圍在一起聊天，或聚在一起打樸克牌的不少。以前台北市發生某信用合社的大弊案，就是我任課班上的學生，可是彼此並不相識，點名冊上有其大名而已。

我去德明是李永華兄介紹的，李是中山大學畢業的，與鄭董事長有師生之誼。上課幾天之後，我感到上課的秩序太亂了，想找校長表示辭意，為兼課的黃增譽兄攔住，並對我說：「你四十歲的人了，還這樣沒有修養。」又說前天他上課的時候，班上打樸克牌有五桌，笑鬧之聲，影響隔壁上課，叫他們聲音放低一點，就吵起來，適時李校長巡堂，我告訴實情，李校長走進教室指責學生，學生起來與校長爭辯：「一學期繳六、七千元，打樸克牌也不准，走，我們不幹了。」說罷，提起書包就要走人，增譽兄接著說：「你猜，李校長怎麼處理？」李校長轉身過來，拍拍我的肩膀：『不要理他們。』頭也不回就走了，我們要學李校長的修養！只要學校按時發鐘點費，上課就是你的事了。」

一句話提醒夢中人，說穿了不是為了賺錢嗎？董事長辦德明不也是為了賺錢，目標一致，步調應該劃一，大道理是講不通的，在大官員眼裏，「道理」是跟不上時代的玩藝。

月考、期末考，更有趣了。考卷必須依照課文及注釋的順序出題，如果交叉出題，翻書找不到，學生會氣得大罵老師髒話。結果找不到答案，只有寫：「請老師幫忙」，收到考卷，一下子就看完了，交白卷的，給十分，有寫字的，給二十分，學生不爭論分數，反而謝謝老師。因為考卷沒有零分，就可以參加寒暑假補習了。

說到補習，更為有趣。有某些科一至五年級等於是全科一起參加補習，但每科只請一位老師，五個年級的學生擠在一個教室裡，如何容納得下？教務處會告訴你：「這與老師無關，你儘管上課就好了。」屆時一間教室還坐不滿，學生總是稀稀落落地來來去去，行動自由。學生、老師都明白，學分費繳了，就及格了，就可以順利升級。據學校的行政人員說，寒暑假，重修學分所繳的費用，就足夠全校全部的正常開支，官大、學問大，生財有高招，你能不佩服鄭董事長的高明決策嗎？

董事長的自由心證，李校長走人

李康五校長和煦近人，喜歡到教授休息室來和老師聊天，他也愛聊在抗戰期間，在重慶工作的艱苦情形。他忽然問到，建中不是有一位田易居主任嗎？他是我在重慶工作時的老大哥。我告訴他，田主任已經退休了，現在是銘傳商專任副教授兼註冊組主任。李校長表示，把田大哥找來，在一起工作多好。李校長真的三請五請，逼著田主任辭掉了銘傳的專任副教授來德明兼了一班國文。等暑假之後，田先生不但沒有當上教務主任，連一班國文也沒有了，李校長質問董事長，得到的答覆極為簡單：「我有朋友來，田先生就不必請了。」李校長一氣之下也辭掉校長不幹了，然後到東吳大學去教書了。

在上述事情發生之前，學校還發生了一件大事，是學生把上校主任教官給打了，教務主任也遭了魚池之殃。這還了得，李校長簽請董事長開除肇事學生，董事長批下來：「兩次小過。」李校長提出異議，董事長的答覆極為簡單明了：「你代繳學費，我就開除。」幹過司法行政部長的鄭彥棻董事長來個自由心證，學校秩序就沒有人敢過問了。

異乎常人的鄭董事長

鄭董事長的頭腦是異乎常人的。他超人的智慧，是配合時俗，投人所好，從中獲得巨大的利益。迎合上意，投其所好，大權在手，就橫行無阻，法令規章，都視為無物。他不止一次的說：「法律是管人的，不能管我。」學法的人，曲解法令，算是小兒科，有權的法律人，根本就把法律視為弁髦，不值一顧。隨時創造法律，以利便宜行事。位高權重的人，率多如此，於今尤烈。至生民百姓的苦難與生計，青年學生的未來，對國家社會的影響，在鄭董事長腦海裏，是沒有這些想法的。

那個時候，「建教合作」是最時興的時尚，人事行政專校是研究人事任用的各種法令規章，董事長腦筋一動，就找到了人事行政局，來個「政教合作」。

人事行政局本來應該隸屬考試院，政府為了方便把它獨立出來，形成了政治上的違章建築。考試院經常辦各種考試，有關人事管理方面的試卷命題，也多由人事行政局主其事。我教過人事行政科，參加考試及格分發就業者，談及考試種種及分發就業的詳情，真是駭人聽聞。鄭董事長的偉大傑作，足以列入奸佞傳了。當時《自立晚報》一整版詳細報導，德明人事專校與人事行政局合作的內幕，繪聲繪影，極為詳盡。監察院也曾派員調閱試卷，探究真偽。答案雖然是千篇一律的標準答案，但監委却無法認定其中弊端，教授教得好，學生記得準，背得熟，答得正確，考試及格，優先分發，何罪之有？

鄭董事長標準的五短身材，身體健壯，精神飽滿，雙目炯炯，穿中山裝的時候多，著西裝的時候少，人稱「三寸丁穀樹皮」，是相當傳神的。我常納悶：一位堂堂的總統府秘書長，是日理萬機總統的耳目，怎麼不在總統府處理要公，整天在德明管些雞毛蒜皮的小事？他最愛聽對他的恭維，不喜歡聽到對他的建議，他反應快速地像翻書一樣，說翻臉就翻臉，一翻臉就罵人，身分、場合都不在他顧慮之中。他在歷任的官署離去時，都冷冷清清沒有感人的歡送場面，但他在宦海却是一帆風順，節節上升，先任副祕書長，後繼張群任祕書長，大陸之失，應該不是偶然的。有這種人物當政，不把老百姓逼上梁山才怪。對下蠻橫粗暴不講理的人，對上必然是舔痔吮癰的奸佞小人。他滿嘴都是為總統效忠的言論：「只要是總統交下來的，我都當大事去辦。」「只要能在總統身邊，當工友也是滿足的。」每談這些，他都是逸興遄飛，得意非常。看他在德明的行事，就足以說明他的為人風格，凡是在德明教過書的，都會認為我的所言不虛。

鄭董事長是學法律的，他當過中山大學的法學教授，他懂法，却不守法，而且玩法、毀法。拿法律當成他在政治上橫衝直闖，胡作非為的盾牌。他的文章也寫得不錯，《傳記文學》也出版過他的回憶錄，但他的流氓氣太重，違法亂紀不像一位有素養的法學學人。他在總統身邊一定會傳達一些不正確的消息，使之誤判形勢。但是我們英明偉大的蔣總統偏偏看重他，誠如乾皇帝批評和珅：「我知道他不是好東西，但我就是喜歡他。」可以做為注腳。

老總統去世了，蔣經國先生繼任了總統，鄭秘書長才慢慢失掉聲光，連資政都沒有混上，不久就追隨老總統於地下，施展他的妖術了。因之我得到一個不完全正確的結論：

學法的，多不守法；
有權的，多不講理。

講「道德、良心、法理、制度」的，都是弱者的語言。

另外，我在致理商專（現在改為學院）教了十年，何伯超校長建立了很多規章，譬如說，六十五歲退休之後，改為兼任，七十歲學校就致函道謝不再續聘了，這個規定很好。何校長退休之後，繼任者是法學博士陳校長，一上任就請來了一些七、八十歲的老先生，將學校行之有年的辦法，都甩到字紙簍裡去了，陳校長的作風也可為學法者注腳。

註八：成語，指不常駐台。

追憶後言

我漂泊六十多年的回憶，寫到這裡，應該結束了，雖然是雪泥鴻爪，不能盡述，但是一生中的大經大脈及經歷的艱辛，以及在生命攸關中，志士仁人的伸出援手、賜予，永難忘懷的協助都會在回憶中，慢慢地挖掘，細細地追尋，盡可能作詳盡地追述。

因為時間久遠，所記憶的時間、地點，不會那麼準確，但我一生不作誑語，不是親眼看到，或親耳聽到，決不會望風捕影地胡亂猜測，雖然我有完整的日記可按，但日記中所記錄下來的，也不是我回憶中所需要的，更因為翻閱、查證，費力費時，只有在細細地追尋中，慢慢地回味了。

在開始動筆之前，我曾費了很多心思考慮用什麼方式，敘述我六十多年來，浪跡天涯的種種和感慨？我考慮者再，用編年或紀事的方式，皆不足以把我的經歷和心得記錄下來，同時時間太久遠了，沒有系統的記憶，只有以編年為綱，以紀事為體，引文中有想到的，就順勢填補上去，就這樣四、五年前，開始動筆寫我這六十六年的流浪記了。

本來計劃在我身分證的年齡（十五年生）八十歲生日完成的，因為我的小兒子令北的太太簡秋慧女士是政大歷史研究所畢業的，在政大當過幾年的行政助教，她表示可以負責打字、改錯字，也順便可以順順句子，也可以提供些意見。她的一番好意，我就把稿子寄到美國阿拉巴馬州她的住處去了。這段時間，秋慧二度生產，成了兩個孩子的媽媽，令北又忙著趕寫博士論文，無法照顧家庭，家中事務大小，都由秋慧一肩挑，後來又忙著打包、搬家回國，因為令北接任東吳大學歷史系的教書工作，亂中加忙，打字工作一直拖延下來，從去年暑假，拖到寒假，工作仍無法完成，所以就拖到今年了。

在我的回憶中，所到之處，都不斷地遇到貴人，這是命大，還是運氣好？總使我在艱險的人生旅途中，化險為夷，步上坦途。多少同學、好友都失散了、陣亡了、病故了，無法一一追憶，但沿途助以大力、濟我於危難的仁人君子，在此書中，盡可能作詳加描述，以誌不忘。這些雖不足以彰顯其令德，但起碼在我的生命中，將是永難忘懷的記憶。

在滔滔的洪流中，人心險惡，欺詐多方，但仗義行善樂於助人的，還是到處都有，社會上雖然很多烏煙瘴氣，令人窒息，但正義的亮光，總會穿透黑暗，使人萌生希望。我回憶這些往事，主要的想法是：年齡大了，時間久了，過去的種種逐漸淡忘，如果不慢慢地回憶，細細地追尋，會使一生留白。凡有助於我的人，我應該心存感激，不可水過了無痕，是非善惡一筆勾銷。希望我的兒孫藉此了解我們河北家鄉的種種以及我一生漂泊的始末，以及在大時代時局動亂中，青年人應砥礪志節，知所進退，凡事適可而止，不可強求。精神生活應該是人生的瑰寶，功名利祿，都是過眼雲煙，可有，亦可無。有，固可喜；無，亦不足憂，生活適意就好。

從民國三十年，我離開家鄉之後，時光匆匆，已過了六十六個年頭。從河北家鄉出來，漂泊了大半個中國。抗戰勝利之後，家鄉仍為共產黨盤踞沒有光復，兩岸解禁之後，也沒有回去。但家鄉給我的印象，仍然是清晰如昨，是純樸、保守、交通不便，百分之百的完全是靠天吃飯，以務農為生的封閉社會。家鄉的人民對子女的教育是漠然不關心的。雖然絕大部份的農村都有小學和私塾，但學生讀幾年書，能認識契約文字、能打打算盤、記個簡單的流水帳，就心滿意足了。認為超過實用的範圍，都是浪費，不如在田間放牛、割草來得實際。家鄉一帶，應該是富庶之區，說起來，即使家無恒產，身無餘帛，稍微勤勞一點，就不會有飢寒之虞。

南宮、冀州、武邑、衡水、廣宗、威縣一帶，位於平漢、津浦兩大鐵路之間，各百餘里，是大棉花產地。棉花值錢，一畝棉花，往往可抵十畝、八畝糧食的收入。秋天，棉花盛開，一片銀白，隨風搖曳，煞是好看。一株棉花有幾百個桃子，開了又開，摘了又摘，年輕婦女，幾乎傾巢而出，繫上圍兜，成群結隊的一家一家幫地主摘棉花，以一斤計酬，稍微勤快一點的，一個秋天的辛苦所得，足以維持一年的生活所需而無匱乏之虞。

秋末下霜之後，沒有開的桃子，地主不要了，可以一麻袋一麻袋的摘回家去，經過冬日的曝曬，桃子裂開，棉絮的纖維較短而呈淡淡的土黃色，與潔白棉絮分經緯的織成布，頗受人們的喜愛。

因為地區的土質肥美，謀生容易，人民生活安定，外出求職人就屈指可數了。居民的生活環境，就是以周圍一、二十里為活動範圍，養生送死，一生終老於斯，不假外求。

「七七盧溝橋事變」以前，居民沒有見過汽車，傳教士騎的摩托車稱為「電驢子」，也是稀有之物。居民群起圍觀，嘖嘖稱奇。說火車吃煤吐煙，可乘數千百人，車聲隆隆，鐵路兩旁數里之遙的禾苗都被震死了，一片荒涼，更感到不可思議。親戚朋友都生活在這個小圈圈之內，與外界根本不發生關係。

他們不求聞達，不圖仕途，日出而作，日入而息，生活安定而平靜，無缺水斷電之苦，也沒有仰仗官府賑災救難之憂，如果沒有戰爭，社會能保持安定，老百姓按時繳稅納糧，井水不犯河水，和「桃花源」的憧憬，庶幾近之。雖然地近山東，不時有響馬出沒，但並不影響人們安居樂業的生活，何況土匪也不是盲目亂來。每一個搶案，似乎都經過選擇，也沒有引起人民強烈的反感，也構不成對安定社會的威脅。一般人對土匪的印象，也沒有局外人想像的那樣惡劣。有的，甚至蘊含著雖無安良卻有除暴的味道。與現在的社會亂象，大者掏空國庫，小者搶奪婦女皮包的行徑，是不能同日而語的

如果沒有「七七」抗戰，沒有日本軍肆無忌憚，殘殺無辜；沒有土共煽動欺詐，製造仇恨；沒有殘餘的國軍橫徵暴斂，殘民以逞，我是不會隻身遠颺，浪跡於舉目無親的茫茫人海之中，如無篷之舟，無韁之馬，到處流浪而不知其所止。

二十八年以後，殘留下來零星國軍武力，被日軍和共軍不斷地圍攻，慢慢地被趕走、被消滅了，共產黨的呂正操、楊秀瓊的勢力膨脹很快，除了縣城之外的廣大農村都在他們的控制之下。「老大爺」、「老大娘」那種客氣的口吻與謙遜的態度沒有了，取而代之的是猙獰的面目與兇巴巴的口吻，對老百姓的管制是越來越嚴厲，各種捐獻的名目，紛紛出籠。共幹開始軟硬兼施地誘導知識青年赴延安受訓、學習；歸順日本漢奸成立的偽政府，更勸說或徵召高小畢業的青年學生，去日本讀書；政府的地下工作人員，也多方鼓勵年輕人去後方參加神聖的抗戰行列。吵吵嚷嚷，眾說紛紜，莫衷一是。

年輕人到處東躲西藏，一夜之中，數易住所。聽到狗叫或村民奔跑的聲音，都嚇得到處躲藏，這種驚心動魄的日子，過了一段漫長的時間，家人和年輕人都忍受不下去了，大人們清楚地知道，孩子是沒有辦法在家安心成長下去的。到日本去讀書，等於是當漢奸，在同仇敵愾的民心氣氛之下，是不可能接受的。去延安投奔共產黨，以目前共產黨的行徑，是絕對得不到廣大民心的認同。唯一的道路，只有投入大後方去參加抗戰行列了。

經政府地下工作人員的稍加指點，說明路徑，青少年在家人忍痛之下，抱著九死一生的決心，提著小包，就千里迢迢的投奔到大後方去了。我就在這種情況下，逃到了九朝金華的東都——洛陽。

如果政府沒有在沿途設置聯絡站，如果政府在後方沒有全部公費和完善的教育設施，如果沒有我們河北省政府主席、同時也是二十四集團軍總司令龐炳勳先生的教導和資助，我也不可能穿過層層的日軍封鎖線到達後方。再說的遠一點：來到台灣之後，如果沒有龐先生繼續地關心，畢業之後，能到名聞全國的建國中學教書，希望也是微乎其微的。抗戰末期，在國家千鈞一髮之際，我投筆從戎，被編入青年軍二〇七師六一九團第四連之後，直到退伍、復學，可以說是一帆風順。第四連是軍官連，都是在社會上工作多年，有相當社會經驗的老大哥及校、尉級軍官，對我這個小老弟都相當照顧，至今思之，倍感溫暖。

復學國立長白師範學院，又幸運地遇到無私無我、忠貞不移、矢志辦教育的方永蒸先生，從遙遠的白山黑水之間，領導著我們一路追隨政府播遷來到台灣。大陸上數千百所大專院校，都識時務地向左轉了，唯獨長白師生一本初衷追隨政府，在台灣讀書進修、各以其所學為台灣作出相當的貢獻。更堪告慰的是在台五十多年，生聚教訓，茹苦含辛，致子孫繁衍，枝榮葉茂，花實纍纍，均有當初不敢想像的成就，年逾八旬，回首前塵，往事如煙，而能有今日，亦復何求。

在危難之中，使我耿耿於懷永遠不能忘記的，是海口秀英碼頭徐錫鬯司令及康肇祥將軍，在台灣不准滯留在海口的百餘師生及眷屬來台，而大陸盡失，共軍不斷地從雷州半島乘木筏，渡海入侵海南，真是風聲鶴唳，一日數驚。五指山的土共馮白駒，又乘勢倡亂，人心驚恐，不可終日。

馮白駒又視長師學生如眼中釘，高懸賞格，欲去之而後快。就在此時，徐司令以軍艦把我們送往三亞，以避不幸。在海口失守，榆林危機之時，我們露宿碼頭，奔走登船無望，時榆林港口司令容壽山先生，強力命令配船所配船，威力所懾，配船所只好打開起運的箱子，加配鐵橋輪。並命令憲兵林創先營長，負責護送，容先生義薄雲天，感人至深。

在海口時，海南特區黨部書記長李遴漢先生、陳新委員，都予我大規模的推動學生運動，提供不少助力。時任海南特區長官部副官處長的容壽山先生，就是李遴漢先生介紹的，非常值得感謝。

李先生也來到台灣，三十九年我在總政治部會客室遇見過他，得知他暫住板橋，時光匆匆，五十年一晃就過去了。李先生如仍健在，應該是近百歲的老人了。

回憶過去熱心協助值得感念的人，實在太多太多了，掛一漏萬，實難盡述。

三十九年五月二日，我們最後一批百餘人，從海南榆林撤退在高雄上岸之後，教育部就及時發布了長白師院停辦的明令。應屆畢業的同學集中在沙鹿，等候考試分發。未畢業的學生，一律送到政府為收容流亡學生成立的圓山青年服務團。為時不久，因為我看不慣團長上官業佑那種蠻橫自恣、專制霸道的官僚作風，隨便陷人於不義，以懷疑別人的不忠，為自己的進身之階。為避開自己無力抗拒的環境，又走入軍中。而後退伍，師大復學、畢業之後，一直從事教育工作，數十年如一日未嘗中斷，直到退休為止。

因為自幼有夢，故在勵行中學從事教育工作期間，為了一圓自幼嚮往的夢境，曾自不量力地為實現美夢而奔走數年，雖然美夢難圓，興學之想終歸泡影，但因此得到諸多老長官的大力協助，期其有成，而使我終身感念不忘。

官場之中，雖多以利害為先，事不關已而虛應故事的所在多有。但在我接觸的老長官之中，都是坦誠無私，熱心協助而沒有虛與委蛇的，如中央黨部第五組主任詹純鑑先生，總政治部副主任甯俊興中將，台灣省教育廳長潘振球先生、龍名登先生，陸總政治部主任江國棟中將，海軍陸戰隊司令後任總政治部主任的羅友倫上將，賀翊新校長，吳任漢校長，周象賢局長等等。

其中，最使我感到過意不去的是吳延環委員。吳委員是位作家，《中央日報》的小方塊「誓還」就是他的筆名。他不但大力支持我的想法，而且把立院的龍頭張清源委員也請出來為私立陽明中學發起人之一。吳委員為了助我一臂之力，決定發動藝文界，開個書畫展，如黃君璧先生、梁實秋先生、王藍先生等等，而且都有畫作、條幅相贈，吳委員熱心是感人的。但

是好事多磨，吳委員位於重慶南路的書房失火，不但畫作付之一炬，吳委員偌大的書房，也化為灰燼。

以上諸多先生的協助，都是真誠感人的。「謀事在人，成事在天。」事雖不成，情誼永在，在回憶中均有述及，以誌不忘。

本人於書房

附錄

七十感言

兩鬢髮已斑，蹉跎入晚年；
未來有幾許，老天不為言。

七十九年（提早一年）從建中退休之後，心情好愉快！每週減少了十幾個小時上課時數，等於多了幾個半天的空閒，大有通體舒暢，心情愉悅的感覺。雖然還有一些兼課，則視同散心，總有幾天可以多睡一些時候了。也可以爬爬山，坐看雲起雲飛、日落殘照的景象。於是我寫下當時心情的詩句

（一）

七十少訪友，沒事逛書灘；
在家剪剪報，出門爬爬山。

（二）

沒事不過景平路，景新山上耗半天；
多與山友空議論，葷素無忌樂年年。

歲次七十之年，和所有的兼課正式告別之後，心情只愉快了幾天，又開始感到空乏無聊了。每天蕩來蕩去，走到任何地方，總覺得和遊魂一樣，沒有生趣。換上睡衣，隨時躺臥，睡睡醒醒，頭腦是一片空白，「七十感言」就是在這種心情下產生的。

五天之後，我感到必須找到心靈的主宰，不能再這樣渾渾噩噩下去了，必須把空乏的心安頓下來：必須參加一些有意義的活動；把數年來積存的剪報，以時間先後分門別類地加以整理剪貼；把運動的時間規律化；把每天晚上的時間除新聞和有益身心的節目外，統歸於自修範疇。按時操作，心神才恢復正常。

專攻「生命科學」的洪蘭博士說：生命科學就是意志力。有活下去的意志，才有活下去的勇氣；活下去的勇氣，必須有活下去的目標；如果整天穿著睡衣睡到自然醒，扳著手指過日子，看看手錶算時間，空洞無聊，無所事事，人生也就差不多了。

八十邀宴

好久不見　時時在念　時光如流　兩鬢已斑
憶及當年　感慨萬千　流離顛沛　備嘗辛酸
國事蜩螗　遍地狼煙　軍事潰敗　學校南遷
平津滬杭　衡嶽瓊山　人心慌慌　命如累卵
只有今日　沒有明天　前途云何　一片茫然
避秦來台　生活漸安　結婚生子　撫育惟艱
待遇微薄　兼職賺錢　力竭聲嘶　克勤克儉
日夜打拚　始免飢寒　兒女成長　年老得閒
晚景尚好　相聚有緣　嗚呼傷哉　噩耗頻傳
昔日好友　日漸凋殘　某君中風　口不能言
某君失聽　某某癱瘓　某被寵召　某歸西天
凋謝之速　令人驚歎　人生若是　如夢如幻
富貴權勢　過眼雲烟　時日無多　聚聚談談

縱橫萬里　上下千年　盡情吐露　暢欲所言
葷素並陳　沒遮沒掩　聊備小宴　碎肉稀飯
薄餅小菜　大醬蔥蒜　水菓淡酒　大盤炒麵
心中蕩蕩　無掛無牽　談笑由之　開懷飲讌
知足常樂　惜福惜緣　盍興乎來　仰望雲天

兆坤兄七秩大慶頌

喬公，喬公：
方方正正的兆坤兄
七十年前
河南那塊貧瘠的土地上
出現了一顆亮晶晶的彗星
他，不苟且，不徇私
　言必忠，行必果
賢妻子孝
光大了喬氏的門庭
堅苦卓絕
矢志忠貞
從軍報國
征戰有功
教書治校
聲譽至隆
學生視之如褓姆

家長倚之為長城
尊師重道
親愛友朋
歸隱內湖
澹泊寧靜
年登七十
容光煥然
身手矯健
壯若游龍
裕生為之宴客
祝老父身心康寧
同學們獻上壽松
祝可愛的兆坤兄
像這一顆不老松
萬年常青
中華民國八十七年七月二十七日

送佑忱兄

（一）

五十五年相聚
情誼如兄如弟
彼此肝膽相照
相處真誠無欺
如今回歸故里
可能永無見期

憶及松花江畔
英挺豪壯
意氣飛揚
紅樓裡留有美夢
北山上印有足跡
江岸的濤聲震耳
湖畔的倩影成雙
情趣橫生
令人痴迷

煤都的冰天苦讀
「八四」時攜手對敵
學校得以復生
師生相繼南移
衡嶽借讀
瓊海復課
椰林風情
留下多少回憶

南遷榆林
棲身三亞
上山打柴
辛苦變成樂趣

（二）

三九來台
學校停辦
我輩又告分離
同學星散四方
各自埋頭努力
茹苦耕耘
衣食無缺
無奈又入老期

齒危髮禿
兩眼昏瞶
步履蹣跚

正期老友常相聚
你我訴衷腸
藉此多回憶
彼此多安慰
設法找樂趣
不意又告別離
今日吾兄歸去
從此知音難覓
含淚送知己
酒筵乏興趣
有誰知
何日再相聚
但願老兄今去
莫忘記　常通音問
訴離情
歎別離
長相憶

中華民國八十九年四月二十二日　於台北寧波西街京華小館

澤公頌　賀張澤民七十大壽

澤公，澤公！
可愛的澤公！祝你生日快樂，
也祝你是位福壽雙余的大壽星！
我欣賞你的心胸寬廣，
也讚佩你的心地和平，
你能光被大地，使萬物得到充分光亮而欣欣向榮。

澤公，澤公！
你代表著光明
在黑暗中你能展現出耀眼的星光
使迷途的人們得到指引；
你象徵著在大海中的燈塔，
引導著在驚濤駭浪中航行的孤舟
得以重生！
光明代表著澤公，

澤公象徵著光明，
我們因為你得到不少的歡樂，
也因為你，使我鬱慼的心情得到寬鬆！
世界上最幸福的人兒，屈指算算，
應該是藺華英。
你給他們省下了多少燈油錢，
使張府整天大放光明，
宵小為之卻步，
惡魔，也為之而現形。

澤公！澤公！
你真是黑暗的一大剋星，
有你在，世界將永無黑暗，
有你在，人間將永享太平！

中華民國八十五年十月四日

新年賀卡

給你一張賀卡　表示我還在
你回一張　表示你也康泰
這是人道的關懷

如果沒有寄
這就是說　我精神不繼　或體力已衰
如果沒有回　我會想歪

年登八十
鬢髮皆白
回首前塵
唏噓感慨
爬過高山
渡過大海
落腳台灣

也是上天巧意的安排
兒女都長大了
翅膀都硬了起來
書　讀得越多　飛得越遠
越少對父母關愛
年老氣衰
意氣敗壞
孤獨寂寞
隨之而來
你說：老友該多重要
互通音問
互慰情懷
因為：我們
只有今天
沒有明日
只有現在
沒有未來

如果硬說：有。
那就是：拜拜

「無私、無欲、無我」為院長壽

我入長師的經過

我是民國三十五年在吉林市郊八百壠入學的。在未入長師之前，在盤石縣政府工作。盤石是在當年五月四平會戰，林彪的十幾萬部隊整個的被殲滅之後，國軍不血刃的收復了吉林、長春。我被派往磐石縣政府隨胡日初縣長在教育科工作；那時年齡尚輕，毫無處世經驗，不敢擔任獨當一面的工作，退而選擇了股長一職。科長由胡縣長借重縣黨部書記王德本先生代理。盤石東臨吉林市僅九十華里，有火車直達，交通相當方便。當時的傳播媒體不太發達，傳聞位於吉林市郊的偽滿師道大學，更名為國立長白師範學院正在招考新生。打聽確實之後，時間上已經來不及了，青年軍復員的同學，只要有高中畢業證書的，可就地免試分發。我們一起從軍的同學，絕大多數分發到瀋陽北陵的國立東北大學，我也特地去參觀過。東大規模宏偉，大樓林立，氣勢非凡；唯獨十幾個人住在地下室一間大宿舍，怪事多有，興趣缺缺。長師環境清幽，小巧玲瓏，腹地廣大。後面是不太高的小北山，林木森森；前面是洶湧澎湃的松花江水，如萬馬奔騰。置身其間，真是心曠神怡，寵辱偕忘，雜念不生，猶如仙境。最使人念念不忘的，是大紅樓的學生宿舍。兩人一間，寬敞明亮，設備齊全。堪稱全國獨步，鮮能有與之相比，令人嚮往。同時吉林離盤石很近，胡縣長和許多友好一直慫恿我捨東大而入長師，方便多多。他們也可以隨時伸出援手，並建議我去面見梁華盛主席。師範學院是有保送制度的，或可有望。梁主席是廣東茂名人，黃埔一期畢業，是東北九省的副司令長官兼吉林省政府主席。豪爽乾脆，當他傾聽我的陳述，了解了實際狀況之後，立刻把教育廳胡體乾廳長請來，請他設法。那時方院長在南京公幹，院務由楊成章教務長代理。楊先生是一位彬彬儒者，有學者風範，對青年軍復學辦法有欠了解，胡廳長碰了一個釘子。梁主席頗為不悅，他嚴肅地告訴胡廳長：「這兩位（另一位是馬志祥）是青年軍復員的學生，可就地分發大學就讀，長師不准，請你去問問他們，我以地方最高長官的身分，可不可以保送兩位學生？」我就如此這般的入學了。

院長的豪語

我第一次看到院長，是院長由南京回到吉林，在大禮堂向全體師生報告奔走經過及擴建計劃、增加科系的時候。我見過不少大官，威風凜凜者有之，氣宇軒昂者有之，聲雄力壯者有之，橫眉豎目令人望而生畏者，更不乏其人；但我總覺得那些大官老爺們，除了神氣活現之外，好像還缺少一些甚麼東西。甚麼東西？是感覺上的，很抽象，我無以名之。等到見了所謂「胸有詩書氣自華」的院長之後，我才發覺一個人內蘊的重要。從院長的言行舉止上，我們感覺不到權勢，感受不到威嚴，在直覺上我們所感受到的是一種感人的力量，像一團和煦如沐春風般的感染力在冰冷的寒風中擴散開來！使見到他、接近他的人沒有畏懼之感，而有敬慕之心、沒有怯懦之意，所感受到的是溫暖和舒暢。在院長的報告中，知道東北九省長白師院是唯一培養中等師資的場所，我們都感到前途是寬廣的，光明的。聽到院長發出豪語：「要把東北建設成一條反共的精神長城！」的時候，我們的熱血便沸騰起來了。未來的中華民國，未來的東北，在我們眼前展現的，是一片錦繡！雄心壯志也油然而生。我們私下在議論著：在長師一定要好好地讀書，在院長的感召下，一生從事教育，在大紅樓裡住上四年，畢業之後，秉持著院長的精神，在東北九省這塊肥沃的土地上，要灌溉出豐碩的果實，把東北青年的意志凝聚成一道牢固的、反共的精神長城！

院長的知人與雅量

從外表上端詳院長，他是一位個子不高、也沒有昂揚之氣的讀書人，是一位光風霽月的恂恂儒者。他經常掛著滿臉笑容，像一位慈善家，也像一位傳播福音的佈道家。當他接見你的時候，他會全神貫注地傾聽你的陳述，心平氣和的給你詳細的分析解說。從無不安或不耐的神色，對任何人都是一樣的。長白師生在院長的領導下，真正做到了「團結和諧」四字。任何問題在院長面前都會迎刃而解，任何意見在院長的解說下，如同寒霜逢到陽春一樣的化為烏有。我在長師一年級起，就和王緒文等多人主持「正風」壁報，半月一期，從無間斷，甚至於在遷徙途中一安定下來也照常出刊。是全校歷史最悠久、社員最多，有時對學校的某處室批評的太嚴厲了，有關人員向院長表示不滿，院長總是和顏悅色地安慰他們：「讓學生講吧！講得對，我們也應該改進。」有時候，院長也會戴著老花眼鏡親自看看批評些甚麼，也總是笑笑而去；院長知道正風的成員，是以青年軍復學的同學為骨幹的，真誠坦率則有之，惡意則無，更不會存心和學校搗亂。院長有知人之明，也有寬恕待人的雅量。這種由內心裡發出來的「愛」的力量，就是長師顛撲不破的憑藉。

學校遷到北平之後，少數同學受到校外左派份子的蠱惑，有些誤入歧途，以罷課為時髦，以遊行為進步，把一個好好的讀書環境擾亂的不成樣子，震動全國的「七五」（註九）事件之後的「八四」（註十）自清行動，就是正風成員出面連絡忠貞同學和左派份子的大對決！使學校轉為危安，回復了往日的平靜，弘道講學，又得繼續絃歌，其樂融融。院長的知人和雅量，得到了充分的證明。

平凡中的偉大

院長不是長袖善舞的政治型人物，也不是雄辯滔滔的政論家，他對公關的肆應，似非所長。我常常在衡量：院長在當今的人物中，和甚麼人有些相似呢？心情平和、無憂無慮，滿面春風，有些像梁實秋先生；但沒有梁先生那樣的風趣幽默。也有些像屈萬里先生，但沒有屈先生那樣的拘謹、嚴肅、從容不迫、不疾不徐，連螞蟻也不願踩死的處世態度。我們都極度尊敬屈先生，那樣的有修養，那樣的有學問，那樣虛心。「知之為知之，不知為不知」就是屈先生的為人，和院長頗有相似之處。有時候我們也私底下議論屈先生：「如果人都像屈老師，社會也會發生問題；警察失業了，法院關門了，法律系停辦了，所有的娛樂場所，都關門大吉，社會豈不太單調。」院長的一言一行，都是從內心發出來的，沒有虛假、沒有牽強，與梁、屈兩位先生都有些類似之處。院長是一位剛毅、木訥、誠懇、篤實、表裡如一的正人君子，誠如吳稚暉先生在總理行誼中所說：是「自然的偉大」、「平凡中的偉大！」

仁者無敵

院長平時是滿面春風，從不會對任何人假以辭色的。但在「八四」事件之時，他面對著所有的師生，表現出仁者無敵的堅定立場。他公開宣稱：「在政府地區，不容許有共匪存在；在我主持的長白師院裡，不容許有職業學生！」又說：「我決不能拿政府的錢，來培養共產黨！」真是鏗鏘有力，擲地有聲，使職業學生聞之喪膽。院長視學生如子女，在遷徙途中，更處處表現出對學生的關愛；學校遷到海南，陳蔡絕糧，院長把和師母結婚時的手飾都賣掉了。院長領導著千餘學生，帶著大批圖書儀器，從東北跑到台灣，輾轉萬里，備嘗艱辛，而大家能團結一致，精誠合作，從不退縮、勇往直前的原因，其中必定有某一種力量在維繫著！君不見，大陸上數百所大專院校，都識時務地倒向共產黨了。甚至於連國民黨全心全力培植的接班人，對三民主義有絕對信仰的政治大學，就沒有出來；最富有革命精神，總統蔣公倚之為長城的中央陸軍官學校，也沒有出來；最具有民主、自由素養，持學術界牛耳，一向領導全國學生運動、反專制、反暴力、聞名世界的北京大學，也沒有出來；最注重愛國情操，日本人視之為眼中釘，「七七」事變起被日本飛機夷為平地的南開大學，還是沒有出來。北平圍城，政府派專機去接人，他們拒絕登機的往事，應該記憶猶新吧？政府大員在此時此刻，應該有所感悟才對。就在此時，歷史最短（三十五年成立），地處邊陲（吉林市），名不見經傳，在各方面都無法與之相提並論的國立長白師範學院，竟然從遙遠的白山黑水之間，歷盡艱辛，跋山涉水，追隨政府跑到台灣來了！在理論上、在情感上，一個眾叛親離、接近土崩瓦解的政府，對這批孤臣孽子，捨命相隨長白師生的來歸，應該感到安慰、感到振奮，起碼有「吾道不孤」之感吧！理應多加關注，多加獎掖才對。但事實完全相反！當我們於榆林、三亞棄守，登上撤退的最後一條鐵橋輪，於三十九年五月二日抵高雄的時候，長白師院停辦的明命就立即頒布了。（真快！）所謂真理正義也者，云乎哉！更有甚者，被囚在澎湖華陽艦上一百七十幾位長白師生，我們反共的政府還命令原船遣返呢！老天！如果不是王慶芳先生請求蔣經國先生急電海總「慎重處理」，及袁守謙先生協商桂永清總司令多加關照，說不定這些師生早就變成海南土共馮白駒的刀下之鬼了。真是：「天之未喪斯文也，奸人其如予何？」

我常常在冥想，如果追隨政府到台灣的，不是長師而是浙江師範學院或廣州的中山大學，我敢大膽的假設、小心的求證，中央日報的社論大標一定是：「反共的靈魂歸來！」和抗戰末期苦守衡陽四十七天的方先覺將軍回到重慶之後，大公報的社論：「抗戰的靈魂歸來！」一樣的大吹大擂。長白師院的地理位置不對，命運也就截然不同了。寫到這裡，我們就可以領悟到；在我們歷史上許許多多的忠臣義士被奸人陷害而不得善終，也就了然於懷、令人擊筆三歎了。秉國鈞者的不公、狹隘、自私、驕傲和偏見（註十一），使勝利之後偌大的國土，不旋踵而為共黨所淹沒，也就可以思過半矣。毛澤東並非三頭六臂，他沒有關、張、趙雲之勇、諸葛亮之智、更沒有劉備之德，他之所以獨霸大陸，是政府大員在私心的驅使下，凝結成許多錯誤的決策，共產黨就是利用這些足夠的營養滋潤壯大起來的。

再說老蒙古吧！除了胳臂粗外，談不到甚麼文化。但是這些四肢發達的大老粗，所建立的元朝大帝國，竟然統治我國本土達八十九年之久。我們國父所創建的中華民國，一批一批有理想、有報負、有血有肉的革命先烈，都是國之精英，皆前仆後繼的為國犧牲了；中國民國也僅僅維持了三十八個年頭，就唏哩嘩啦把一片大好江山弄得清潔溜溜。主政者是否應在夜深人靜的時候，摸著自己的良心，仔細想想，是甚麼原因？無他，「私」字當頭，正所謂：「強弩之末，勢不及穿櫓縞者也。」

到了台灣之後，應該洗面革新、重整旗鼓、生聚教訓、力圖振作了吧！但仍改不了那偏狹、自私的心態；不能恢宏心胸，用人唯才。我不知道這些掛羊頭賣狗肉的官僚，吃裡扒外的政客，三民主義的叛徒，國民黨的敗類，他們在九泉之下，有何顏面去面對國父？

方永蒸的精神

不管政府對長師的處理如何不公，但長白師生終於達到了追隨政府的目的，到了台灣。這一種精神，這一股力量究竟是甚麼呢？我一再地反覆思維、一言以蔽之，就是方永蒸的精神！

就是院長「無私、無欲、無我」的精神！就是學生視學校如家庭，院長視學生如子女的精神！是中華民族正氣的表徵！是五千年中華文化的異彩！院長與學生的關係，已超越了師生感情，昇華到父母子女關係的層次！這種關係是顛撲不破的，是打不爛的，拉不散的。方院長的精神是會名傳青史，永垂竹帛的。

永遠解不開的謎

很多人提出疑問：大陸上的很多學校很多都在台灣復校了，為甚麼長白就不能呢？當時的教育部程天放部長不是誇下海口，立下承諾：「如果大陸學校有在台灣復校的，長白是第一優先嗎？」這個謎無人能解，也沒有人願意去解，明白點說：在目前的我國史學界，還沒有誕生一位有真正勇氣的史學家去敢翻這張底牌！這個謎，只有等待司、班復生，以及春秋之筆來解答這個謎團了。

有高明者言曰：當時教育部長所作的保證，根本是算不得數，胳膊擰不過大腿，何況他的大名又是「成天放」呢？

永遠是我們精神上的主宰

到台灣已經四十多年了。我們的同學都已邁過了花甲之年，很多已經退休或接近退休年齡。有的已進位老祖父、老祖母了！但院長仍然是我們精神上的主宰。有院長在！好像有一種力量在指引著我們；在心理上，也好像有一座穩固的靠山，不可或缺！平時我們處事為人，或遇到一些不如意、心情欠舒暢的時候，就自然而然地接受著院長精神上的遙控。

院長的高風亮節

到了台灣之後，在陳辭修主政期間，院長曾在行政院教育設計委員會，工作過一段時期，後出任過兩屆考試委員。在此同時，應師大校長杜元載先生之邀，義務擔任過一段時期的教務長。在嚴靜波任內，曾徵求院長意見出任教育部長，方公以年邁之姿為辭，委婉地謝絕了。院長認為無力革新，如尸其位，不如讓賢。其不貪圖名位，高風亮節有如此者。方今之世，又有幾人？

仁者壽

現在院長除在名義上，還掛著國民黨的顧問之外，已沒有任何名義在身。國民大會代表，早就因為不能出席開會，幾年前就辭掉了。院長年屆百齡，精神矍鑠，目明而耳稍重聽，行動雖不如往昔穩健，而飲食極為正常，記憶力尤佳。院長最希望的是：朋友或學生常去坐坐，聊聊。平時的消遣，就是翻閱學生送給他的照片。院長說：「他看到學生的家庭幸福，子女一個個長大成人或學有專精，就是他最大的快樂，最大的安慰！」誠如方大姐所說：「學生的成就，就是支持方院長長壽的最大原因。」

今逢院長百年壽誕，我們都感到無限的興奮。「無欲則剛」、「仁者壽」，《漢書・王吉傳》：「心有堯舜之志，身有松喬之壽。」就是院長最佳的詮腳。用「無私」、「無欲」、「無我」來說明院長方公的為人，應該是恰如其分的。在此我們恭祝院長：

福如東海

壽比南山

註九：「七五」是民國三十七年七月五日，東北大專院校生大批入關，雲集北平。時北平市議會議長許惠東倡議徵集東北學生入伍，激起學潮。於七月五日數萬學生包圍於東交民巷的許惠東住宅，要求說明。軍隊奉命守護，與學生發生衝突，死傷多人，全國震動。是為「七五」事件。

註十：「八四」是「七五」事件後，本院同學賀守志等二人遭遇不幸，時北平各大學聯合會，統稱「學聯」，便大肆渲染、挑撥、煽動。少數同學受其蠱惑，漸入歧途。以罷課為時髦、以鬧事為進步。並公然與其他大學的左派學生聯合起來，在校內扭起秧歌來了。學校在還平時期，課業難免有所荒疏，稍有安定，即加緊補課。八月四日，就是主張安定上課的同學，聯合起來與左派分子的攤牌行動。並指明揪出領導鬧事的職業學生十八人。送往北平特種刑事法庭。時國民黨北平市黨部主任委員為吳鑄人先生。吳主委作風開明，對關在特刑庭的學生大表同情，優禮相待。不但對其在監獄中反飢餓、吃光運動等不法行為，不加罪責；還集體吸收入黨，編成小組，直接受市黨部指導。兩個月後，又集體開釋，並准其返校上課。職業學生氣焰於是更形囂張。自詡為核心，對學校黨的組織，鄙夷尤甚！訓導處被迫關閉，許多教授紛紛求去，長師至此又處於半停頓狀態；加之局勢日益嚴重，林彪入關，只有請求遷校江南一途了。吳主委在北平時期，對國民黨的打壓，真是用心良苦，各大學的匪諜學生串聯起來，明目張膽的形成了一股強大的反政府力量！遊行鬧事，無日無之。論理：在北平易守後，吳主委應該留在北平，等著接受毛澤東論功行賞頒給他的創業勳章，珮紫懷黃，擠身紅朝新貴，弄個獨當一面的高幹，表現一番，但是吳主委反而不聲不響地跑到台灣來了。而且受到青睞，又幹起終身立委！坐領優渥的民脂民膏數十年，未聞我們吳大終身立委對黨國獻過一策、進過一言，誤國誤民有如此者。

以上所言皆屬事實，升斗小民，哪敢胡言亂語。凡是從北平逃出來的人，皆可為證。不知吳大立委肯開口出一言證明乎？

註十一：請參閱《傳記文學》八十年八月號第五十九卷第二期，何慶華女士〈從張學良訪美憶先父何雪竹將軍〉一文。「……關於收編偽軍，先父在訪問中提到臧士毅來電：『有偽軍三十萬人願意歸誠，軍政部長陳誠則力主遣散，在軍事委員會議上本人嘗與之力爭，彼終不肯改變主意。彼此相持不決，經會議主席何應欽簽呈核示。而最高當局亦主遣散。中央政府既未能照管偽軍，彼等後遂轉為赤黨所利用，此亦為日後匪患熾熱，終至不可收拾之因素。』中央政府於復員之處理，過於倉促，缺乏通盤計劃。軍官退役，往往連生活亦成問題，於是又鋌而走險。本人在重慶自動申請退役，領得退役金，僅足購香煙兩條。本人返回湖北，有軍官第七總隊率士兵一起投共，貼標語云：『蔣家不要毛家要』此類情形，真不堪追述。看來當時的上將退役金還不及今日的戰士授田證值錢。先父去世後，有一次先母帶我們去看他的老部下，曾任武漢行營辦公廳的陳光組老伯，其時光組老伯老病侵襲，住在他的快婿秦家騮家中，老淚縱橫地對先母說：『夫人，雪公走了，我們也快了，這青天白日滿地紅的國旗裡面，可是有我們的血汗呀！』那段時間、真是掛了動章賣牛肉麵的時代。當時有一個笑話：說有青年人胸前掛了好幾枚勳章在賣麵，警察前來干涉，裡面走出一個老頭子說：『我替政府打了一輩子的仗，老來沒法生活，全靠這個兒子擺麵攤養我，沒有甚麼好獎賞他的，把這幾個勳章獎給他戴戴……。』雖並不見得真有其事，而足可以反映勝利後退役軍人的困苦。」

「……根據齊（世英）老太爺的敘述來歸納，東北的悲劇好幾方面都有責任。在上而言，因為西安事變使蔣先生有了戒心，要用非東北人而不用東北人回東北。勝利以後各派人都想分一杯羹。黨務高級幹部會議開出的名單，最後送到張岳軍守中，張力保熊式輝，使張治中落了空。本來張治中計劃帶回去軍校八期東北學生，跟地方關係深，與偽滿軍容易接受。這下子張治中認為被張岳軍出賣了，氣憤之餘跑去投共。至於熊式輝、陳辭修對丟掉東北應負的責任，那是有目共睹的。近史所訪問熊哲明（斌）老伯的紀錄中，有一段頗為傳神：「未久，陳誠和何應欽相繼來北平。某日陳、何與余在居仁堂李宗仁辦公室會談。余即提出偽軍的晌械問題，李宗仁亦稱讚偽軍的紀律與維持治安之功，且向何建言：『西山之守衛哨兵，至今尚無皮外套軍晌亦久未發。』何以嘴歪向陳誠曰『此為辭修之事』陳接口曰：『此批漢奸部隊何足重視，共產黨未必要他們。即使投共，我們可以一次合併解決，省掉許多麻煩也。』……兵法上說：『知己知彼』，當年我們負軍政大計的要員不但不知敵，且無自知之明，天天搞甚麼政學系、土木系，還想『一次合併解決』，結果反被對方解決了。」

「在重慶時，孔祥熙住在范莊生病，齊（世英）去看他，對他說：『外面對你太太、少爺、小姐都有很多閒話。』他往後一仰，很氣憤地說：『我太太是宋家的功臣，如何把弟妹帶大，至於兒子女兒，有媽媽可以管。』……孔財神對這話真是封建到了極點，須知宋家功臣不一定對中華民國有功，少爺小姐在家有媽媽管，為非作歹到傷害國家社會時，則老百姓當然要管，這種『普天之下、莫非王土、率土之濱，莫非王臣』的『家天下』心理，根本就是以百姓為芻狗。國民黨出了這樣的『皇親』、『權臣』、『悍將』，咱們今日漂泊異國，皆拜其所賜，千古功與罪，自有後人評。」

「最令人憂心的是，四十年的生聚教育，還不能痛定思痛，仍舊在搞甚麼政商輸送、金權政治、省籍情結、人人跑號子，個個上街頭、立法院中動口又動手、台灣式的民主簡直成了國際的笑譚，再如此下去，不必問中共放棄武力攻台否，咱們自己就把這條航空母艦弄沉了。」

淑良九姨與張雪珍表妹

杜學知老師

與長白師院方永蒸院長合影

與黃維三先生（左）

與去黃維三中醫診所打針的蔣振興

與莫逆好友荊湧澤先生合影

荊湧澤先生獨照

故陸軍上將
前河北省主席
龐炳勳先生
於中華民國五十二年元月十二日病逝臺北……日移靈極樂殯儀館……於元月二十日（星期日）上午九時開始公祭十時五十分家祭十一時……
大殮隨即發引靈厝……
聞

治喪委員會

主任委員 何應欽

副主任委員 顧祝同 蔣鼎文 孫連仲……

委員（以出席簽到先後為序）……

總幹事 吳延環

副總幹事 李振清

先夫龐公諱炳勳字更陳痛於民國五十二年元月十二日丑時壽終正寢距生於民前卅三年九月十一日申時享壽八十有四秋芳等隨侍在側親視含殮遵禮成服即日移靈臺北市極樂殯儀館並定於元月二十日上午九時起公祭十時五十分家祭十一時大殮後發引暫厝六張犁極樂公墓切在

姻世戚友

誼哀此訃

聞

未亡人 龐柳秋芳 率

龐炳勳將軍訃聞的新聞稿

私立陽明中學籌募基金啟

教育為立國之大本，樹人之大業，我中華民族歷史文化之發揚，三民主義之實現，悉以教育為其根本。

政府播遷來臺之後，全力普及教育，提高國民程度，鼓勵私人興學，以期造就人才，為國効用。惟以物力維艱，難期普遍。雖學校林立，失學者仍多。而若干學校辦校之精神與方法，亦大有商推之餘地，就臺灣省小學教育就學率而言，雖已達百分之九十以上，因中等學校無法容納，最近小學之升學率僅為百分之四十九，其餘百分之五十一無法深造。而所造就之學子，學識品德之修養，又往往不能盡如人意。此種現象，不惟影響社會秩序，抑且斲喪國家元氣；況反攻在即，需材孔亟，若不儲材於平時，豈可應變於一旦？同仁等目睹此情，心有不安，爰本政府鼓勵私人興學之至意，議定在臺北市郊陽明山麓石牌附近，覓得土地一段，位置適中，環境幽雅，交通便利，實為興學之勝地，計劃創辦私立陽明中學一所，期以新精神新方法，培育最健全之人才，冀能對復國建國稍盡綿薄之力也。

盧毅君先生極具興學之能力與熱忱，同仁等公推其負責籌備，期能早成。并咸願竭盡個人之所能，全力襄助。然創辦私立中學，事非簡易，必須基金寬裕，始可籌建，為此特向社會各界熱心人士籌募基金，素稔

台端熱心教育，定能慷慨捐輸，樂觀厥成也。此啟。

中華民國四十九年五月二十日

——江國棟先生主稿，張清源先生請人繕寫——

羅友倫

王永樹

詹純鑑

鄧傳楷

傅雲

趙聚鈺

方永蒸

陳元

賀翊新

吳延環

張名[illegible]

韋安仁

李煥
潘振球
江國棟
甯俊興
王成德

張清源
黃宇之
徐汝楫
張榮春

國家圖書館出版品預行編目

浪跡江湖一甲子 ：一位建中退休老師的回憶 /
盧毅君著. -- 一版. -- 臺北市 ：秀威資訊
科技, 2007.12
面； 公分. --（史地傳記類；PC0037）
ISBN 978-986-6732-52-2（平裝）

1.盧毅君 2.臺灣傳記 3.回憶錄

783.3886 96024552

史地傳記類 PC0037

浪跡江湖一甲子

作　　者 / 盧毅君
發 行 人 / 宋政坤
執行編輯 / 黃姣潔
圖文排版 / 郭雅雯
封面設計 / 蔣緒慧
數位轉譯 / 徐真玉　沈裕閔
圖書銷售 / 林怡君
法律顧問 / 毛國樑　律師
出版印製 / 秀威資訊科技股份有限公司
台北市內湖區瑞光路583巷25號1樓
電話：02-2657-9211　　傳真：02-2657-9106
E-mail：service@showwe.com.tw
經 銷 商 / 紅螞蟻圖書有限公司
台北市內湖區舊宗路二段121巷28、32號4樓
電話：02-2795-3656　　傳真：02-2795-4100
http://www.e-redant.com

2007 年 12 月　BOD 一版
定價： 480 元

讀　者　回　函　卡

感謝您購買本書，為提升服務品質，煩請填寫以下問卷，收到您的寶貴意見後，我們會仔細收藏記錄並回贈紀念品，謝謝！

1.您購買的書名：________________

2.您從何得知本書的消息？

□網路書店　□部落格　□資料庫搜尋　□書訊　□電子報　□書店

□平面媒體　□　朋友推薦　□網站推薦　□其他________

3.您對本書的評價：(請填代號　1.非常滿意 2.滿意 3.尚可 4.再改進)

封面設計____　版面編排____　內容____　文/譯筆____　價格____

4.讀完書後您覺得：

□很有收獲　□有收獲　□收獲不多　□沒收獲

5.您會推薦本書給朋友嗎？

□會　□不會，為什麼？________________

6.其他寶貴的意見：________________

____

____

____

讀者基本資料

姓名：________　年齡：____　性別：□女　□男

聯絡電話：________　E-mail：________

地址：________________

學歷：□高中(含)以下　□高中　□專科學校　□大學

□研究所(含)以上　□其他________

職業：□製造業　□金融業　□資訊業　□軍警　□傳播業　□自由業

□服務業　□公務員　□教職　□學生　□其他________

請貼
郵票

To：114

台北市內湖區瑞光路 583 巷 25 號 1 樓

秀威資訊科技股份有限公司　　收

寄件人姓名：

寄件人地址：□□□

(請沿線對摺寄回,謝謝!)

秀威與 BOD

BOD（Books On Demand）是數位出版的大趨勢，秀威資訊率先運用 POD 數位印刷設備來生產書籍，並提供作者全程數位出版服務，致使書籍產銷零庫存，知識傳承不絕版，目前已開闢以下書系：

一、BOD 學術著作—專業論述的閱讀延伸
二、BOD 個人著作—分享生命的心路歷程
三、BOD 旅遊著作—個人深度旅遊文學創作
四、BOD 大陸學者—大陸專業學者學術出版
五、POD 獨家經銷—數位產製的代發行書籍

BOD 秀威網路書店：www.showwe.com.tw
政府出版品網路書店：www.*gov*books.com.tw

永不絕版的故事・自己寫・永不休止的音符・自己唱